"十二五"普通高等教育本科国家级规

U0680588

会计名校名师
新形态精品教材

STUDY GUIDE TO INTERMEDIATE
FINANCIAL ACCOUNTING

《中级财务会计 微课版 第五版》

学习指导书

石本仁　主编

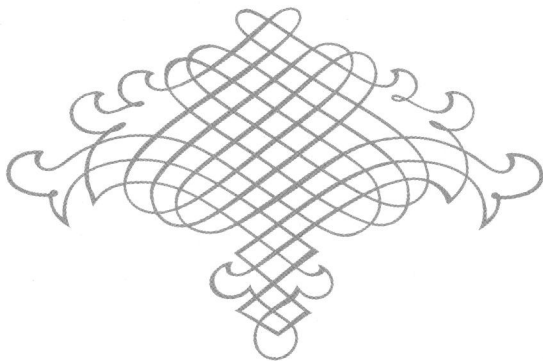

人民邮电出版社

北　京

图书在版编目（CIP）数据

《中级财务会计（微课版 第五版）》学习指导书 /
石本仁主编. -- 5版. -- 北京：人民邮电出版社，
2021.9
会计名校名师新形态精品教材
ISBN 978-7-115-56916-5

Ⅰ. ①中… Ⅱ. ①石… Ⅲ. ①财务会计－高等学校－
教学参考资料 Ⅳ. ①F234.4

中国版本图书馆CIP数据核字(2021)第132781号

内 容 提 要

　　本书是与《中级财务会计（微课版 第五版）》配套的学习指导书，内容主要包括本章结构，本章概念（关键词），本章小结，本章相关的法规、制度及主要阅读文献，以及教材练习题解答等部分。练习题主要有多选题、判断题和简答题等类型；教材练习题以会计处理为主，包括编制会计分录、过账和编制会计报表等。

　　本书既可作为高等学校会计学、财务管理、审计学、工商管理、国际贸易、市场营销、金融学等经济管理类专业本科生教材，也可作为会计从业人员的参考书。

　◆ 主　　编　石本仁
　　　责任编辑　刘向荣
　　　责任印制　李　东　胡　南
　◆ 人民邮电出版社出版发行　　北京市丰台区成寿寺路 11 号
　　　邮编　100164　电子邮件　315@ptpress.com.cn
　　　网址　https://www.ptpress.com.cn
　　　三河市中晟雅豪印务有限公司印刷
　◆ 开本：787×1092　1/16
　　　印张：14.75　　　　　　　　2021 年 9 月第 5 版
　　　字数：404 千字　　　　　　 2021 年 9 月河北第 1 次印刷

定价：49.80 元

读者服务热线：(010)81055256　印装质量热线：(010)81055316
反盗版热线：(010)81055315
广告经营许可证：京东市监广登字 20170147 号

总　序

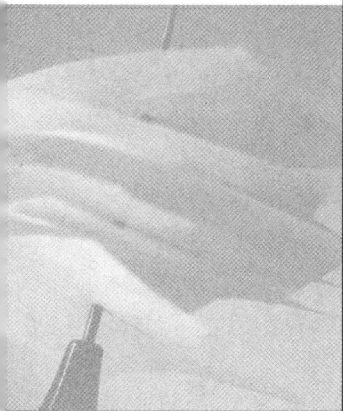

　　会计对经济的发展虽然起着十分重要的作用，但是从深层次来看，会计的发展始终依赖经济环境的变化。我国会计制度的改革就是为满足国企改革的需要而启动和展开的，是我国体制转轨中的一项基础性制度建设（马骏，2005）。自 20 世纪 80 年代开始的我国经济体制改革，采取的是一种渐进和稳健的方式，这就决定了我国会计制度的变迁也只能是渐进的，即逐步推进、分步到位。对外开放、引进外资点燃了我国会计制度改革的导火线；而现代企业制度和资本市场的建立则引发了我国的会计风暴；加入世界贸易组织（WTO），使我国会计制度进一步向国际惯例靠拢。2006 年 2 月，财政部出台了新的企业会计准则，标志着我国会计准则与国际会计准则的趋同已取得实质性进展。在经济与会计变迁中，会计的职能与角色也随之演化。

一、对外开放、引进外资是点燃我国会计制度改革的导火索

　　1978 年，党的十一届三中全会召开，确立了以经济建设为全党的工作中心。我国建国 30 年来高度集权的计划经济体制，严重制约了企业的活力和劳动者的积极性，与加强经济建设、发展生产力的要求不相适应。改革经济管理体制、扩大企业自主权成为当务之急。基于这样的政治与经济背景，为适应经济环境变革的需要，一系列相关的法律制度与政策出台了。1979 年 7 月，第五届全国人民代表大会第二次会议审议通过了《中华人民共和国中外合资经营企业法》；1980 年 9 月，第五届全国人民代表大会第三次会议通过了《中华人民共和国中外合资经营企业所得税法》，由此拉开了我国对外开放、引进外资的经济改革的序幕。

　　会计制度改革是经济发展与经济环境变迁的必然结果。随着经济改革的推进，为保证和促进经济体制改革的顺利进行，保证和促进对外开放的进一步扩大，财政部于 1980 年在总结历史经验和广泛调查研究的基础上，对当时涉及面广、影响大、会计业务相对复杂且具有普遍性的《国营工业企业会计制度》进行修订。此后，为适应经济体制改革的需要，财政部先后于 1985 年和 1988 年对《国营工业企业会计制度》进行了两次重大的修订。修订的重点内容是调整与增加会计科目和改革会计报表，使其满足经济体制改革对企业会计核算的要求。

　　随着我国对外开放的发展，引进外商直接投资的工作有了较大进展，中外合资经营企业、中外合作经营企业和外资企业出现了蓬勃发展的局面。这些企业的出现突破了传统的计划经济体制，其经营方式与计划经济体制下的国营企业大不相同，其会计核算的要求

也与计划经济体制下国营企业会计核算的要求大相径庭。为适应对外开放、引进外资的需要，财政部于 1985 年正式发布并实施《中外合资经营企业会计制度》《中外合资经营工业企业会计科目和会计报表》。这是具有划时代意义的会计制度，它的制定与实施，标志着我国会计制度迈出了与国际会计惯例协调的步伐。实际上，它是我国对社会主义商品经济乃至社会主义市场经济会计制度模式进行的一次积极的探索，是我国市场经济体制下企业会计制度改革的先导。

二、现代企业制度和资本市场的建立是引发我国会计风暴的基本动因

我国虽然根据经济体制改革的实际情况，对传统的会计核算体系进行了一系列改革和完善，但是传统的企业会计核算体系和管理模式并没有根本性改变。时至 1989 年的会计制度改革，我国会计核算规范主要是国家统一发布的，按各种所有制形式、部门制定的会计制度。随着社会主义市场经济体制的确立，这种会计制度模式已日益显露其局限性和不适应性。市场经济的发展与完善，对会计制度的全面改革提出了越来越紧迫的要求。

1992 年经国务院批准，财政部发布了《企业会计准则》《企业财务通则》以及 13 个行业的企业会计制度和财务制度，简称"两则两制"，并于 1993 年 7 月 1 日起实行。故 1993 年被称为掀起"会计风暴"之年。《企业会计准则》在借鉴和参考国际会计经验，总结我国会计核算实践经验的基础上，改革了会计等式，即将我国传统会计中应用了 30 年的会计等式"资金占用=资金来源"改为国际通行的"资产=负债+所有者权益"，明确了会计核算的基本前提和一般原则，规定了资产、负债、所有者权益、收入、费用、利润等会计要素的确认与计量方法以及财务会计报告的编写要求等。13 个行业会计制度则一改以往我国按照所有制成分，分不同部门或行业来设计和制定会计制度的模式，根据企业会计准则的要求，结合各行业生产经营活动的不同特点及不同的管理要求，将国民经济各部门划分为若干行业并分别制定会计制度，从而形成了一个比较完整的企业会计核算制度体系。随着经济体制改革的全面展开，股份制也悄然出现于经济体制改革实践之中。1984 年 7 月，北京天桥百货股份有限公司成立，1984 年 11 月，上海飞乐音响股份有限公司首次向社会公开发行股票 50 多万元。1990 年，上海证券交易所成立，延中实业等企业在上海证券交易所上市，成为中华人民共和国成立以来首批上市公司。1991 年 4 月，深圳证券交易所宣告成立。1992 年 10 月，国务院证券委员会和中国证券监督管理委员会成立。为推动股份制试点工作的健康发展，规范上市公司会计核算及其会计信息的披露，财政部于 1992 年 5 月制定并发布《股份制试点企业会计制度》。这一会计制度一改传统计划经济体制下的会计制度模式，是一次企业会计制度改革的成功探索。1993 年 6 月底，证监会又发布与修订多项《公开发行股票公司信息披露内容与格式准则》，以规范公开发行股票公司的信息披露行为。随着经济体制改革的进一步深化，企业制度改革的进一步深入，财政部于 1998 年 1 月制定并发布《股份有限公司会计制度》。随着现代企业制度的建立、资本市场的快速发展，为适应市场经济发展的新需求，规范会计行为，保证会计信息的真实完整，提高经济效益，维护市场经济秩序，全国人民代表大会常务委员会于 1999 年 10 月 31 日审议通过了新修订的《中华人民共和国会计法》（以下简称《会计法》）。新修订的《会计法》突出强调了单位负责人对本单位会计工作和会计资料真实性、完整性的责任，进一步加强会计监督的要求，并进一步完善了会计核算规则。为了配合新修订的《会计法》的实施，规范企业财务报告，保证会计报告的真实与完整，财政部于 2000 年 12 月制定并发布《企业会计制度》。《企业会计制度》在总结现有会计制度实践经验的基础上，对资产、负债、收入、费用等规定了统一的确认和计量标准，促进了我国会计核算标准与国际会计准则的充分协调。

三、加入世界贸易组织使我国会计制度进一步向国际惯例靠拢

2001 年，中国加入 WTO，这对我国经济管理体制、政治体制和价值观念的改革等都产生了巨大的影响，对我国会计制度形成了"刚性约束"，并使我国会计制度变迁的路径依赖得到了摆脱（温美琴，2002）。诺斯曾指出，制度变迁中存在较强的路径依赖，人们过去的选择往往决定了他们现在可能的选择。沿着既定的路径，制度变迁可能进入良性循环的轨道，也可能顺着原来的错误路径往下滑。要从既定的路径中摆脱出来，就必须引入外生变量。加入 WTO 正是我国会计制度变迁中的外生变量，为我国会计制度从传统的具有中国特色的制度变迁路径中摆脱出来提供了机会，同时进一步加速了我国会计标准国际化的进程。随着我国经济体制改革和对外开放的深入，我国资本市场得到快速发展，经济的国际化程度不断提高。而全球经济一体化与资本市场国际化的迅猛发展则要求作为国际商业语言的会计提供具有国际可比性的会计信息。正是基于这样的经济背景，为适应我国资本市场发展的要求，促进市场经济体制的完善与对外开放，以及实现我国会计标准国际化的需要，2006 年 2 月，财政部出台了新的企业会计准则。财政部这次颁布的新会计准则体系由 1 项基本准则、38 项具体准则组成。该会计准则体系于 2007 年 1 月 1 日起在上市公司实施，并鼓励其他企业执行；2008 年在国有大中型企业中执行；2009 年在所有中型以上企业执行。作为企业会计准则体系重要组成部分的《企业会计准则——应用指南》已于 2006 年 10 月出台。该指南由两部分组成，第一部分为各项会计准则的解释，第二部分为会计科目和主要账务处理。由财政部会计司编写组编写的《企业会计准则讲解》已于 2007 年 4 月出版，其主要内容是对会计准则更细致的解释，其中结合了大量实例，使得会计准则的运用更具可操作性。

四、新会计准则的特点

新会计准则的特点主要体现在以下几个方面。

第一，向国际惯例尤其是国际会计准则靠拢，实现了与国际会计准则的趋同。我国新会计准则在资产负债观的运用、公允价值的运用以及基本计量的要求上都趋同于国际会计准则，但由于中国特有的经济、政治与法律环境，新会计准则在资产减值、关联方披露、企业合并、退休福利、企业持有以备出售的流动资产、终止经营以及恶性通货膨胀经济中的财务报告等方面与国际会计准则还存在一定的差异。

第二，新会计准则形成了一个可单独实施的较为完善的准则与核算体系，并与会计制度相分离。财政部在 1992 年发布了《企业会计准则——基本会计准则》，而在 1993 年又颁布了 13 个行业会计制度，从此，企业基本上都是依据行业会计制度来进行核算。因此，1992 年的准则并没有什么实际意义，更多的是一种象征性的准则。但随着资本市场的快速发展，一系列新的问题暴露出来，尤其是琼民源事件——有关关联方收入确认方面的问题。于是，1997 年，财政部发布了第一个具体会计准则《企业会计准则——关联方关系及其交易的披露》。之后，随着问题的出现又陆续发布了 15 个具体会计准则，故有人把这些准则称为"救火式"准则。因此，原有的基本会计准则和 16 个具体会计准则并不是一个完整的准则体系，实际上从属《企业会计制度》，对会计制度起补充作用。而新会计准则体系与国际会计准则体系基本相同，形成了一个较为完善的准则与核算体系，也标志着我国会计准则建设走上了一个新台阶。

第三，按公允价值计量是此次新准则的一个亮点，使决策有用性的目标得以充分体现，确立了资产负债表观的核心地位，并突出会计信息的价值相关性。但根据我国的实际情况，公允

价值的使用还存在一定的限制。本套新准则体系主要在金融工具、投资性房地产、非同一控制下的企业合并、债务重组以及非货币性资产交换等方面采用公允价值。

第四，将表外项目引入表内。例如，2006 年修订后的《企业会计准则第 20 号——企业合并》，要求当被购买方的或有负债预计很可能发生并且其公允价值能够可靠计量时，确认为对合并成本的调整。这就改变了过去对或有事项在报表附注中披露的做法，将表外项目引入表内。又如衍生金融工具、股份的支付、合并报表外延的扩大等。表外业务表内化，有利于及时、充分反映企业该类业务所隐含的风险及其对企业财务状况和经营成果的影响。

第五，引入开发费用资本化制度，完善成本补偿制度；要求正确核算职工薪酬，改变成本中低人工费用的格局；将企业承担的社会责任纳入会计体系；预计弃置费用计入固定资产成本；提高信息透明度，突出充分披露原则等。

五、新会计准则对财务会计教学的影响

新会计准则对财务会计教学的影响，主要体现在以下两个方面。

第一，是教材的编写。在新会计准则颁布之前，有关财务会计的教材都是依据企业会计制度、原有会计准则以及相关的法律法规制度来编写的。而新会计准则是一套可单独实施的、与国际准则趋同的会计准则体系，并且执行新会计准则的企业，不再执行原有准则、《企业会计制度》《金融企业会计制度》及各项专业核算办法和问题解答。这表明原有财务会计的教材已过时和落后于现有经济与会计的发展，根据新会计准则体系重新编写一套财务会计教材乃当务之急。

第二，是教学的安排。由上述新会计准则的特点可知，新会计准则体系与原有准则及相关会计制度发生了较大的变化，这要求财务会计的教学也应随之进行改变。如财务会计的基本框架、学时安排、各课程间的衔接、教学重点与难点等。同时还应加强法律与职业意识的培养，加强职业判断与职业道德的培养。另外，还有一点值得重视的是，在财务会计的教学中应该加强我国会计准则（CAS）与国际会计准则（IAS，IFRS）之间的比较与衔接，关注国际会计准则的最新发展动向，并引导学生学会把握准则，进而达到可直接根据准则对经济业务进行核算的目标。因为国际会计准则体系中并没有规定会计科目，企业要根据准则再结合自身的特点来设计适合本企业的会计科目。新会计准则体系考虑到我国会计人员整体素质较低、对原有做法与习惯的依赖性等，在《企业会计准则——应用指南》的附录部分附上了会计科目和主要账务处理。但随着会计标准国际化的进一步深入，这一做法可能会逐步取消而采用国际惯例的做法。因此，财务会计教学有义务和责任培养学生直接准确把握会计准则的能力。

六、财务会计各门课程安排的初步设想

新会计准则体系的出台与实施标志着我国会计准则与国际会计准则的趋同已取得实质性进展，从而使得依据新会计准则体系所编教材的内容，不仅在质上而且在量上也发生了较大变化。财务会计学按其程度可分为初级财务会计（会计学原理）、中级财务会计与高级财务会计。而这三门课程的内容设计以及相互之间的衔接则是一个值得重视的问题。

有关这三门课程具体的内容安排及每门课程学时安排的初步设想如下。

初级财务会计（会计学原理）是财务会计的入门课程，重点讲述会计核算的基本程序与方法。与传统做法不同的是，我们在这门课程中将结合企业组织（独资、合伙、公司）、企业类型（服务业、商业、制造业）和经济业务（购进、生产、销售）讲解会计处理的程序与方法。例如，在讲述货币资产、应收款项时与销售业务结合起来；讲述成本时，与生产过程、企业的经济活动类型（服务业、商业、制造业）结合起来；讲述所有者权益时，与企业组织（独资、

合伙、公司）结合起来。使学生在学会记账的同时，又能将会计信息与企业组织、经济活动类型与经济业务有机联系起来。初级财务会计（会计学原理）的具体内容如图 1 所示。

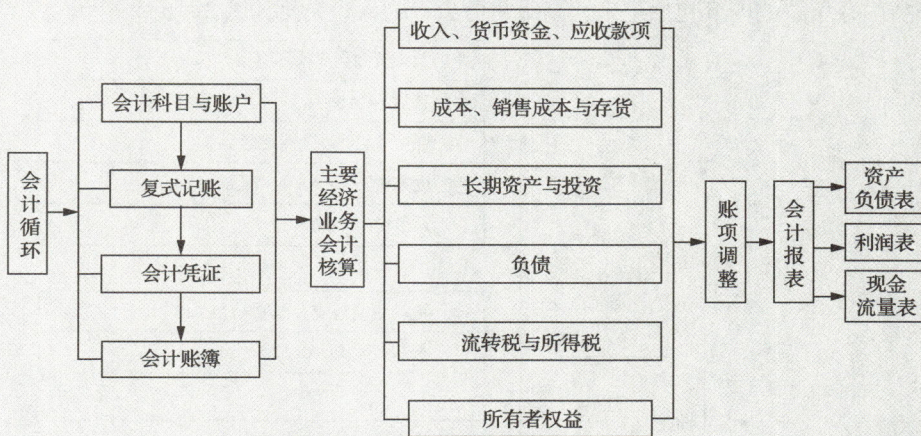

注：收入一章，主要包括收入的类型、收入的确认时间等；

成本一章，先讲公司的类型（服务企业、商业企业、制造企业）以及各种类型企业成本的特点；

所有者权益一章，主要讲述公司组织形式（独资、合伙与公司制）及各种组织形式所有者权益的特点；

会计学原理以讲解会计科目的运用为主，按主要经济业务的类型进行讲解。

图 1　初级财务会计（会计学原理）的基本结构

中级财务会计主要围绕编制一般通用财务报告展开，内容包括六大会计要素的会计处理，另外，纳入所得税会计、租赁会计、养老金会计、会计变更与会计差错等。后面这些内容在我国原来的财务会计教材体系中差异较大，有的将其中部分内容放入高级财务会计，有的放在中级财务会计。我们则按照国际流行的做法，将这些内容放在中级财务会计中。中级财务会计和会计学原理在体系上有重复的内容，但在不同课程中同样内容讲解的侧重点是不一样的。如货币资金和应收款项，初级财务会计（会计学原理）与中级财务会计讲解的区别主要体现在，前者着重讲述核算，而后者主要讲述货币资金的管理与控制、结算、坏账准备的计提、应收票据的贴现。另外，初级财务会计（会计学原理）与中级财务会计相同的部分是前者着重会计科目的介绍与运用，后者则重点依照会计准则的规定讲述。中级财务会计的基本结构如图 2 所示。

一般而言，中级财务会计讲述的是通用财务报告的编制，针对一般企业的基本经济业务。而高级财务会计则讲述中级财务会计没有涉及的一些内容。这些内容的特点可以用三个字来概括，就是"难""特"和"新"。"难"体现在会计处理的复杂性上，一般认为，高级财务会计中存在三大难点：合并会计、外币业务与外币报表折算、物价变动会计，后来随着衍生工具的大量出现，衍生工具会计成为高级财务会计的又一大难点*。"特"主要体现在两个方面，一是特殊组织会计，如合伙会计、政府与非营利组织会计；二是特殊业务，如企业重组与破产会计、遗产与信托会计等。"新"则体现在一些前沿领域，如人力资源会计、绿色会计（又称环境会计）、社会责任会计等。教材一个约定俗成的写法是将在理论研究中已经形成比较一致的观点，以及在实务中已经有了相应制度规范的内容进行阐述。由于高级财务会计本身带有一些探

---

* 我国著名会计学家常勋教授 1999 年出版专著《财务会计三大难题》（立信会计出版社），2002 年又出版一本名为《财务会计四大难题》的专著（立信会计出版社），就反映了这种变化。后者已发行第三版。

索的意味，因此，一些编者会将还处于争议阶段的内容纳入高级财务会计，但另一些编者则不采用这种做法，这就导致我们看到的国内高级财务会计的体系出入很大。我们采用一种稳健的做法，不将尚存争议的内容包括进来。高级财务会计的课程结构如图 3 所示。

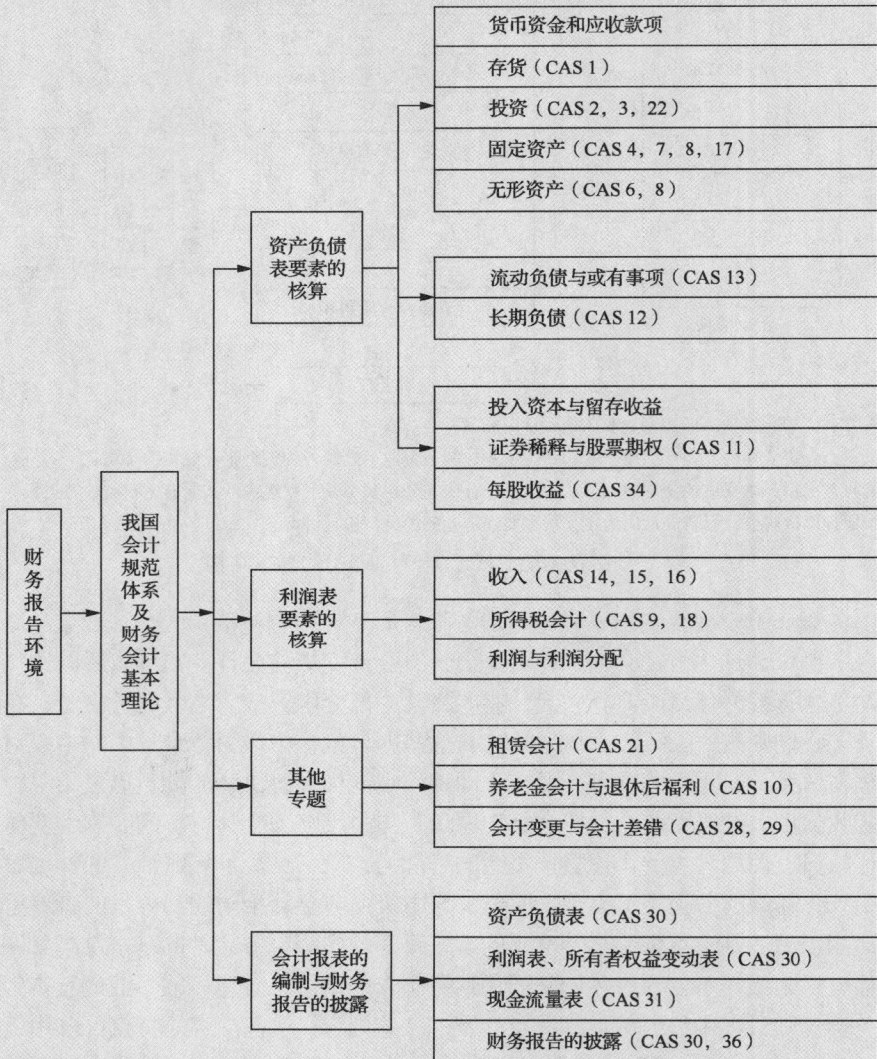

注：中级财务会计主要按准则的规定进行讲述。

图 2　中级财务会计的基本结构

此外，根据三门财务会计课程内容的多少以及难易程度，我们建议初级财务会计（会计学原理）安排 50～60 学时；由于中级财务会计讲述了一个企业的基本经济业务的会计核算，内容较多，一般需安排 60～80 学时；高级财务会计重点讲述难点业务与特殊业务的会计核算，难度较大，可安排 50～60 学时。中级财务会计和高级财务会计课程基本涉及新会计准则的大部分准则（请参见图 2 和图 3 的准则号标注），但仍有一部分特殊行业和特殊业务准则未能涉及，这部分内容则由专门的特种会计课程来讲述，如生物资产（CAS5）、原保险合同（CAS25）、再保险合同（CAS26）、石油天然气开采（CAS27）。

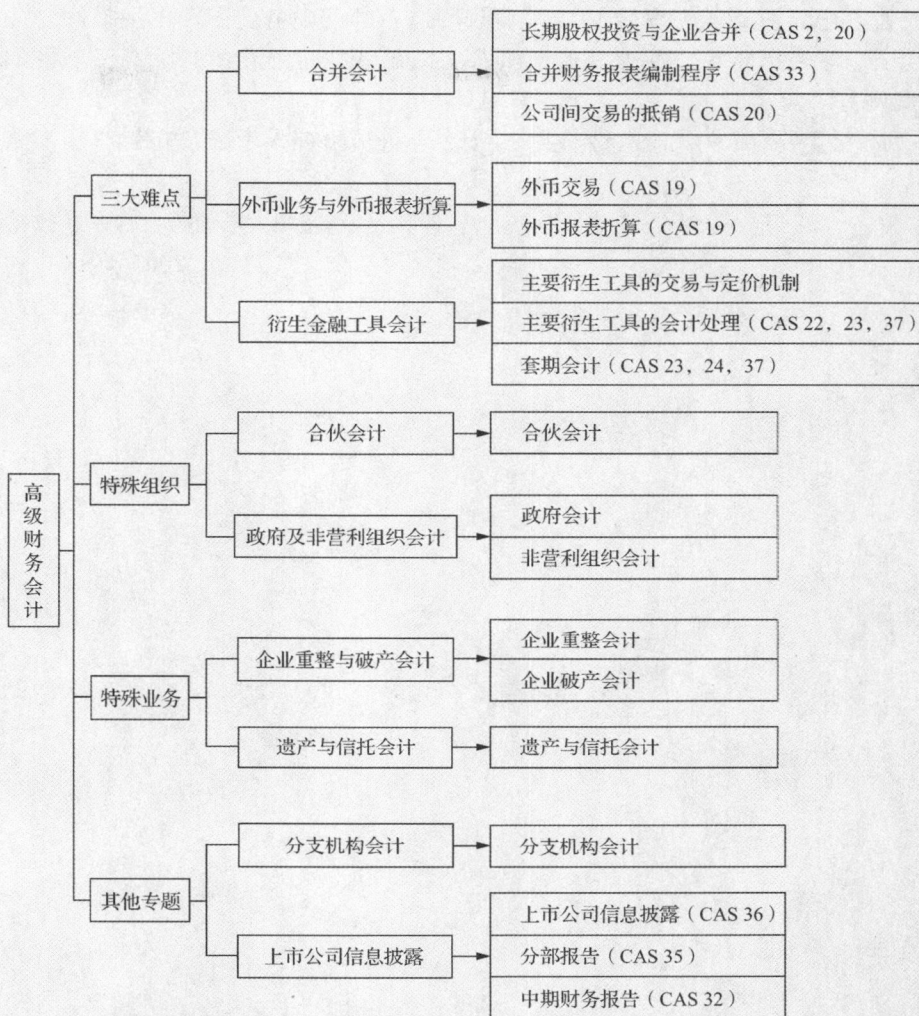

注：企业合并的难点问题及衍生工具更复杂的会计问题等可以作为研究生的教学内容。

上市公司信息披露以中国证券监督管理委员会相关信息披露规定为主。

一些还没有准则规范的内容借鉴国际会计准则和国际惯例进行讲解。

图 3　高级财务会计课程结构

　　总的来说，会计是国际通用的商业语言，趋同是大势所趋。但会计准则毕竟只是一个提供与生产会计信息的技术规范，它解决的是"该如何办"的问题（楼继伟，2006），对会计准则的实施，则需要会计人员直接对其进行应用与操作。要想达到准则的目标，会计人员能较好地把握会计准则是必不可少的条件。众所周知，我国会计人员整体素质有待提高，而高等院校培养的会计学专业的学生是未来会计人员队伍的主力军和领军力量。因此，为保证新会计准则的顺利实施，根据新会计准则体系来展开财务会计改革及教学乃当务之急。

　　为了推动新会计准则的实施，我们按照上述设想，依据新会计准则编写出版了财务会计系列教材，分别是《会计学原理》《中级财务会计》和《高级财务会计》。为了方便教学和自学，我们相应配套出版了《〈会计学原理〉学习指导书》《〈中级财务会计〉学习指导书》和《〈高级财务会计〉学习指导书》。后来我们增加了一本涵盖财务会计初、中、高三个层次的《会计教学案例》。

本系列教材主要对象为大学本科学生、会计从业人员和 CPA 考试人员等。

暨南大学财务会计系列教材编写组

2007 年 9 月

前 言（第五版）

本书是《中级财务会计（微课版 第五版）》配套的学习指导书。内容主要包括本章结构，本章概念（关键词），本章小结，本章相关的法规、制度及主要阅读文献，以及教材练习题解答等部分。

本书此次修订主要调整的有全书增值税税率的更新、第二章章末以补充资料的形式摘要附录了 IASB 于 2018 年发布的新《财务报告概念框架》、将原教材补充资料调整至学习指导书中、第十五章租赁会计习题全部更新、第十七章至第十九章大型练习题答案的重新调整及其他各章习题的调整，同时要求所有习题答案涉及现值、终值和实际利率摊销等的计算均通过 Excel 完成，并以 Excel 表格呈现。

另外，本系列教材配套出版的《会计教学案例》第三版已经出版发行，授课老师可选择相应的案例进行教学。

本书主要用于学生的学习指导，也可作为教师的参考书。另外，我们将在人邮教育社区（www.ryjiaoyu.com）向教师提供本课程（教材）的全套 PPT 和几套复习考试题及参考答案。

此外，我们还将向授课老师免费提供一套中级财务会计的题库，请授课老师在人邮教育社区（www.ryjiaoyu.com）关注相关信息。

由于作者水平所限，本书难免存在不当之处，希望读者多提宝贵意见。

编者

2021 年 7 月

目 录 Contents

第一章　会计准则与会计规范体系

本章结构 / 1

本章概念（关键词） / 1

本章小结 / 1

本章相关的法规、制度及主要阅读文献 / 2

补充资料　美国会计准则的演进和国际会计准则的发展历史 / 3

第二章　财务会计基本理论

本章结构 / 12

本章概念（关键词） / 12

本章小结 / 12

本章相关的法规、制度及主要阅读文献 / 14

补充资料　IASB财务报告概念框架摘录（2018） / 14

第三章　货币资金

本章结构 / 20

本章概念（关键词） / 20

本章小结 / 20

本章相关的法规、制度及主要阅读文献 / 22

教材练习题解答 / 22

第四章　应收款项

本章结构 / 25

本章概念（关键词） / 25

本章小结 / 25

本章相关的法规、制度及主要阅读文献 / 26

教材练习题解答 / 26

第五章　存货

本章结构 / 29

本章概念（关键词） / 29

本章小结 / 30

本章相关的法规、制度及主要阅读文献 / 31

教材练习题解答 / 31

补充资料　计划成本法 / 36

第六章 投资

本章结构 / 44

本章概念（关键词） / 44

本章小结 / 44

本章相关的法规、制度及主要阅读文献 / 46

教材练习题解答 / 47

补充资料A 金融资产减值——三阶段模型 / 53

补充资料B 投资性房地产 / 57

第七章 固定资产——初始确认与终止确认

本章结构 / 68

本章概念（关键词） / 68

本章小结 / 68

本章相关的法规、制度及主要阅读文献 / 69

教材练习题解答 / 69

第八章 固定资产——后续确认与计量

本章结构 / 73

本章概念（关键词） / 73

本章小结 / 73

本章相关的法规、制度及主要阅读文献 / 74

教材练习题解答 / 74

补充资料 递耗资产 / 78

第九章 无形资产

本章结构 / 82

本章概念（关键词） / 82

本章小结 / 82

本章相关的法规、制度及主要阅读文献 / 83

教材练习题解答 / 84

第十章 流动负债与或有事项

本章结构 / 86

本章概念（关键词） / 86

本章小结 / 86

本章相关的法规、制度及主要阅读文献 / 87

教材练习题解答 / 88

补充资料 离职后福利——设定受益计划会计 / 94

第十一章 长期负债

本章结构 / 100

本章概念（关键词） / 100

本章小结 / 100

本章相关的法规、制度及主要阅读文献 / 101

教材练习题解答 / 102

第十二章 所有者权益

本章结构 / 109

本章概念（关键词） / 109

本章小结 / 110

本章相关的法规、制度及主要阅读文献 / 111

教材练习题解答 / 111

第十三章 收入

本章结构 / 117

本章概念（关键词） / 117

本章小结 / 117

本章相关的法规、制度及主要阅读文献 / 119

教材练习题解答 / 119

补充资料A 特定交易的会计处理 / 127

补充资料B 政府补助 / 137

第十四章 所得税会计

本章结构 / 138

本章概念（关键词） / 138

本章小结 / 138

本章相关的法规、制度及主要阅读文献 / 139

教材练习题解答 / 139

第十五章 租赁会计

本章结构 / 147

本章概念（关键词） / 147

本章小结 / 147

本章相关的法规、制度及主要阅读文献 / 149

教材练习题解答 / 149

补充资料 租赁会计的特殊问题和特种租赁 / 158

第十六章　会计变更及差错更正

本章结构 / 180

本章概念（关键词） / 180

本章小结 / 180

本章相关的法规、制度及主要阅读文献 / 182

教材练习题解答 / 182

第十七章　资产负债表

本章结构 / 187

本章概念（关键词） / 187

本章小结 / 187

本章相关的法规、制度及主要阅读文献 / 188

教材练习题解答 / 188

第十八章　利润表与所有者权益变动表

本章结构 / 200

本章概念（关键词） / 200

本章小结 / 200

本章相关的法规、制度及主要阅读文献 / 201

教材练习题解答 / 202

第十九章　现金流量表

本章结构 / 208

本章概念（关键词） / 208

本章小结 / 208

本章相关的法规、制度及主要阅读文献 / 210

教材练习题解答 / 210

第二十章　财务报告的充分披露

本章结构 / 219

本章概念（关键词） / 219

本章小结 / 219

本章相关的法规、制度及主要阅读文献 / 220

第一章

会计准则与会计规范体系

本章结构

```
                                      ┌─── 共和国前期中国会计的发展
                         我国会计发展历程 ┼─── 改革开放前我国会计制度的演进
                                      └─── 改革开放后我国会计制度的演进

                                      ┌─── 《企业会计准则》的特点
                         中国会计准则体系 ┼─── 《企业会计准则》的结构
                                      └─── 我国会计准则体系的其他内容
会计准则与会计
规范体系
                                      ┌─── 会计相关法规
                                      ├─── 会计准则和会计制度
                         我国现行会计规范体系 ┤
                                      ├─── 上市公司信息披露的内容与格式
                                      └─── 其他

                         本书的结构与致学生的建议 ┬─── 本书的结构
                                          └─── 致学生的建议
```

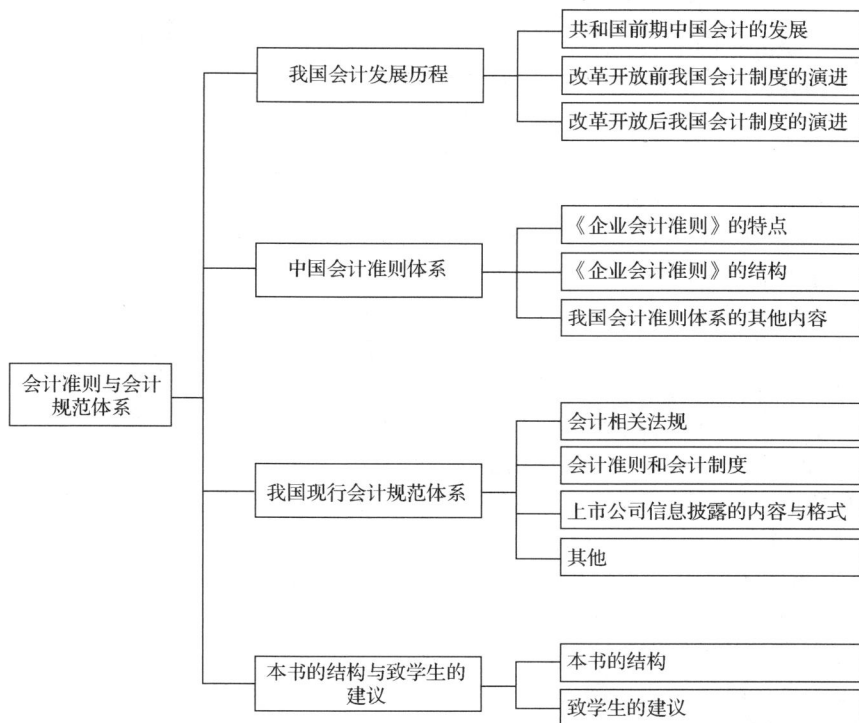

本章概念（关键词）

四柱清册	龙门账	中式簿记	统一会计制度	专款专用
资金平衡表	合资经营企业	现代企业制度	资本市场	GATT
WTO	会计制度	会计准则	基本准则	具体准则
法律	行政法规	部门规章		

本章小结

1. 我国会计演变的过程

我国会计一职最早出现于西周，当时的主要职能是为朝廷服务，称为官厅会计。到宋代，我国会计已经形成一套系统的会计方法——四柱清册。之后，民间会计开始超越官厅会计。而具有中国传统特色的中式簿记"龙门账"产生于明末清初，是我国会计学科发展过程中的一个重大成就。民国时期，西方会计开始引入我国，出现西式簿记与中式簿记共用的局面。中华人民共和国成立初期，我国会计向苏联会计学习，建立了一套与西方会计区别很大的社会主义会计。1978 年后，随着经济体制改革和对外开放的深入、外资引入、现代企业制度的建立和中国加入 WTO，我国会计又一次走近国际会计。1985 年，《中华人民共和国中外合资经营企业会计制度》出台；1992 年，《股份制试点企业会计制度》和《企业会计准则——基本准则》相继出台；1993 年，13 个分行业会计制度出台；1997 年，第一个具体准则——《企业会计准则——关联方关系及其交易的披露》出台；2001 年，《企业会计制度》出台；2006 年，《企业会计准则》出台，这一准则的出台标志着我国开始全面实行会计准则模式，并向国际会计惯例全面靠拢。

2. 促进我国会计向国际会计惯例靠拢的基本影响因素

总结 1978 年以来中国会计制度的改革，推动我国会计改革向国际会计惯例靠拢的基本影响因素有三个：一是外资的进入；二是产权制度的改革，特别是企业组织的改革——现代企业制度和资本市场的建立；三是在全球资本一体化的背景下中国加入 WTO。我国会计之所以向国际会计惯例靠拢，是因为在一体化的市场中，企业之间必须遵循相同的游戏规则。这套规则一方面是要明确界定产权归属；另一方面要确保收益分配的公平与合理。

3. 我国会计准则的基本体系

2006 年颁布的《企业会计准则》由基本准则和具体准则两个层次组成。基本准则是对会计处理的一般要求所做出的原则性规定，体现了会计核算的基本规律，要求所有会计主体共同遵守。基本准则由会计目标、会计核算的基本前提、一般原则、会计信息质量要求、会计要素、会计确认、计量和财务会计报告等组成。具体准则又称应用性准则，它是根据基本准则的要求，针对不同经济业务所做出的具体的确认、计量和报告的会计处理规范，由基本业务会计准则、特殊业务会计准则、特殊行业会计准则和会计报表准则构成。此外，《企业会计准则——应用指南》《企业会计准则讲解》《企业会计准则实施问题专家工作组意见》和《企业会计准则解释公告》等也构成我国会计准则基本体系的内容。2014 年后新增和修订的准则将以单行本的形式发布，每项准则的结构包括四个部分：准则主体、应用指南、起草（或修订）说明及准则主体的英译文。此后，新增和修订的准则将逐步取代 2006 年发布的《企业会计准则》《企业会计准则——应用指南》和 2010 年的《企业会计准则讲解》。

4. 我国会计规范体系的基本构成

我国现行的会计规范体系包括四个层次：第一个层次——会计相关法律，如《中华人民共和国宪法》《中华人民共和国公司法》等；第二个层次——会计准则与会计制度，包括《企业会计准则》《行政单位会计制度》等；第三个层次——上市公司信息披露要求，如《公开发行证券的公司信息披露内容与格式准则》等；第四个层次——企业自身的会计处理制度。

5. 本书的结构和学习方法

全书共分五个部分：第一部分——我国会计规范体系和财务会计基本理论（第一章～第二章）；第二部分——资产负债表要素的确认、计量与披露（第三章～第十二章）；第三部分——利润表要素的确认、计量与披露（第十三章～第十四章）；第四部分——其他专题（第十五章～第十六章）；第五部分——财务报告（第十七章～第二十章）。本书的最终目的是要求学生学会编制一个企业基本的财务报告。中级财务会计的学习，要求学生对照相应的法规、准则和制度来进行，并时时关注这些法规、准则和制度的变化。最根本的一点，就是亲自动手进行操作和练习。

本章相关的法规、制度及主要阅读文献

1.《企业会计准则——基本准则》（2006，2014）

2．郭道扬．中国会计史稿（上、下）．北京：中国财政经济出版社，1982．

3．杨时展．1949—1992年中国会计制度的演进．北京：中国财政经济出版社，1998．

4．葛家澍，林志军．现代西方会计理论．厦门：厦门大学出版社，2002．

✎ 补充资料　美国会计准则的演进和国际会计准则的发展历史

补充资料A　美国会计准则的演进

由于公认会计准则首先是在美国出现的，并且当时美国经济已处于世界经济领头羊的地位，美国会计准则因此也就成为世界各国关注的焦点。在此，我们首先讨论美国会计准则的产生与演变。

会计准则的出现主要是因为股份公司和资本市场建立后需要统一的会计方法。早期美国会计实务中并不存在统一的会计方法，资产计价的方法也五花八门，每种方法的理论也混乱不堪。这样就会出现对同一家企业，不同的会计人员或同一会计人员使用不同的会计方法进行核算，最后的结果大相径庭的现象。这种情况在企业资本集中在一个人或几个人身上时，问题不会太严重；但如果出现在公司股东众多、所有权与经营权相分离的现代股份公司中，就会出现经营者损害投资者利益的情况。

1909年，美国会计师协会（American Association of Public Accountants，AAPA，美国注册会计师协会AICPA的前身）任命了一个会计术语特别委员会，试图进行会计规范化的尝试。1915年，美国联邦贸易委员会（FTC）副主席也提出必须为全国主要企业建立一套统一的会计制度的建议，并于1917年4月作为《联邦储备公报》正式发表，同年以《统一会计》命名后再版发行。1918年，这份文件由美国会计师协会改名为《编制资产负债表的标准方法》重版。1929年，联邦储备委员会又以《财务报表的验证》为题再次发表标准化的会计方法程序，旨在统一会计实务。

但是，当时的会计实务和理论研究中，仍有不少人（主要是执业会计师）抵制会计处理的统一化。反对者强调会计方法应有灵活性，要更大程度地依赖会计师的职业判断。因此，在当时的实务中，会计处理程序仍然相当混乱。

1929—1933年美国经济危机大爆发，其中一个重要原因是证券市场上投机诈骗盛行，企业财务报表严重失实。大危机迫使美国政府开始加强对市场经济的干预。1933年和1934年，美国国会相继通过了《证券法》和《证券交易法》，规定所有证券上市企业必须提供统一的会计信息，并授权证券交易委员会（Securities and Exchange Commission，SEC）负责制定统一的会计规则或准则。

1937年，SEC发表了第一号《会计文告集》（ASR）。1938年4月25日其发表的ASR No.4《财务报表的管理政策》，则将这一权限授予美国会计师协会。从此，开始由会计职业界来制定会计准则。时至今日，美国公认会计原则（Generally Accepted Accounting Principles，GAAP）的制定大致经历了三个主要阶段。

（一）1938—1959年会计程序委员会

1938年，美国会计师协会正式成立，由21位任期一年的委员组成会计程序委员会（Committee on Accounting Procedure，CAP）。CAP从次年开始陆续发表《会计研究公报》（ARB），宣告其所认可的一些会计原则、程序和名词，但是更侧重于对具体会计实务处理的指南。1939—1959年的20年间，CAP共发表了51份ARB，其中前8份研究公报专门阐述一些基本名词和概念，其余的都是针对具体实务问题。

大部分ARB就事论事，缺乏前后一贯的理论依据，对同一事项的会计处理指南往往前后矛盾，并允许会计方法程序的过分多样化，其强制性和权威性也不够。结果，会计程序委员会招致实务界和会计理论界的普遍抨击，其在 1959 年不得不停止工作。

（二）1959—1973 年会计原则委员会

1957 年，美国注册会计师协会（AICPA）主席阿尔文·詹宁斯认为会计原则的制定应采取新的方法，他提议成立了一个研究项目特别委员会，对会计程序委员会的工作进行认真回顾。AICPA 在 1959 年成立会计原则委员会（Accounting Principles Board，APB），取代了 CAP。

APB 由 18～21 位委员组成，他们主要是来自会计师事务所的代表，也有少数成员来自工商界、政府部门和会计教育界。APB 把制定会计实务处理的指南或公告作为工作重点，陆续发表一系列意见书。1959—1973 年，APB 共发表了 31 份意见书（APB's Opinion）。此外，它还发表了一些报告，这些报告代表会计原则委员会对一些会计与报表的基本问题的观点，但并不作为 GAAP 的内容。

APB 与其前任 CAP 的一个重大区别是，其发表的公告的权威性和强制力得到认可和提高。1964 年 AICPA 发表了一份特别公告，该公告要求所有会员自 1965 年 12 月 31 日起，对任何偏离意见书和 CAP 的 ARB 规定的事项，且影响重大的，都要在财务报表附注和审计报告中加以披露。与此同时，AICPA 还在其《注册会计师职业道德守则》第 203 条中明确认可 APB 的权威性。从此，美国的 GAAP 转入具有较大权威性和强制性的新阶段。

但是，APB 的工作仍然不能令会计职业界和工商界满意。外界批评 APB 只是对实务问题采取"救火队"的工作方式，而忽略了基本会计理论研究，从而使它的意见书缺乏理论框架而出现了不一致。另外，APB 无法对经济环境变化做出正确反应并无力抵制某些外界集团的压力。

（三）1973 年至今财务会计准则委员会

由于外界批评的加剧，SEC 公开指责 APB 的意见书导致误解。这迫使 AICPA 于 1971 年 4 月宣布成立一个由前 SEC 委员弗朗西斯·惠特为首的"会计原则制定研究委员会"（又称惠特委员会），对 APB 的工作程序加以分析。惠特委员会于 1972 年 3 月提出一份题为《财务会计准则的制定》的研究报告。于是，财务会计准则委员会（Financial Accounting Standards Board，FASB）在 1973 年 6 月 30 日宣告成立。

在组织形式上，FASB 脱离 AICPA 的直接领导，而归属于由 9 个职业团体的代表组成的财务会计基金会（Financial Accounting Foundation，FAF）。FASB 设 7 位专职委员，任期 5 年。它的组织结构如图 1-1 所示。

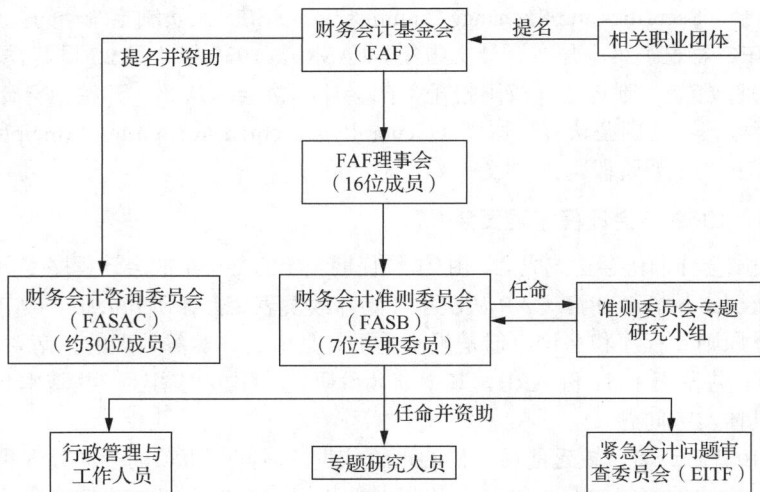

图 1-1　美国财务会计准则委员会组织框架

FASB 的主要任务是针对重大会计问题，回顾前任机构制定的准则公告，并制定相应的财务会计准则及其解释文件等。FASB 成立以来所发布的正式公告有以下四大类。

（1）财务会计准则公告（Statements of Financial Accounting Standards，SFAS）；

（2）解释（FASB Interpretations）；

（3）财务会计概念公告（Statements of Financial Accounting Concepts，SFAC）；

（4）财务会计准则委员会技术公报（FASB Technical Bulletins）。

尽管 FASB 在财务会计准则的制定上取得了很大的成绩，但它也经常因未能及时提供紧急问题的准则执行指南而备受批评。为此，FASB 采取了相应的对策，一是于 1984 年建立了紧急问题工作组；二是扩大技术公报的研究范围，使之提供更及时的实务处理指南。由此，上述四个方面的公告、紧急问题工作组的公告、CAP 的 ARB 和 APB 的意见书构成了今天美国 GAAP 的基本内容。

2009 年 6 月，FASB 颁布第 168 号准则公告（最后一份），宣布权威的会计准则不再以多种形式出现，而是以汇编的形式出台。汇编包括基本原则（1 类）、披露准则（15 类）、财务报表要素准则（资产 9 类、负债 9 类、权益 1 类、收入 1 类）、主要交易准则（实施类）、行业准则（32 类）。

补充资料 B　国际会计准则的发展历史

我们讨论会计准则要关注的另一个焦点是由国际会计准则委员会（International Accounting Standards Committee，IASC）制定的国际会计准则。IASC 是 1973 年由澳大利亚、加拿大、法国、德国、日本、墨西哥、荷兰、英国和美国等 9 个国家的 16 个主要会计职业团体发起成立的。至 2000 年年底正式改组前，IASC 的会员已包括 112 个国家和地区的 153 个会计职业团体，我国于 1998 年加入该组织。

IASC 的基本目标为：（1）为了公众的利益，制定一套高质量、可理解并具有实施效力的全球会计准则。该准则要求在财务报表和其他财务报告中提供高质量、透明和可比的信息，以帮助资本市场参与者和其他使用者做出经济决策。（2）促使这些准则得到准确使用和严格的应用。（3）促使各国会计准则与国际会计准则及国际财务报告准则达到高质量解决方法的趋同。为了实现这一目标，经过 2001 年的改组后，IASC 重新调整了组织框架（见图 1-2）和准则的制定程序。

（1）确定和审核议题；

（2）研究各国规定和实务，与各国准则制定机构交换意见；

（3）向咨询委员会征求意见；

（4）成立咨询小组并向国际会计准则理事会（International Accounting Standards Board，IASB）提供建议；

（5）公布讨论性文件，征求公众意见；

（6）公布由至少 8 位 IASB 成员表决通过的征求意见稿，征求公众意见，包括 IASB 所持的任何不同意见；

（7）随征求意见稿公布结论基础；

（8）考虑征求意见期间收到的所有对讨论性文件和征求意见稿的反馈意见；

（9）如有必要，举办公众听证会或进行实地测试；

（10）由至少 8 位 IASB 成员表决通过准则，公布的准则中包括不同意见；

（11）随准则公布结论基础。

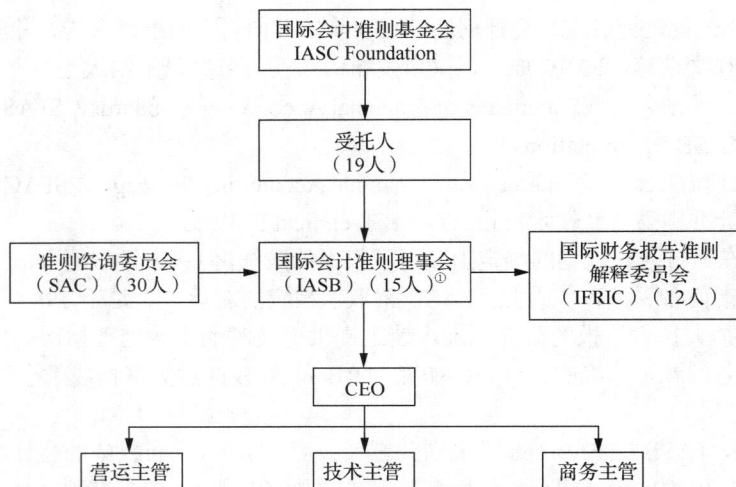

图 1-2　国际会计准则委员会组织框架

回顾 IASC 的发展历程，其大体经历了以下三个阶段。

第一阶段（1973—1992 年）：单兵作战。从成立到 20 世纪 80 年代末，IASC 共颁布了近 30 个国际会计准则（IAS），以及一份《关于编制和提供财务报表的框架》。在这些准则中，罗列了太多可供选择的会计政策和方法，国际社会对 IASC 的这一做法并不认可，国际会计准则几乎无人问津。

第二阶段（1993—2001 年）：寻找支持。国际证监会组织（International Organization of Securities Commissions，IOSCO）是证券界的国际权威组织。为了寻求支持，扩大国际会计准则的国际影响，IASC 开始与 IOSCO 合作。1993 年，IASC 与 IOSCO 达成协议，由 IOSCO 开出了旨在运用于跨国证券发行与上市的 5 大类 40 个项目的核心准则（core standards）清单，IASC 在规定的时间内完成国际会计准则的制定与修订工作。从此，这两个国际组织开始了有关核心准则制定的相互交往与合作，国际会计准则的影响开始凸显。

第三阶段（2001 年至今）：强强联手。在当今世界，任何一个国际组织如果不与有影响力的组织联手，其影响力就会大打折扣，IASC 以前的境遇就是如此。为了改变这种状况，2001 年，IASC 开始与 SEC 和 FASB 联手，在合作之前，IASC 按照 SEC 和 FASB 的要求对组织机构进行了改组。在完成组织机构的改组后，2002 年 9 月 18 日，代表世界上最具影响力的两个会计准则的制定机构 IASB 和 FASB 终于携起手来，为美国 GAAP 与国际会计准则的协调开展合作，最终目标是制定一套高质量的全球会计准则。

截至目前，整个国际会计准则包括：1 份《概念框架》（2018），41 份国际会计准则（IAS）（其中有效准则为 24 份），17 份国际财务报告准则（IFRS）[②]，23 份国际财务报告准则解释公告（IFRIC）（其中有效解释公告 20 份），IASB 原常设解释委员会 8 份解释公告（SIC）仍然有效。到目前为止，国际会计准则开始显示其强大的影响力，世界上 100 多个国家和地区开始全部或部分采用国际会计准则，如欧盟规定从 2005 年开始，欧盟上市公司（包括银行）必须采用国际会计准则。加拿大、澳大利亚等国家全部使用国际会计准则。另外，我国的香港地区也使用国际会计准则。

补充资料思考题

1. 美国统一会计方法、制定统一会计原则的主要原因是什么？

---

① 每个时期的理事会成员数会有微调。
② 2004 年后，国际会计准则以国际财务报告准则（IFRS）的名义发布。

2．简要阐述美国公认会计准则的历程。

3．简要回顾国际会计准则委员会的发展历程。

4．国际会计准则包括哪些内容？为何国际会计准则的影响力越来越大？

5．查询下列英文缩写的全称：GATT，WTO，AICPA，CICPA，SEC，CAP，APB，ARB，FASB，SFAS，SFAC，IASC，IASB，IAS，IFRS，IOSCO，GAAP，CAS。

补充资料结构

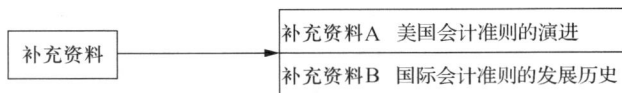

补充资料 ───→ 补充资料A　美国会计准则的演进
补充资料B　国际会计准则的发展历史

补充资料要点

● 了解美国会计准则形成与发展的历程

● 认识国际会计准则的制定历史与作用

相关准则如表 1-1～表 1-4 所示。

表 1-1　国际会计准则（IAS）

编号	准则名称	发布时间（年份）	修订时间（年份）
	概念框架	1989	2010　2018
第 1 号	财务报表的列报	1994	1997，1999，2003，2005
第 2 号	存货	1975	1993，1999，2000，2003
第 3 号	（已被第 27 号和第 28 号取代）		
第 4 号	（该公告已撤销）		
第 5 号	（已被第 1 号取代）		
第 6 号	（已被第 15 号取代）		
第 7 号	现金流量表	1977	1992
第 8 号	会计政策、会计估计变更和差错	1977	1993，2003
第 9 号	（已被第 38 号取代）		
第 10 号	报告期后事项	1999	2003，2007
第 11 号	（已被 IFRS15 取代）		
第 12 号	所得税	1979	1994，1996，2000
第 13 号	（已被第 1 号取代）		
第 14 号	（已被 IFRS8 取代）		
第 15 号	（该公告已撤销）		
第 16 号	不动产、厂场和设备	1982	1993，1997，1998，2000，2003
第 17 号	（已被 IFRS16 取代）		
第 18 号	（已被 IFRS15 取代）		
第 19 号	雇员福利	1993	2000
第 20 号	政府补助会计和政府援助的披露	1982	1994
第 21 号	汇率变动的影响	1983	1993，1998，1999，2003
第 22 号	（已被 IFRS3 取代）		
第 23 号	借款费用	1984	1993，2007
第 24 号	关联方披露	1984	1994
第 25 号	（已被第 39 号和第 40 号取代）		
第 26 号	退休福利计划的会计和报告	1986	1994

续表

编号	准则名称	发布时间（年份）	修订时间（年份）
第 27 号	单独财务报表	1988	1991，2000，2003，2008
第 28 号	在联营企业和合营企业中的投资	1988	1994，1998，1999，2000，2003
第 29 号	恶性通货膨胀经济中的财务报告		1994
第 30 号	（该公告已撤销）		
第 31 号	（已被 IFRS11 取代）		
第 32 号	金融工具：列报	1995	1998，2003
第 33 号	每股收益	1997	1999，2003
第 34 号	中期财务报告	1998	
第 35 号	（已被 IFRS5 取代）		
第 36 号	资产减值	1998	2004
第 37 号	准备、或有负债和或有资产	1998	
第 38 号	无形资产	1998	2004
第 39 号	金融工具：确认和计量	2001	2003，2004，2008，2009（目前保留套期会计部分内容，其余被 IFRS9 取代）
第 40 号	投资性房地产	1999	2003
第 41 号	农业	2001	

表 1-2 　　　　　　　　　　　国际财务报告准则（IFRS）

编号	准则名称	发布时间（年份）	修订时间（年份）
第 1 号	首次采用国际财务报告准则	2003	2005
第 2 号	以股份为基础的支付	2004	2008
第 3 号	企业合并	2004	2008
第 4 号	保险合约	2004	2005
第 5 号	持有待售的非流动资产和终止经营	2004	
第 6 号	矿产资源的勘探与评价	2004	
第 7 号	金融工具：披露	2005	
第 8 号	经营分部	2006	
第 9 号	金融工具	2009	2010，2014
第 10 号	合并财务报表	2011	
第 11 号	合营安排	2011	
第 12 号	在其他主体中的权益的披露	2011	
第 13 号	公允价值计量	2011	
第 14 号	递延管制账户	2014	
第 15 号	客户合同收入	2014	
第 16 号	租赁	2016	
第 17 号	保险合同	2017	

表 1-3 　　　　　　　　　　　　中国会计准则

编号	准则名称
	基本准则（1992，2006，2014）
第 1 号	存货（2001，2006）

编号	准则名称
第2号	长期股权投资（1998，2001，2006，2014）
第3号	投资性房地产（2006）
第4号	固定资产（2001，2006）
第5号	生物资产（2006）
第6号	无形资产（2001，2006）
第7号	非货币性资产交换（1999，2001，2006，2019）
第8号	资产减值（2006）
第9号	职工薪酬（2006，2014）
第10号	企业年金基金（2006）
第11号	股份支付（2006）
第12号	债务重组（1998，2001，2006，2019）
第13号	或有事项（2000，2006）
第14号	收入（1998，2006，2017）
第15号	建造合同（1998，2006）被取代
第16号	政府补助（2006，2017）
第17号	借款费用（2001，2006）
第18号	所得税（2006）
第19号	外币折算（2006）
第20号	企业合并（2006）
第21号	租赁（2001，2006，2018）
第22号	金融工具确认和计量（2006，2017）
第23号	金融资产转移（2006，2017）
第24号	套期保值（2006）套期会计（2017）
第25号	原保险合约（2006）保险合同（2020）
第26号	再保险合同（2006）即将被取代
第27号	石油天然气开采（2006）
第28号	会计政策、会计估计变更和差错更正（1998，2001，2006）
第29号	资产负债表日后事项（1998，2006）
第30号	财务报表列报（2006，2014）
第31号	现金流量表（1998，2001，2006）
第32号	中期财务报告（2001，2006）
第33号	合并财务报表（2006，2014）
第34号	每股收益（2006）
第35号	分部报告（2006）
第36号	关联方披露（1997，2006）
第37号	金融工具列报（2006，2014，2017）
第38号	首次执行企业会计准则（2006）
第39号	公允价值计量（2014）

编号	准则名称	
第 40 号	合营安排（2014）	
第 41 号	在其他主体中权益的披露（2014）	
第 42 号	持有待售的非流动资产、处置组和终止经营（2017）	

表 1-4 中国会计准则与国际会计准则的比较

编号	国际会计准则	中国会计准则
	概念框架	基本准则
第 1 号	财务报表的列报	财务报表列报
第 2 号	存货	存货
第 3 号	（已被第 27 号和第 28 号取代）	
第 4 号	（该公告已撤销）	
第 5 号	（已被第 1 号取代）	
第 6 号	（已被第 15 号取代）	
第 7 号	现金流量表	现金流量表
第 8 号	会计政策、会计估计变更和差错	会计政策、会计估计变更和差错更正
第 9 号	（已被第 38 号取代）	
第 10 号	报告期后事项	资产负债表日后事项
第 11 号	建造合同（已被 IFRS15 取代）	
第 12 号	所得税	所得税
第 13 号	（已被第 1 号取代）	
第 14 号		收入
第 15 号	（该公告已撤销）	
第 16 号	不动产、厂场和设备	固定资产、非货币性资产交换
第 17 号	租赁（已被 IFRS16 取代）	
第 18 号	收入（已被 IFRS15 取代）	
第 19 号	雇员福利	职工薪酬
第 20 号	政府补助会计和政府援助的披露	政府补助
第 21 号	汇率变动的影响	外币折算
第 22 号	（已被 IFRS3 取代）	
第 23 号	借款费用	借款费用
第 24 号	关联方披露	关联方披露
第 25 号	（已被第 39 号和第 40 号取代）	
第 26 号	退休福利计划的会计和报告	企业年金基金
第 27 号	单独财务报表	合并财务报表
第 28 号	联营中的投资	长期股权投资
第 29 号	恶性通货膨胀经济中的财务报告	外币折算
第 30 号		财务报表列报
第 31 号		长期股权投资
第 32 号	金融工具：列报	金融工具列报

续表

编号	国际会计准则	中国会计准则
第 33 号	每股收益	每股收益
第 34 号	中期财务报告	中期财务报告
第 35 号	（已被 IFRS5 取代）	
第 36 号	资产减值	资产减值
第 37 号	准备、或有负债和或有资产	或有事项
第 38 号	无形资产	无形资产
第 39 号	金融工具	套期会计
第 40 号	投资性房地产	投资性房地产
第 41 号	农业	生物资产
	国际财务报告准则	
第 1 号	首次采用国际财务报告准则	首次执行企业会计准则
第 2 号	以股份为基础的支付	股份支付
第 3 号	企业合并	企业合并
第 4 号	保险合约	保险合同
第 5 号	持有待售的非流动资产和终止经营	财务报表列报、固定资产
第 6 号	矿产资源的勘探与评价	石油天然气开采
第 7 号	金融工具：披露	金融工具列报
第 8 号	经营分部	分部报告
第 9 号	金融工具	金融工具确认与计量 套期会计 金融资产转移 债务重组
第 10 号	合并财务报表	合并财务报表
第 11 号	合营安排	合营安排
第 12 号	在其他主体中的权益的披露	在其他主体中权益的披露
第 13 号	公允价值计量	公允价值计量
第 14 号	递延管制账户	
第 15 号	客户合同收入	收入
第 16 号	租赁	租赁
第 17 号	保险合同	保险合同

第二章

财务会计基本理论

本章结构

```
                                    ┌─────────────────────┬──── 财务会计基本理论的性质
                         财务会计基本理论的 ─────────────────┤
                         性质和内容                         └──── 财务会计基本理论的主要内容

                                                           ┌──── 财务会计的目标
                         财务会计的目标和 ──────────────────┼──── 财务会计信息使用者
                         信息使用者                         └──── 财务会计信息使用者需要的信息

                                                           ┌──── 财务会计信息质量特征的层次
    财务会计基本理论 ──── 财务会计信息质量特征 ──────────────┼──── 从属于使用者的质量特征
                                                           └──── 从属于决策的信息质量特征

                                                           ┌──── 会计要素的划分
                         会计要素 ─────────────────────────┼──── 财务状况要素：资产、负债、所有者权益
                                                           └──── 经营成果要求：收入、费用、利润

                                                           ┌──── 会计假设
                         会计假设、会计原则 ────────────────┼──── 会计原则
                         和会计约束                         └──── 会计约束
```

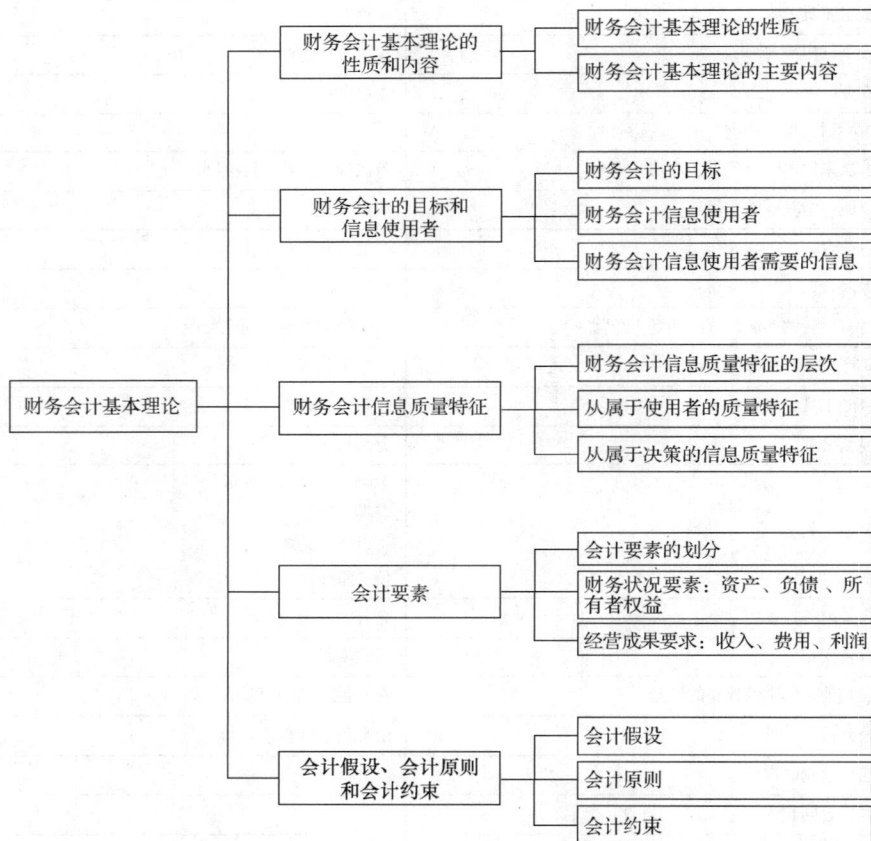

本章概念（关键词）

会计理论结构	会计目标	会计信息质量特征	会计要素	资产
负债	所有者权益	收入	费用	利润
会计假设	权责发生制	会计确认	会计计量	充分披露
会计报告	会计报表	会计约束		

本章小结

1. 财务会计理论的内容

会计理论来源于会计实务，又指导和服务于会计实务。财务会计基本理论包括会计目标、会计

假定、会计概念（会计要素）、会计信息质量特征、会计确认与计量、会计准则和会计程序等内容。

2. 财务会计的目标

财务会计目标包括财务会计的目标是什么，谁是财务会计信息的使用者，他们需要什么信息。财务会计的基本目标为反映受托责任和为决策提供有用信息。财务会计信息使用者可以分为企业内部的财务信息使用者和企业外部的财务信息使用者，前者即企业内部的经营管理人员，后者则指企业的所有者、债权人、潜在投资者、审计人员、证券交易管理机构、财政税务机关、金融机构、宏观经济管理机构、顾客或客户等。投资者更加关心其投资的风险和报酬。债权人则通常关注企业的偿债能力和财务风险。政府及相关部门则关心企业的经济资源分配是否公平、合理，宏观决策所依据的信息是否真实可靠。社会公众关心关注的焦点集中在企业提供的就业数量、刺激消费和提供社区服务等。

3. 会计信息质量的特征

按照 FASB 第 2 号概念公告质量层级图的描述，财务会计信息质量由三个层级组成：一是从属于用户的质量特征——可理解性和决策有用性；二是从属于决策的主要质量特征——相关性和可行性，及时性、预测价值和反馈价值是具备相关性的基本要件，而真实性、可验证性和中立性是具备可行性的基本要件。可比性是次要的质量特征。另外，重要性和效益大于成本是信息加工的约束条件。

4. 会计要素的定义及其分类

会计要素也称财务报告要素，是财务会计对象的具体构成部分。会计要素是对会计核算对象按性质的分类，它有助于将大量、零乱的经济业务数据，经过分类、汇总，加工成全面、综合、系统、重要而又相联系的项目，在按规定格式安排后即可编出财务报表。按 2006 年财政部颁布的《企业会计准则——基本准则》对六个要素的定义，六个要素的定义归纳如下：资产是指过去的交易或事项形成的、由企业拥有或控制的、预期会给企业带来经济利益的资源。负债是指过去的交易或者事项形成的、预期会导致经济利益流出企业的现时义务。所有者权益是指企业资产扣除负债后由所有者享有的剩余权益。收入是指企业在日常活动中发生的、会导致所有者权益增加的、与所有者投入资本无关的经济利益总流入。费用是指企业在日常活动中所发生的、会导致所有者权益减少的、与向所有者分配利润无关的经济利益总流出。利润是指企业在一定会计期间的经营成果。

资产按其流动性，可分为流动资产和非流动资产；资产按其计价方式，可分为货币性资产和非货币性资产；资产还可分为金融资产与非金融资产；按实物形态可分为有形资产和无形资产。负债也可以分为流动负债与非流动负债、货币性负债与非货币性负债、金融负债与非金融负债；负债按支付责任的确定概率还可分为确定负债与或有负债。所有者权益包括实收资本、资本公积、其他综合收益、盈余公积和未分配利润。

收入包括主营业务收入和其他业务收入。费用分为营业成本和期间费用。营业成本可分为主营业务成本和其他业务成本。期间费用分为管理费用、财务费用和营业费用。利得包括直接计入所有者权益的利得和直接计入当期利润的利得。损失包括直接计入所有者权益的损失和直接计入当期利润的损失。利润可分为营业利润、利润总额和净利润。净利润又分为持续经营利润和非持续经营利润。

5. 会计假设

会计假设是会计确认、计量、记录和报告的前提，它是对会计核算的时间、空间环境所做的合理设定。会计四个基本假设分别是会计主体、持续经营、会计分期和货币计量。

6. 会计原则

会计原则是会计要素总体的确认、计量、记录和报告的一般原则。

会计计量与会计确认（狭义）密切相连。会计确认解决定性问题，即能否确认、何时确认和确认何种项目；会计计量则解决定量问题，即"是多少"。会计要素确认的基本标准就是其可定义性和可计量性。

从会计计量的技术方面看，有两个问题需要考虑：一是选择合理的计量单位；二是决定所采用的计量属性。会计计量的计量单位主要有名义货币单位和一般购买力单位。计量属性是指会计要素可计量的某一方面的特性或外在表现形式。在会计实务中，常运用的计量属性包括历史成本、现行成本、现行市价、可变现净值、未来现金流量的现值等。随着全球经济一体化和大量创新金融工具的出现，公允价值计量成为一种流行的计量属性。公允价值计量属性运用的最大优点是其及时、相关，但最大的缺陷就是其主观性较强，可靠性较差。

一个企业在决定报告什么信息时，一般要遵循充分披露的原则，即提供那些足以影响信息使用者判断和决策的信息。而要做到这一条必须兼顾两点：一是信息足够详细充分；二是必须足够简练、可理解，并尽量减少编制成本。

7. 会计约束

企业财务会计人员在提供财务信息时必须考虑所提供信息的效益与其所耗成本孰高孰低。因此，效益大于成本是企业财务信息加工必须考虑的基本因素，这就是会计约束。

本章相关的法规、制度及主要阅读文献

1. 《企业会计准则——基本准则》（2006，2014）
2. FASB，1978，SFAC No.1《企业编制财务报告的目标》
3. FASB，1980，SFAC No.2《会计信息的质量特征》
4. FASB，1980，SFAC No.3《企业财务报表的要素》
5. FASB，1980，SFAC No.4《非营利组织财务报告的目标》
6. FASB，1984，SFAC No.5《企业财务报表的确认与计量》
7. FASB，1985，SFAC No.6《财务报表的要素》
8. FASB，2000，SFAC No.7《在会计计量中使用现金流量信息和现值》
9. FASB，2010，SFAC No.8《财务报告概念框架》（第 1 章、第 3 章）
10. FASB，2006，SFAS No.157《公允价值计量》
11. IASB，2018，《概念框架》

补充资料　IASB 财务报告概念框架摘录（2018）[①]

1. 通用财务报告的目标

1.1 通用财务报告的目标构成了《概念框架》的基础。《概念框架》的其他方面——有用财务信息的质量特征和成本限制、报告主体概念、财务报表要素、确认和终止确认、计量、列示和披露等——都由目标逻辑推演而来。

1.2 通用目的的财务报告的目标是提供关于报告主体的、有助于现有和潜在投资者、贷款人和其他债权人做出有关向主体提供资源的决策的财务信息。这些决策包括：

（1）买入、卖出或持有权益和债务工具；

---

① 该部分中译文摘自：IASB 2018《财务报告概念框架》中译文 中国会计准则委员会翻译 中国财政经济出版社 2019。为了保证此部分内容的客观性，不做任何评述。

（2）提供或清偿贷款及其他形式的信贷；或者

（3）对管理层影响主体经济资源使用的行动行使表决权或施加影响。

……

1.4 现有和潜在投资者、贷款人和其他债权人需要关于以下方面的信息。

（1）主体的经济资源、对主体的求偿权以及经济资源与求偿权变动的信息；以及

（2）主体管理层和治理层履行其使用主体经济资源之职责的效率和效果的程度。

2. 有用财务信息的质量特征

……

有用财务信息的质量特征

2.4 有用的财务信息必须具有相关性并且如实反映其意在反映的内容。如果财务信息具有可比性、可验证性、及时性和可理解性，则财务信息的有用性将得到提升。

2.5 财务信息的基本质量特征是相关性和如实反映。

相关性

2.6 具有相关性的财务信息能够对使用者的决策产生影响。

2.7 如果财务信息具有预测价值、证实价值或两者兼有，则能够对决策产生影响。

2.8 如果财务信息能够被使用者在其预测未来结果的过程中作为输入值，则该财务信息具有预测价值。财务信息本身不一定是预测或预报才具有预测价值。具有预测价值的财务信息由使用者在做出自己的预测时所使用。

2.9 如果财务信息提供关于之前评估的反馈（证实或更改），则该财务信息具有证实价值。

2.10 财务信息的预测价值和证实价值是相互关联的。具有预测价值的财务信息通常具有证实价值。

重要性

2.11 通用目的的财务报告提供了关于特定报告主体的财务信息。如果省略或误报某些信息会影响通用目的的财务报告的主要使用者基于这些报告所做出的决策，则该信息就具有重要性。换言之，重要性是基于个别主体财务报告信息所涉及项目的性质或金额大小或两者兼有而确定的，体现出对特定主体的相关性。因此，理事会不能为重要性制定一个统一的量化标准或预先决定在特定情况下什么是重要的。

如实反映

2.12 财务报告以文字和数字反映经济现象。有用的财务信息不仅必须反映相关现象，而且必须如实反映其意在反映的现象的实质。很多情况下，经济现象的实质和法律形式相同。若不相同，仅提供关于法律形式的信息无法如实反映经济现象。

2.13 要达到完美地如实反映，描述应具备三个特征：完整、中立和无误。当然，完美无法企及。

2.14 完整描述包含使用者理解所描述现象所需要的全部信息，包括所有必要的说明和解释。

2.15 中立描述是指以不带偏见的方式选择和列报财务信息。

2.16 审慎性的运用有助于保持中立。审慎性是指在不确定条件下进行判断时运用谨慎。审慎性的运用是指不高估资产或收益，不低估负债或费用。

2.17 审慎性的运用并不意味着需要保持不对称性。……但是，如果出于选择如实反映其意在反映的最相关信息的目的，则特定准则可能包括具有不对称性的相关规定。

2.18 如实反映并不意味着在所有方面都精确。无误是指对现象的描述不存在错误或遗漏，以及用于生成所报告信息的流程在选择和应用的过程中没有发生差错。

提升性质量特征

可比性

……

可验证性

……

及时性

……

可理解性

……

有用财务报告的成本限制

2.39 成本对财务报告可提供的信息具有普遍限制。报告财务信息必然耗费成本，重要的是报告此类信息所产生的效益能够证明相关成本是合理的。

3. 财务报表和报告主体

财务报表

3.1 第 1 章和第 2 章讨论通用目的财务报告所提供的信息，第 3 章至第 8 章讨论通用目的财务报表——通用目的财务报告的特定形式——所提供的信息。财务报表提供了关于报告主体经济资源、对主体的求偿权以及资源与求偿权变动的信息，它们符合财务报表要素的定义。

3.2 财务报表的目标是向财务报表的使用者提供关于主体资产、负债、权益、收益和费用的有用的财务信息，帮助其评估主体未来净现金流入的前景及管理层对主体经济资源受托责任的履行情况。

3.3 有用财务信息通过以下方式提供。

（1）在财务状况表中确认资产、负债和权益；

（2）在财务业绩表中确认收益和费用；以及

（3）在其他报表和附注中列示和披露以下有关信息：

① 已确认的资产、负债、权益、收益和费用，包括关于这些项目的性质和这些已确认资产和负债引起风险的信息；

② 未确认的资产和负债，包括关于这些资产和负债的性质和这些已确认资产和负债引起风险的信息；

③ 现金流量；

④ 权益持有者的投入以及对其分配；以及

⑤ 对已列示或已披露金额进行估计时所使用的方法、假设和判断，以及这些方法、假设和判断的变化。

报告主体

……

3.10 报告主体是被要求或主动选择编制财务报告的主体。报告主体可以是单个主体或主体的一部分，也可以由一个以上主体构成。一个报告主体并不必须是一个法律主体。

……

合并与非合并财务报表

3.15 合并财务报表提供关于母公司及其子公司作为一个报告主体的资产、负债、权益、收益和费用的信息。

……

3.17 非合并财务报表提供关于母公司资产、负债、权益、收益和费用的信息，而非子公司的上述信息。

3.18 非合并财务报表提供的信息通常不足以满足母公司现有和潜在投资者、贷款人和其他债权人的信息需求。因此，当必须提供合并报表时，非合并财务报表无法代替合并财务报表。尽管如此，母公司可能会被要求或选择在合并财务报表之外，编制非合并财务报表。

4. 财务报表要素

4.1《概念框架》中定义的财务报表要素为：

（1）与报告主体财务状况相关的资产、负债和权益；以及

（2）与报告主体财务业绩相关的收益和费用。

4.2 上述要素与第 1 章中讨论的经济资源、求偿权和经济资源与求偿权的变动有关，其定义如表 4-1 所示。

表 4-1　　　　　　　　　　　　　财务报表要素

第 1 章讨论的项目	要素	定义或描述
经济资源	资产	主体由于过去的事项而控制的现时经济资源。 经济资源是指具备产生经济利益潜力的权利
求偿权	负债	主体由于过去事项而承担的转移经济资源的现时义务
	权益	主体资产扣除所有负债后的剩余利益
反映财务业绩的经济资源与求偿权的变动	收益	引起权益增加的资产增加或负债的减少，但不包括权益持有者的投入
	费用	引起权益减少的资产减少或负债的增加，但不包括对权益持有者的分配
经济资源与求偿权的其他变动	-	权益持有者的投入或对其分配
	-	未导致权益增加或减少的资产或负债交换

资产的定义

……

权利

……

产生经济利益的潜力

……

控制

……

负债的定义

……

义务

……

4.29 义务是指主体无实际能力避免的职责或责任。义务总是对应着另一方（或多方）。另一方（或多方）可以是个人或另一主体、一群人或一组其他主体，或全社会。无须识别该义务对应的另一方（或多方）的身份。

经济资源的转移

……

由于过去的事项而形成的现时义务

……

资产和负债

……

核算单元

……

4.48 核算单元是指适用确认标准和计量概念的一项权利或一组权利、一项义务或一组义务，或者一组权利和义务。

待执行合同

……

合同权利和合同义务的实质

……

权益的定义

……

收益和费用的定义

……

5. 确认和终止确认

确认流程

5.1 确认是指将符合资产、负债、权益、收益和费用定义的财务报表要素项目纳入财务状况表或财务业绩表的过程。确认涉及以文字和金额表述一个项目（单独或与其他项目汇总在一起）并将该金额纳入财务状况表或财务业绩表的一项或多项合计中。资产、负债或权益在财务状况表中确认的金额被称为"账面价值"。

……

确认标准

5.6 只有符合资产、负债或权益定义的项目才能在财务状况表中予以确认。同样，只有符合收益或费用定义的项目才能在财务业绩表中予以确认。但是，并非所有符合这些要素定义的项目均可予以确认。

5.7 未确认符合某一要素定义的项目会导致财务状况表和财务业绩表不够完整，并可能使财务报表遗漏有用信息。此外，在某些情况下，确认符合某一要素定义的项目将不会提供有用的信息。只有在确认了资产或负债以及由此产生的收益、费用或权益变动，能为财务报表使用者提供有用的信息时，该资产或负债才予以确认。也就是说，这些信息必须是：

（1）关于资产或负债以及由此产生的收益、费用或权益变动的具有相关性的信息；以及

（2）对资产或负债以及由此产生的收益、费用或权益变动的如实反映。

……

终止确认

5.26 终止确认是指从主体的财务状况表中移除全部或部分已确认的资产或负债。主体通常在相关项目不再满足资产或负债定义时，进行终止确认。

（1）对于资产，终止确认通常发生在主体丧失对全部或部分已确认资产的控制权时；以及

（2）对于负债，终止确认通常发生在主体对全部或部分已确认负债不再承担现时义务时。

6. 计量

6.1 财务报表中确认的要素以货币形式量化，这要求选择计量基础。计量基础是指被计量项目的一项已识别特征，如历史成本、公允价值或履约价值等。对资产或负债应用计量基础也就是为该资产或负债以及相关收益或费用创建一个计量。

计量基础

……

历史成本

……

6.4 历史成本计量，利用形成资产、负债及相关收益和费用的交易或其他事项的价格获取的相关信息（至少部分相关信息），提供关于这些要素的货币信息。与现行价值不同，历史成本不反映价值变动，但与资产减值或负债致损相关的变动除外。

......

现行价值

6.10 现行价值计量，利用能够反映计量日具体情况的更新信息，提供关于资产、负债与相关收益和费用的货币信息。因现行价值利用的是更新信息，所以资产和负债的现行价值可反映自前一计量日起，对此类现行价值中反映的现金流量和其他因素估计的变动情况。与历史成本不同，资产或负债的现行价值并非来自（甚至并非部分来自）形成资产或负债的交易或其他事项的价格。

6.11 现行价值计量基础包括：

（1）公允价值；

（2）使用价值和履约价值；

（3）现行成本。

公允价值

6.12 公允价值是指市场参与者之间在计量日进行的有序交易中，出售一项资产所能收到的或转移一项负债所需支付的价格。

......

使用价值和履约价值

6.17 使用价值是指主体预期从使用资产及其最终处置中取得的现金流量或其他经济利益的现值。履约价值是指主体预期其履行负债时有义务转移的现金或其他经济资源的现值。此处现金或其他经济资源的金额不仅包含将转移至负债对手的金额，还包含主体预期有义务转移至其他方以协助主体履行其负债的金额。

现行成本

资产的现行成本是指在计量日取得一项同等资产的成本，它包括应在计量日支付的对价加上可能发生的交易成本。负债的现行成本是指在计量日取得形成一项同等负债所收到的对价减去计量日可能产生的交易成本。现行成本与历史成本类似，是一种进入价值：反映主体在市场中取得资产或承担负债的价格。因此，现行成本与公允价值、使用价值和履约价值不同，后三者均为脱手价值。然而，与历史成本不同的是，现行价值所反映的是计量日的具体状况。

特定计量基础提供的信息

......

选择计量基础时考虑的因素

......

权益的计量

......

基于现金流量的计量技术

......

7. 列报和披露

7.1 报告主体通过在财务报表中列示和披露信息来沟通有关其资产、负债、权益、收益和费用的信息。

7.2 财务报表信息的有效沟通使信息更具相关性，有助于如实反映主体的资产、负债、权益、收益和费用，同时还提高了财务报表信息的可理解性和可比性。实现财务报表信息的有效沟通，需要做到：

（1）专注于列示和披露的目标和原则，而不是规则；

（2）通过将类似项目归类，将不相似项目分开的方式，对信息进行分类；以及

（3）以既不过于细致、也不过度概略的方式，对信息进行汇总，从而不模糊信息。

8. 资本和资本保持的概念（略）[①]

---

① 由于我国基本准则目前没有此部分内容，因此没有摘录。

第三章

货币资金

本章结构

```
                                        ┌─ 货币资金的含义
                        ┌─ 货币资金概述 ─┤
                        │                └─ 货币资金的管理
                        │
                        │                ┌─ 库存现金概述
                        │                ├─ 库存现金的管理与控制
                        ├─ 库存现金 ─────┤
                        │                ├─ 现金业务的财务处理
                        │                └─ 库存现金的清查
                        │
                        │                ┌─ 银行存款管理
            货币资金 ───┤                ├─ 银行结算方式
                        ├─ 银行存款 ─────┤
                        │                ├─ 银行存款的会计处理
                        │                └─ 银行存款余额调节表的编制
                        │
                        │                ┌─ 外埠存款
                        ├─ 其他货币资金 ─┤─ 银行汇票存款
                        │                └─ 其他
                        │
                        │                ┌─ 货币资金的披露
                        └─ 披露与分析 ───┤
                                         └─ 货币资金的分析
```

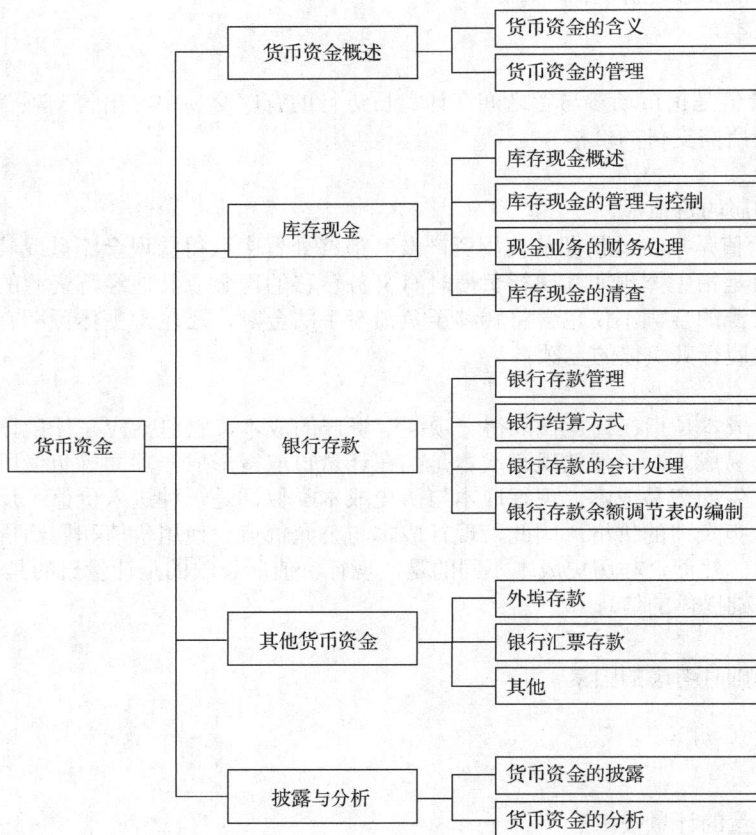

本章概念（关键词）

货币资金	内部控制	现金	银行存款	其他货币资金
银行结算方式	支票	汇兑	商业汇票	委托收款
银行汇票	银行本票	托收承付	信用证	信用卡
未达账项	银行存款余额调节表			

本章小结

1. 货币资金的内容

货币资金是指企业在生产经营过程中，以货币形态存在的资产。货币资金按其存放地点和用途，可分为库存现金、银行存款和其他货币资金。货币资金是流动资产中流动性最强的资产，具有普遍的可接受性。企业的许多经营活动都离不开货币资金的收付。因而，拥有一定数量的货币资金是企业进行生产经营活动的前提条件。

2. 货币资金内部管理的重要性

鉴于货币资金在企业经营过程中的重要性，加强货币资金的内部管理就显得尤为重要。（1）能防止因货币资金短缺而影响企业正常的生产经营。（2）虽然保留一定量的货币资金对企业十分重要，但是保存过多的货币资金，实际上意味着企业资源的一种浪费，这种浪费表现为机会成本的增加。因此加强货币资金管理，保持适量的货币资金，有助于提高货币资金的利用率。（3）由于货币资金也是最容易被非法挪用、占用的资产，因此，加强对货币资金的内部管理，有助于保证货币资金的安全。

3. 库存现金的管理和控制方法

首先，对企业库存现金的限额加以控制，要根据国家的有关规定和企业实际情况以及银行的管理要求核定库存现金限额。其次，对现金的收入加强管理，对于企业取得的各项现金超过库存限额的部分一般应于当日送存开户银行。最后，对于现金的支出加以管理：一是现金支出的资金来源，应从本企业备用金中支付或者从开户银行提取，不得从本企业的现金收入中直接支付，即不得坐支现金；二是对现金支出的范围要有所规定，主要是单位对个人的支付，以及结算起点（1 000 元）以下的零星支出，或者中国人民银行规定需要支付现金的其他支出。

4. 库存现金的账务处理

库存现金的账务处理主要包括两个部分。一是通过"现金"总分类账进行总括核算，以反映和监督现金的收支与结存的总括情况。二是设置现金日记账。为了提供全面、系统、连续、详细的有关现金收支业务及结余情况，在进行总分类核算的同时还必须按照现金业务发生的时间先后顺序逐笔序时登记，以加强对现金的管理，随时掌握现金收付的动态和库存余额，保证现金的安全。

5. 银行各种结算方式的适用范围

银行的结算方式分为支票、委托收款、汇兑、商业汇票、银行本票、银行汇票、托收承付、信用证等。支票是同城结算中应用比较广泛的一种结算方式。委托收款适用于同城收款，也可用于异地收款。汇兑适用于异地之间各种款项的结算。商业汇票既可用于同城收款，也可用于异地收款，但是只有在银行开立账户的法人以及其他组织之间具有真实交易关系或债权债务关系时才能使用。银行本票结算适用于在同一票据交换区支付各种款项。银行汇票主要适用于异地间单位和个人各种款项的结算，如果同城结算使用银行汇票，必须与具备办理银行汇票条件且同属一个系统的银行才能办理。托收承付的结算方式只适于异地结算，并且是商品交易及因商品交易而产生的劳务供应的款项。信用证结算方式通常适用于国际结算业务。

6. 银行存款的核算

银行存款的账务处理主要包括两个部分：一是通过"银行存款"总分类账进行总括核算，以反映和监督银行存款的收支与结存的总括情况；二是设置银行存款日记账。为了提供全面、系统、连续、详细的银行存款增减及结余情况，在进行总分类核算的同时还必须按照银行存款业务发生的时间先后顺序逐笔序时登记，以加强对银行存款的管理。银行存款日记账应定期与银行对账单核对，至少每月核对一次。

7. 其他货币资金的核算方法

由于存放地点和用途不同，会计上对其他货币资金通常是设置"其他货币资金"总账科目进行单独核算，并按照外埠存款、银行汇票存款、银行本票存款、信用证保证金存款、信用卡存款和存出投资款等设置明细科目，进行明细分类核算。

8. 货币资金的披露与分析

日常会计核算中，对货币资金按库存现金、银行存款和其他货币资金分别设置相应科目进行核算，以便加强对货币资金的管理和控制，确保货币资金的安全与完整。而对外提供的会计报表要求提供的是总括的会计信息，因此在资产负债表上，货币资金是以"货币资金"这一总括项目列示的。对货币资金的分析主要是基于现金流量表展开的现金流量分析，包括一般分析、水平分析、结构分析以及利润的综合分析。另外，投资者需关注企业货币资金持有量的多少以及货币资金使用的受限情况。

本章相关的法规、制度及主要阅读文献

1. 《企业会计准则——基本准则》（2006，2014）
2. 《企业会计准则第 22 号——金融工具确认和计量》（2017）
3. 《支付结算办法》（1997）
4. 《人民币银行结算账户管理办法》（2003）
5. 《现金管理暂行条例》（2011）
6. 《中华人民共和国票据法》（2004）
7. 《票据管理实施办法》（2011）
8. 《国内信用证结算办法》（2016）
9. 《银行卡业务管理办法》（1999）
10. 《中华人民共和国外汇管理条例》（2008）
11. 《结汇、售汇及付汇管理规定》（1996）

教材练习题解答

（一）库存现金和银行存款

1. 编制会计分录。

（1）4 月 4 日，销售商品。

借：应收账款	11 300
贷：主营业务收入	10 000
应交税费——应交增值税（销项税额）	1 300

（2）4 月 6 日，支付办公费。

借：管理费用	500
贷：库存现金	500

（3）4 月 7 日，购入商品。

借：库存商品	20 000
应交税费——应交增值税（进项税额）	2 600
贷：银行存款	22 600

（4）4 月 8 日，收到前欠货税款。

借：银行存款	11 300
贷：应收账款	11 300

（5）4 月 9 日，职工预支差旅费。

 借：其他应收款——李勇   2 000

  贷：银行存款   2 000

（6）4 月 15 日，支付广告费。

 借：销售费用   11 000

  贷：银行存款   11 000

（7）4 月 17 日，销售商品。

 借：银行存款   22 600

  贷：主营业务收入   20 000

   应交税费——应交增值税（销项税额）   2 600

（8）4 月 23 日，职工报销差旅费。

 借：管理费用   1 850

  库存现金   150

  贷：其他应收款——李勇   2 000

（9）4 月 29 日，发放员工工资。

 借：应付职工薪酬   50 000

  贷：银行存款   50 000

（10）4 月 30 日，发放临时员工工资。

 借：库存现金   2 000

  贷：银行存款   2 000

 借：应付职工薪酬   2 000

  贷：库存现金   2 000

2．登记账簿，结出余额，如下所示。

银行存款

期初余额	140 000	22 600	（3）
（4）	11 300	2 000	（5）
（7）	22 600	11 000	（6）
		50 000	（9）
		2 000	（10）
本期发生额	33 900	87 600	本期发生额
期末余额	86 300		

库存现金

期初余额	6 000		
（8）	150	500	（2）
（10）	2 000	2 000	（10）
本期发生额	2 150	2 500	本期发生额
期末余额	5 650		

（二）银行存款余额调节表

亨通公司银行存款余额调节表如表 3-1 所示。

表 3-1   亨通公司银行存款余额调节表

2022 年 11 月 30 日

项目	金额（元）	项目	金额（元）
银行存款日记账余额	394 190	银行对账单余额	330 690
加：银行已收，企业未收款项	20 000	加：企业已收，银行未收款项	44 000
减：企业错账，多记 700 元	700	减：企业已付，银行未付款项	5 500
银行退回转账支票	30 000	银行误划入款项	4 000
银行扣除水电费，企业未记	18 000		
银行扣除手续费，企业未记	300		
调节后银行存款余额	365 190	调节后银行存款余额	365 190

（三）其他货币资金

（1）向银行申请签发汇票。

借：其他货币资金——银行汇票	15 000	
贷：银行存款		15 000

（2）向银行申请签发本票。

借：其他货币资金——银行本票	2 000	
贷：银行存款		2 000

（3）汇款至临时采购账户。

借：其他货币资金——外埠存款	13 000	
贷：银行存款		13 000

（4）到异地采购商品。

借：库存商品	10 000	
应交税费——应交增值税（进项税额）	1 300	
贷：其他货币资金——银行汇票		11 300

（5）采购专户结算。

借：库存商品	11 000	
应交税费——应交增值税（进项税额）	1 430	
贷：其他货币资金——外埠存款		12 430

（6）收回银行汇票结余款。

借：银行存款	37 00	
贷：其他货币资金——银行汇票		3 700

（7）收回采购专户结余款。

借：银行存款	240	
贷：其他货币资金——外埠存款		240

本章结构

```
                                              ┌─────────────────────────┐
                                              │   应收及预付款项的性质      │
                                              ├─────────────────────────┤
                                              │  应收及预付款项的核算原则   │
                               ┌──────────┐   ├─────────────────────────┤
                               │  应收票据  │──→│   应收票据的分类与计价     │
                               └──────────┘   ├─────────────────────────┤
                                              │   应收票据的确认与核算     │
                                              ├─────────────────────────┤
                                              │   应收票据贴现的核算       │
                                              └─────────────────────────┘

                                              ┌─────────────────────────┐
                                              │   应收账款的确认          │
                                              ├─────────────────────────┤
                               ┌──────────┐   │   应收账款的计价          │
                               │  应收账款  │──→├─────────────────────────┤
                               └──────────┘   │   应收账款的核算          │
                                              ├─────────────────────────┤
  ┌──────────┐                                │   坏账损失的确认与核算     │
  │  应收款项  │                                └─────────────────────────┘
  └──────────┘
                                              ┌─────────────────────────┐
                               ┌─────────────┐│   其他应收款的核算        │
                               │其他应收款及预付款项│→├─────────────────────────┤
                               └─────────────┘│   预付款项的核算          │
                                              ├─────────────────────────┤
                                              │   应收款项融资           │
                                              └─────────────────────────┘

                                              ┌─────────────────────────┐
                               ┌──────────┐   │   应收款项的披露          │
                               │  披露和分析 │──→├─────────────────────────┤
                               └──────────┘   │   应收账款的分析          │
                                              └─────────────────────────┘
```

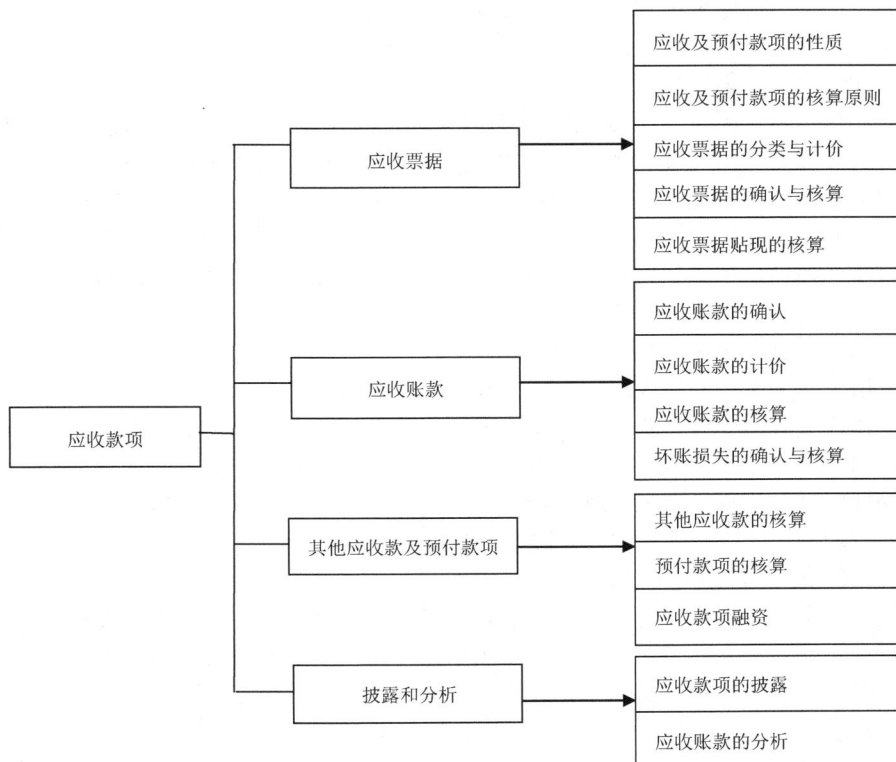

本章概念（关键词）

应收款项	应收票据	商业承兑汇票	银行承兑汇票	贴现
应收账款	商业折扣	现金折扣	总价法	净价法
坏账	坏账损失	直接转销法	备抵法	赊销百分比法
应收账款余额百分比法	账龄分析法	个别认定法	应收款项融资	
预付账款	其他应收款			

本章小结

1. 应收款项的性质

应收款项是指企业在日常生产经营过程中发生的各项债权，主要包括应收票据、应收账款、其他应收款、预付款项等。

2. 应收票据的性质和核算

应收票据是指企业持有的还没有到期、尚未兑现的商业汇票。商业汇票按承兑人不同，分为商业承兑汇票和银行承兑汇票。商业承兑汇票的出票人为该商业汇票的承兑人，也可以是收款人出票，交由付款人承兑。银行承兑汇票是由在承兑银行开立存款账户的存款人签发，由开户银行承兑付款的票据。企业收到应收票据时，应按照票据的面值在"应收票据"科目进行核算。对于带息应收票据，还应于中期期末和年度终了，按规定计提票据利息。

3. 应收票据贴现

贴现是指票据持有人将未到期的票据在背书后送交银行，银行受理后，从票据到期值中扣除按银行贴现率计算确定的贴现利息，然后将余额付给持票人，视同银行对企业的短期贷款，其实质是企业融通资金的一种形式。

4. 应收账款的确认及计价

应收账款是指企业因销售商品、产品或提供劳务而形成的债权。应收账款通常按账面余额计价，计价时还需要考虑商业和现金折扣的因素，商业折扣一般在交易发生时即已确定，不需要在买卖双方任何一方的账上反映，企业应收账款和销售收入的入账金额应按扣除商业折扣以后的实际售价确认。而现金折扣发生在交易成立之后，会对发票价格产生影响，是按折扣前的价格还是按折扣后的价格确认应收账款金额，产生了应收账款入账金额确认的两种处理方法：一种是总价法；另一种是净价法。

5. 坏账损失的确认及坏账准备的计提

坏账是指企业无法收回或收回的可能性极小的应收账款。由于发生坏账而使企业遭受的损失，称为坏账损失。对于坏账损失的核算一般采用备抵法，在备抵法下要求在每一会计期间，采用一定方法估计坏账损失，计入当期费用，同时形成坏账准备。当某一笔应收账款全部或部分被确认为坏账时，根据其金额冲减坏账准备，同时转销相应的应收账款金额。估计坏账损失的方法主要有四种：应收账款余额百分比法、账龄分析法、赊销百分比法和个别认定法。

6. 应收款项的披露与分析

应收款项是企业流动资产的重要组成部分，在资产负债表中，应收款项按流动性强弱顺序列于货币资金、交易性金融资产之后。应收账款抵借与让售的有关业务的具体情况在会计报表附注中进行披露。对应收账款最基本也是最有效的分析是账龄分析，通过对账龄的定期监督，企业可以随时掌握应收账款的平均账龄，以及每笔应收账款的质量。

本章相关的法规、制度及主要阅读文献

1.《企业会计准则——基本准则》（2006，2014）

2.《企业会计准则第 22 号——金融工具确认和计量》（2017）

3.《企业会计准则讲解 2010》

教材练习题解答

（一）应收票据

1. 收到票据。

借：应收票据　　　　　　　　　　　　　　　　　　　　　　　11 300

贷：主营业务收入		10 000
应交税费——应交增值税（销项税额）		1 300

2．票据为不计息票据，无须计提利息。

3．到期按时兑付时。

借：银行存款		11 300
贷：应收票据		11 300

4．到期无力兑付时。

借：应收账款		11 300
贷：应收票据		11 300

（二）应收票据贴现

1．票据到期值=117 000（元）

贴现息=117 000×10%÷360×18=585（元）

贴现所得=117 000-585=116 415（元）

借：银行存款		116 415
财务费用		585
贷：应收票据		117 000

2．若收回了票款，跃华公司无须做处理。

3．若票据被拒付，则做如下处理。

借：应收账款		117 000
贷：银行存款		117 000

4．票据到期值=117 000×（1+8%÷360×90）=119 340（元）

贴现息=119 340×10%÷360×18=596.7（元）

贴现所得=119 340-596.7=118 743.3（元）

借：银行存款		118 743.3
贷：应收票据		117 000
财务费用		1 743.3

（1）若收回了票款，跃华公司无须做处理。

（2）若票据被拒付，则做如下处理。

借：应收账款		119 340
贷：银行存款		119 340

（三）应收账款

1．销售产品。

（1）总价法下。

借：应收账款		203 400
贷：主营业务收入		180 000
应交税费——应交增值税（销项税额）		23 400

（2）净价法下。

借：应收账款		199 800
贷：主营业务收入		176 400
应交税费——应交增值税（销项税额）		23 400

2．6月8日收回全部货款。

（1）总价法下。

借：银行存款 199 800

财务费用 3 600

贷：应收账款 203 400

（2）净价法下。

借：银行存款 199 800

贷：应收账款 199 800

3．6月28日收回全部货款。

（1）总价法下。

借：银行存款 203 400

贷：应收账款 203 400

（2）净价法下。

借：银行存款 203 400

贷：应收账款 199 800

财务费用 3 600

（四）坏账准备

1．年末应计提坏账准备金额=10 000 000×5‰-32 000-3 000+5 000=20 000（元）

2．会计分录

（1）坏账冲销。

借：坏账准备 5 000

贷：应收账款 5 000

（2）坏账收回。

借：应收账款 3 000

贷：坏账准备 3 000

借：银行存款 3 000

贷：应收账款 3 000

（3）年末计提。

借：信用减值损失 20 000

贷：坏账准备 20 000

（五）预付账款

1．4月10日汇出预付款。

借：预付账款 28 000

贷：银行存款 28 000

2．5月1日收到货物和发票。

借：库存商品（25 000+1 500） 26 500

应交税费——应交增值税（进项税额）（3 250+135） 3 385

贷：预付账款 28 000

银行存款 1 885

本章结构

```
                          ┌─────────────────┐     ┌──────────────────────┐
                          │                 │─────│ 存货的概念与分类      │
                          │ 存货的性质和范围 │─────│ 存货范围的确认        │
                          │                 │─────│ 存货的盘存与控制      │
                          └─────────────────┘     └──────────────────────┘

                          ┌─────────────────┐     ┌──────────────────────┐
                          │ 取得存货的计价   │─────│ 存货的初始计量        │
                          │                 │─────│ 取得存货的核算        │
                          └─────────────────┘     └──────────────────────┘

                          ┌─────────────────┐     ┌──────────────────────┐
                          │                 │─────│ 存货成本流转假设      │
                          │ 发出存货的计价   │─────│ 发出存货的计价方法    │
                          │                 │─────│ 各种存货计价方法的比较 │
   ┌──────┐               └─────────────────┘     └──────────────────────┘
   │ 存货 │──┤
   └──────┘               ┌─────────────────┐     ┌──────────────────────────┐
                          │                 │─────│ 成本与可变现净值孰低法的含义 │
                          │ 期末存货计价     │─────│ 可变现净值的确定          │
                          │                 │─────│ 成本与可变现净值孰低法    │
                          │                 │─────│ 存货的估价                │
                          └─────────────────┘     └──────────────────────────┘

                          ┌─────────────────┐     ┌──────────────────────┐
                          │ 周转材料         │─────│ 包装物的核算          │
                          │                 │─────│ 低值易耗品的核算      │
                          └─────────────────┘     └──────────────────────┘

                          ┌─────────────────┐     ┌──────────────────────┐
                          │ 披露与分析       │─────│ 存货的披露            │
                          │                 │─────│ 存货的分析            │
                          └─────────────────┘     └──────────────────────┘
```

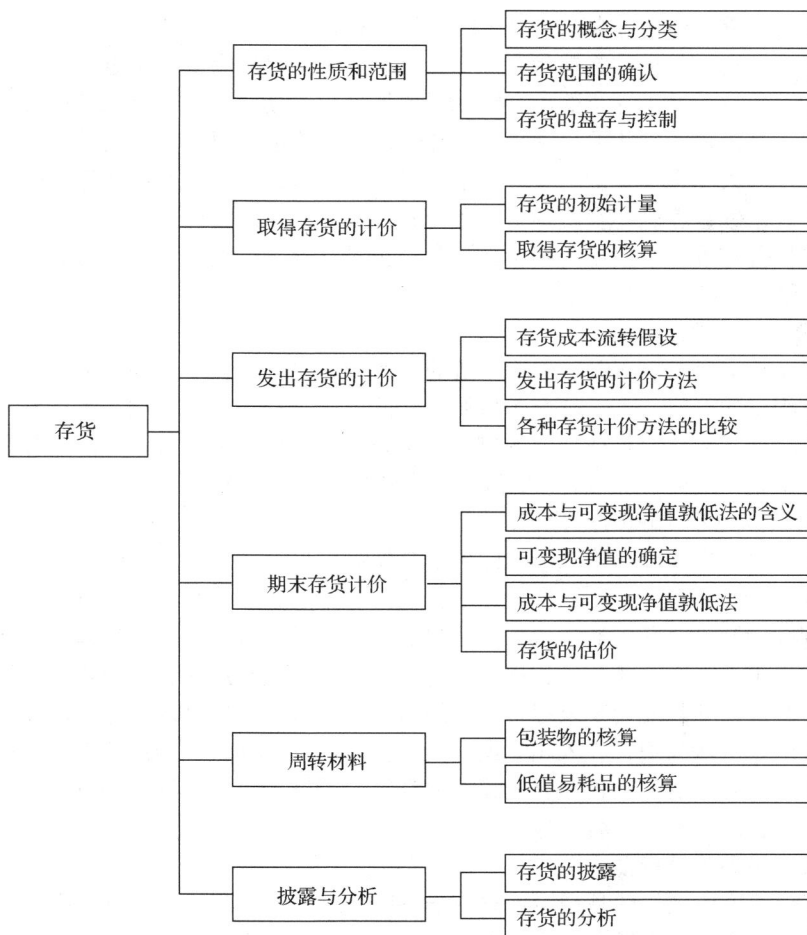

本章概念（关键词）

存货	定期盘存制	永续盘存制	成本流转假说	个别计价法
先进先出法	后进先出法	加权平均法	移动加权平均法	
成本与可变现净值孰低法	存货跌价准备	毛利率法	零售价法	
包装物	低值易耗品			

本章小结

1. 存货的性质和范围

存货是指企业在日常生产经营过程中持有以备出售，或者仍然处在生产过程，或者在生产或提供劳务过程中消耗的材料或物料等，包括各类材料、商品、在产品、半成品、产成品等。只有为了进行正常生产经营而储存的资产才是存货；不是为了此种目的而储存的资产，都不能列为企业的存货。

2. 存货的两种盘存制度

企业存货的数量需要通过盘存来确定，常用的存货数量盘存方法主要有实地盘存制和永续盘存制两种。实地盘存制也称定期盘存制，指会计期末通过对全部存货进行实地盘点，以确定期末存货的结存数量和期末存货的总金额，以此倒挤出本期已耗用或已销售存货的成本。这种方法的主要优点是简化了存货的日常核算工作；缺点是不能随时反映存货的收入、发出和结存情况，不便于管理人员掌握存货动态，不能随时结转成本；容易掩盖存货管理中存在的自然损耗和人为损失。永续盘存制对存货项目设置经常性的库存记录，即分品种、规格设置存货明细账，逐笔或逐日登记收入、发出的存货，并随时记录结存数。这种盘存制有利于加强对存货的管理，但是记录存货明细账的工作量较大。

3. 取得存货的计价与核算

存货应该以其实际成本入账。外购存货的入账价值包括买价和采购费用。自制的存货成本应包括制造过程中的材料、人工及有关费用等实际支出。委托外单位加工完成的存货的实际成本应该包括实际耗用的原材料或半成品以及加工费、运输费、装卸费、保险费等费用和按规定应计入成本的税金。投资者投入的存货按照投资合同或协议价格入账。

4. 发出存货计价方式的选择及比较

有五种常用的存货计价方法：个别计价法、先进先出法、后进先出法、加权平均法和移动加权平均法等。我国新会计准则已取消后进先出法。个别计价法有可能通过有目的地选择发出存货成本达到人为操纵企业利润的目的，所以这种方法只适合于贵重的或体积较大且易于辨认的存货。先进先出法把存货核算的工作分散在平时，可以及时反映存货的资金占用情况，保证成本计算的及时性，并且能使期末存货成本最接近现行成本；但是这种方法的计算工作量大，而且它不是以现行成本与现行收入相配比，所以，当物价上涨时，会高估企业当期利润。加权平均法比较简便，对存货的计价和企业损益的计算较为合理；但采用这种方法，平时账上无法提供存货的结存金额，不利于加强对存货的管理。

5. 成本与可变现净值孰低法

成本与可变现净值孰低法是指对期末存货按照成本与可变现净值两者之中较低者计价的方法。当存货的可变现净值下跌至成本以下时，表明该存货给企业带来的未来经济利益低于账面价值，因而，应将这部分损失从资产价值中扣除，计入当期损益。

6. 存货估价的毛利率法和零售价法

企业在发生意外损失时，通常需要对存货进行估价，以确定损失金额和应由保险公司赔偿的金额。存货估价的常用方法有毛利率法和零售价法。毛利率法是用本期销售净额乘以上期实际（或本月计划）毛利率计算本期销售毛利，并计算发出存货成本的一种方法。零售价法是用成本占零售价的百分比计算期末存货成本的一种方法。

7. 包装物和低值易耗品的核算

包装物是指企业为了包装本企业的商品、产品，并随商品、产品流转而储备的各种包装容器，如桶、箱、瓶、坛、袋等。低值易耗品是指企业在业务经营过程中所必需的单项价值较低或使用年限较短，不能作为固定资产核算的物资设备、各种用具物品。企业需要设置"包装物"和"低值易耗品"科目对包装物和低值易耗品进行核算。

8. 存货的披露和分析

存货的披露包括报表列示和附注披露。企业在资产负债表中列示存货的账面价值，其金额等于存货的账面余额减去存货跌价准备。在财务报表附注中，企业需要披露存货核算的会计政策和存货项目的构成。

报表使用者在分析存货信息时，需要注意以下三点。第一，关注存货持有量与存货周转率。第二，关注存货发出的计价方法是否有变更。第三，关注企业是否计提过少或过多的存货跌价准备。

本章相关的法规、制度及主要阅读文献

1.《企业会计准则第 1 号——存货》（2006）

2.《企业会计准则第 7 号——非货币性资产交换》（2019）

3.《企业会计准则第 12 号——债务重组》（2019）

4.《企业会计准则讲解 2010》

5.《企业会计准则解释》第 1 号～第 14 号

教材练习题解答

（一）实际成本法

1. 6 月 5 日，购入 A 材料。

借：在途物资	90 000
应交税费——应交增值税（进项税额）	11 700
贷：应付账款	101 700

2. 6 月 8 日，10 件 A 材料办理退货。

借：应付账款	226
贷：在途物资	200
应交税费——应交增值税（进项税额）	26

（或采用红字冲销法）

借：应交税费——应交增值税（进项税额）	（26）
在途物资	（200）
贷：应付账款	（226）

其他 A 材料入库。

借：原材料	89 800
贷：在途物资	89 800

3. 6 月 9 日，支付 A 材料价税款。

借：应付账款	101 474
贷：银行存款	101 474

4. 6 月 19 日，预付 A 材料账款。

借：预付账款	48 000

  贷：银行存款   48 000

5．6月22日，收到A材料，补付余款。

  借：原材料   52 000

    应交税费——应交增值税（进项税额）   6 760

    贷：预付账款   48 000

      银行存款   10 760

6．6月22日，委托外单位加工A材料，发出C原材料，支付运费436元，运费可抵扣9%的进项税额。

  借：委托加工物资   18 400

    应交税费——应交增值税（进项税额）   36

    贷：原材料——C材料   18 000

      银行存款   436

7．6月25日收回委托加工物资。

应缴增值税税额=5 000×13%+600×9%=704（元）

  借：委托加工物资   5 600

    应交税费——应交增值税（进项税额）   704

       ——应交消费税   1 000

    贷：银行存款   7 304

  借：原材料   24 000

    贷：委托加工物资   24 000

8．6月30日，本月领用A原材料。

  借：生产成本   35 000

    制造费用   5 000

    管理费用   4 000

    贷：原材料   44 000

（二）存货计价方法

1．采用加权平均法确定企业期末存货和本期发出存货的成本。

加权平均单位成本 $=\dfrac{80\,000+180\,000+112\,000+144\,000}{4\,000+10\,000+7\,000+9\,000}=17.2$（元）

本期发出存货的成本=17.2×（18 000+8 000）=447 200（元）

企业期末存货的成本=80 000+180 000+112 000+144 000−447 200=68 800（元）

2．采用先进先出法确定企业期末存货和本期发出存货的成本。

6月13日发出存货的成本=20×4 000+18×10 000+16×4 000=324 000（元）

6月25日发出存货的成本=16×3 000+16×5 000=128 000（元）

本期发出存货的成本=324 000+128 000=452 000（元）

企业期末存货的成本=80 000+180 000+112 000+144 000−452 000=64 000（元）

3．采用移动加权平均法确定企业期末存货和本期发出存货的成本。

6月3日购货后的平均单位成本 $=\dfrac{80\,000+180\,000}{4\,000+10\,000}=18.57$（元）

6月6日购货后的平均单位成本 $=\dfrac{80\,000+180\,000+112\,000}{4\,000+10\,000+7\,000}=17.71$（元）

6月13日发货的存货成本=17.71×18 000=318 780（元）

当时结存的存货成本=80 000+180 000+112 000−318 780=53 220（元）

$$6月22日购货后的平均单位成本=\frac{53\ 220+144\ 000}{3\ 000+9\ 000}=16.435（元）$$

6月25日发货的存货成本=16.435×8 000=131 480（元）

企业期末结存的存货成本=16.435×4 000=65 740（元）

本期发出存货成本=318 780+131 480=450 260（元）

（三）存货估价方法

$$毛利率=\frac{销售毛利}{销售净额}\times100\%$$

本期销售毛利=本期销售净额×毛利率=870 000×0.25=217 500（元）

本期销售成本=本期销售净额−本期销售毛利=870 000−217 500=652 500（元）

用毛利率法计算期末存货成本如表5-1所示。

表5-1　　　　　　　　　　　　　毛利率法下期末存货成本　　　　　　　　　　　　　单位：元

月初存货成本	320 000
本月购货净额	590 000
可供销售商品成本	910 000
本月销售净额	870 000
减：销售毛利（870 000×0.25）	217 500
销售成本	652 500
期末存货成本	257 500

火灾后存货可变现净值为60 000元，则火灾造成的存货损失为197 500（257 500−60 000）元。

（四）存货的期末计价

1. 2021年存货项目在资产负债表上列示的价格计算如表5-2所示。

表5-2　　　　　　　　　　　　3种方法确定存货项目的金额对比表　　　　　　　　　　　单位：元

存货种类	成本	可变现净值	逐项比较法	分类比较法	综合比较法
甲类					
A	2 000	1 600	1 600		
B	3 900	4 200	3 900		
合计	5 900	5 800		5 800	
乙类					
C	1 720	1 840	1 720		
D	4 556	4 352	4 352		
合计	6 276	6 192		6 192	
总计	12 176	11 992			11 992

（1）单项比较法。

借：资产减值损失——计提存货跌价准备　　　　　　　　604

　　贷：存货跌价准备——A　　　　　　　　　　　　　　　　400

　　　　　　　　　　——D　　　　　　　　　　　　　　　　204

（2）分类比较法。

借：资产减值损失——计提存货跌价准备　　　　　　　　184

　　贷：存货跌价准备——甲类　　　　　　　　　　　　　　100

　　　　　　　　　　——乙类　　　　　　　　　　　　　　84

（3）综合比较法。

借：资产减值损失——计提存货跌价准备 　　184

　　贷：存货跌价准备 　　184

2．2022年存货项目在资产负债表上列示的价格计算如表5-3所示。

表5-3　　　　　　　　　　　　3种方法确定存货项目的金额对比表　　　　　　单位：元

存货种类	成本	可变现净值	逐项比较法	分类比较法	综合比较法
甲类					
A	1 680	1 890	1 680		
B	5 520	6 960	5 520		
合计	7 200	8 850		7 200	
乙类					
C	1 974	2 115	1 974		
D	4 760	5 100	4 760		
合计	6 734	7 215		6 734	
总计	13 934	16 065			13 934

（1）单项比较法。

借：存货跌价准备——A 　　400

　　　　　　　　——D 　　204

　　贷：资产减值损失——计提存货跌价准备 　　604

（2）分类比较法。

借：存货跌价准备——甲类 　　100

　　　　　　　　——乙类 　　84

　　贷：资产减值损失——计提存货跌价准备 　　184

（3）综合比较法。

借：存货跌价准备 　　184

　　贷：资产减值损失——计提存货跌价准备 　　184

（五）低值易耗品

分次摊销法。

（1）2月1日，生产车间领用工具。

借：低值易耗品——在用低值易耗品 　　2 000

　　贷：低值易耗品——库存低值易耗品 　　2 000

（2）自2月起，每月摊销400元。

借：制造费用 　　400

　　贷：低值易耗品——低值易耗品摊销 　　400

（3）到6月摊销完毕。

借：低值易耗品——低值易耗品摊销 　　2 000

　　贷：低值易耗品——在用低值易耗品 　　2 000

（4）3月10日，生产车间领用工具。

借：低值易耗品——在用低值易耗品 　　2 400

　　贷：低值易耗品——库存低值易耗品 　　2 400

（5）自3月起，每月摊销400元。

借：制造费用 　　400

  贷：低值易耗品——低值易耗品摊销   400

（6）到 8 月摊销完毕。

  借：低值易耗品——低值易耗品摊销   2 400

    贷：低值易耗品——在用低值易耗品   2 400

（六）包装物

1．销售产品领用一批单独计价的包装物。

  借：其他业务成本   2 400

    贷：包装物   2 400

2．销售产品领用一批不单独计价的包装物。

  借：销售费用   700

    贷：包装物   700

3．生产领用包装物。

  借：生产成本   3 000

    贷：包装物   3 000

4．销售产品时，向购货方出租新包装物。

  借：包装物——出租包装物   5 000

    贷：包装物——库存未用包装物   5 000

（1）收取押金。

  借：银行存款   3 000

    贷：其他应付款——存入保证金   3 000

（2）每月收取租金 300 元。

  借：银行存款   300

    贷：其他业务收入   300

（3）摊销包装物。

  借：其他业务成本   2 500

    贷：包装物——包装物摊销   2 500

（4）承租方在合同期限内退回包装物 90 个，另外 10 个租期满未退回。

  借：包装物——库存已用包装物   4 500

    贷：包装物——出租包装物   4 500

  借：其他业务成本   250

    贷：包装物——包装物摊销   250

（5）没收押金。

$$没收押金并按没收收入登记应缴增值税税额 = \frac{300}{1+13\%} \times 13\% = 34.5（元）$$

  借：其他应付款——存入保证金   3 000

    贷：其他业务收入   265.5

      应交税费——应交增值税（销项税额）   34.5

      银行存款   2 700

  借：包装物——包装物摊销   500

    贷：包装物——出租包装物   500

✏️ 补充资料 计划成本法

计划成本法是指企业存货的收入、发出和结余均按预先制定的计划成本计价，同时另设"材料成本差异"科目，登记实际成本与计划成本的差额。存货按计划成本核算，要求存货的总分类账和明细分类账均按计划成本计价。计划成本法一般适用于材料品种多、收发业务频繁的企业，如大中型企业中的各种原材料。

存货计划成本所包含的内容与其实际成本的构成一致，包括买价、运杂费和有关的税金等。存货的计划成本一般由企业采购部门会同财会等有关部门共同制定，制定的计划成本应尽可能接近实际。

一、账户设置

材料按计划成本进行日常核算时，企业要设置"材料采购""原材料"和"材料成本差异"等账户，取得的原材料先要通过"材料采购"科目按实际成本进行核算，验收入库后和发出材料全部按计划成本登记，原材料的实际成本与计划成本的差额，通过"材料成本差异"科目核算。月份终了，通过分配材料成本差异，将发出材料的计划成本调整为实际成本。

二、账务处理

（一）取得原材料的账务处理

企业采用计划成本法计价核算时，不论材料是否验收入库，都必须先通过"材料采购"科目核算材料的实际采购成本，待材料验收入库后，再按计划成本转入"原材料"科目，同时结转材料成本差异。由于采购过程存在不同情况，购入材料的账务处理也不完全相同，故分以下情况进行账务处理。

1. 单料已到，货款已付或者未付

企业对单料已到、货款已付或者未付的采购业务，不能根据实际成本直接记账，必须先通过"材料采购"科目核算材料的实际采购成本。企业按材料的实际采购成本和税金，借记"材料采购""应交税费——应交增值税（进项税额）"科目，按已付或未付款项，贷记"银行存款""其他货币资金""应付票据"或"应付账款"等科目。材料已验收入库，按材料计划成本，借记"原材料"科目，按实际成本大于计划成本的差额，借记"材料成本差异"，按材料实际采购成本，贷记"材料采购"科目，或者按实际成本小于计划成本的差额，贷记"材料成本差异"科目。

【例5-1】 甲公司为一般纳税人，2022年10月1日购入A材料一批，取得的增值税专用发票上注明的材料价款为50 000元，增值税税额为6 500元，货款已通过银行转账支付，材料已验收入库，其计划成本为48 000元。

根据上述资料，甲公司应编制的会计分录如下。

（1）按发票等结算凭证确定材料的实际采购成本。

借：材料采购——A材料　　　　　　　　　　　　　　　　　50 000
　　　应交税费——应交增值税（进项税额）　　　　　　　　　6 500
　　　贷：银行存款　　　　　　　　　　　　　　　　　　　　　　　56 500

（2）结转入库材料的计划成本。

借：原材料——A 材料 48 000

　　贷：材料采购——A 材料 48 000

（3）结转入库材料的超支差异。

借：材料成本差异 2 000

　　贷：材料采购——A 材料 2 000

2. 料到，单未到

企业对材料已到达并验收入库，但发票账单等结算凭证未到、货款尚未支付的采购业务，应于月末，按材料的计划成本估计入账，借记"原材料"科目，贷记"应付账款"科目。下月初用红字做同样的记账凭证，予以冲回，待收到有关凭证时，按正常程序处理。

【例5-2】　甲公司为一般纳税人，2022年10月15日购入B材料一批，材料已验收入库，但结算凭证未到，货款尚未支付，计划成本为5 000元。

甲公司应编制的会计分录如下。

（1）10月末估计入账时。

借：原材料——B 材料 5 000

　　贷：应付账款——暂估应付账款 5 000

（2）11月初红字冲回时。

借：原材料——B 材料 （5 000）

　　贷：应付账款——暂估应付账款 （5 000）

（3）11 月收到有关发票等结算凭证并支付货款时，按正常程序记账。增值税专用发票上注明的价款为 4 000 元，增值税税额为 520 元。有关会计分录如下。

借：材料采购——B 材料 4 000

　　应交税费——应交增值税（进项税额） 520

　　贷：银行存款 4 520

（4）结转入库材料的计划成本。

借：原材料——B 材料 5 000

　　贷：材料采购 5 000

（5）结转入库材料的节约差异。

借：材料采购 1 000

　　贷：材料成本差异 1 000

3. 单到，料未到

企业对单到、料未到的采购业务，应根据发票账单等结算凭证，借记"材料采购""应交税费——应交增值税（进项税额）"科目，贷记"银行存款"或"应付票据"等科目；待材料验收入库后，再根据收料单，按计划成本借记"原材料"科目，贷记"材料采购"科目，同时将计划成本与实际成本的差额记入"材料成本差异"科目。

【例5-3】　A公司为一般纳税人，2022年5月10日购入材料一批，结算凭证已到，货款已付，取得的增值税专用发票上注明的材料价款为30 000元，增值税税额为3 900元，6月10日材料验收入库，该批材料的计划成本为29 000元。

A公司应编制会计分录如下。

（1）取得发票支付货款时。

借：材料采购 30 000

　　应交税费——应交增值税 3 900

贷：银行存款		33 900

（2）材料到达验收入库时。

借：原材料		29 000
贷：材料采购		29 000
借：材料成本差异		1 000
贷：材料采购		1 000

4. 预付货款方式

企业采用预付货款的方式采购材料，对计划成本的核算同实际成本核算一样，也必须先通过"预付账款"科目核算，所不同的是，在计划成本下必须先通过借记"材料采购"科目核算材料的实际采购成本，再按计划成本记入"原材料"科目，并将计划成本与实际成本的差额记入"材料成本差异"科目。

【例5-4】　A公司为一般纳税人，2022年10月25日为购入一批B材料，预付货款11 000元，11月10日B材料到达入库，增值税专用发票上注明的材料价款为10 000元，增值税税额为1 300元，该批材料的计划成本为9 500元。

A公司应编制的会计分录如下。

（1）预付货款时。

借：预付账款		11 000
贷：银行存款		11 000

（2）采购确定时。

借：材料采购		10 000
应交税费——应交增值税（进项税额）		1 300
贷：预付账款		11 300

（3）补付货款时。

借：预付账款		300
贷：银行存款		300

（4）货物到达入库时。

借：原材料		9 500
贷：材料采购		9 500

（5）结转材料差异时。

借：材料成本差异		500
贷：材料采购		500

5. 途中合理损耗的处理

购入途中发生的材料短缺或毁损，属于途中合理损耗的，应计入材料的实际成本。材料明细账按实收数量入账，金额按原价款入账，这无疑提高了材料的单位成本。在计划成本法下，对该批材料按实收数量乘以计划单位成本计算确定材料的计划成本，将合理损耗材料的金额计入材料成本差异。

【例5-5】　A公司为一般纳税人，2022年10月26日购入一批材料1 000千克，取得的增值税专用发票上注明的材料价款为5 500元，增值税税额为715元，材料验收入库时，实收990千克，计划单位成本为5元/千克，短缺的10千克经查属途中合理损耗。

A公司应编制的会计分录如下。

（1）根据发票账单确定实际采购成本5 500元。

借：材料采购		5 500
应交税费——应交增值税（进项税额）		715

　　　　贷：银行存款　　　　　　　　　　　　　　　　　　　　　　6 215
　　（2）结转入库材料计划成本4 950元。
　　　　借：原材料　　　　　　　　　　　　　　　　　　　　　　4 950
　　　　　　贷：材料采购　　　　　　　　　　　　　　　　　　　　4 950
　　（3）同时结转入库材料成本差异。
　　　　借：材料成本差异　　　　　　　　　　　　　　　　　　　　550
　　　　　　贷：材料采购　　　　　　　　　　　　　　　　　　　　550

　　（二）发出材料的账务处理

　　为简化核算，平日发出材料是按计划成本转出至成本费用类各科目的，而计划成本与实际成本具有一定的差异，因此，期末必须计算发出材料应负担的成本差异，以便通过"材料成本差异"科目，将发出材料和期末材料的成本由计划成本调整为实际成本。

　　调整的基本公式如下：

$$实际成本=计划成本+成本差异$$

　　需要指出的是，本章所讲的材料成本差异正负号是指，对发生的材料差异以超支差异（借方）为正，以节约差异（贷方）为负；对发出材料负担的差异，以发出材料应负担的超支差异（借方）为正，以发出材料应负担的节约差异（贷方）为负。以下要计算的本月领用材料应负担的成本差异率，如为正数，表示发出材料要分担超支差异（借方，用蓝字登记）；如为负数，表示发出材料要分担节约差异（贷方，用红字登记）。

　　材料成本差异随着材料的入库而形成，包括外购材料、自制材料、委托加工完成材料入库等；同时也随着材料发出而减少，如领用材料、出售材料、消耗材料等。期初与当期形成的材料成本差异，应在当期已发出材料和期末结存材料之间进行分配，属于已消耗材料应分配的材料成本差异，从"材料成本差异"科目转入有关科目。企业应当在月份终了时计算材料成本差异率，据以分配当月形成的材料成本差异。当期材料成本差异的计算公式如下。

　　本月发出材料的实际成本=发出材料的计划成本+发出材料应分摊的成本差异
　　本月发出材料应负担的成本差异=发出材料的计划成本×本月材料成本差异率

$$本月材料成本差异率=\frac{月初结存材料的成本差异+本月收入材料的成本差异}{月初结存材料的计划成本+本月收入材料的计划成本}\times100\%$$

　　需要说明的是，材料成本差异率的计算方法一经确定，不得随意变更。如果确需变更，应在会计报表附注中予以说明。企业应按照存货的类别，如原材料、包装物、低值易耗品等，对材料成本差异进行明细核算，但不能使用一个综合差异率来分摊发出存货和结存存货应负担的材料成本差异。

　　经过材料成本差异的分配，本月发出材料应分配的成本差异从"材料成本差异"科目转出之后，属于月末库存材料应分配的成本差异仍保留在"材料成本差异"科目内，作为库存材料的调整项目，编制资产负债表时，存货项目中的材料存货，应当列示加了材料成本差异后的实际成本。

　　【例5-6】　甲企业材料存货采用计划成本核算，2022年1月"原材料"科目A材料的期初余额为56 000元，"材料成本差异"科目期初借方余额为4 500元，原材料计划单位成本12元，本月10日进货1 500千克，进价10元；20日进货2 000千克，进价13元；本月15日和25日车间分别领用材料2 000千克、1 000千克，均用于生产同一种产品。

　　根据上述资料进行如下会计处理。

（1）1月10日进货，支付材料货款15 000元及材料增值税税款1 950元，运费545元（含增值税45元），进项税额合计1 995元，应计入材料采购成本的运费为500（545-45）元。

借：材料采购   15 500
 应交税费——应交增值税（进项税额） 1 995
  贷：银行存款   17 495

（2）1月11日第一批材料验收入库。

借：原材料   18 000
  贷：材料采购   18 000

（3）结转材料成本差异。

借：材料采购   2 500
  贷：材料成本差异   2 500

（4）1月15日车间第一次领用2 000千克。

借：生产成本   24 000
  贷：原材料   24 000

（5）1月20日进货，支付材料货款26 000元及材料增值税税款3 380元，运费1 090元（含增值税90元），进项税额合计3 470元，应计入材料采购成本的运费为1 000元。

借：材料采购   27 000
 应交税费——应交增值税（进项税额） 3 470
  贷：银行存款   30 470

（6）1月25日第二批材料验收入库。

借：原材料   24 000
  贷：材料采购   24 000

（7）结转材料成本差异。

借：材料成本差异   3 000
  贷：材料采购   3 000

（8）1月25日车间第二次领用1 000千克。

借：生产成本   12 000
  贷：原材料   12 000

（9）1月31日计算本月领用材料应负担的成本差异。

$$本月材料成本差异率 = \frac{4\ 500 - 2\ 500 + 3\ 000}{56\ 000 + 18\ 000 + 24\ 000} \times 100\% = 5.1\%$$

本月发出材料应负担的成本差异=（24 000+12 000）×5.1%=1 836（元）

本月发出材料的实际成本=（24 000+12 000）+1 836=37 836（元）

借：生产成本   1 836
  贷：材料成本差异   1 836

将上述会计分录过入"原材料"和"材料成本差异"科目，并结出余额。

"原材料"科目余额为62 000（56 000+18 000+24 000-24 000-12 000）元。

"材料成本差异"科目余额为3 164（4 500-2 500+3 000-1 836）元。

月末编制资产负债表时，存货项目中的原材料存货，应当根据"原材料"科目的余额62 000元加上"材料成本差异"科目的余额3 164元（借方），以65 164元列示。

综合上述核算内容，采用计划成本法进行材料的日常核算主要有以下特点。

（1）有利于考核采购部门的业绩。有了合理的计划成本之后，将各批材料的计划成本与实际成本比较，可以对采购部门进行考核，促使其降低采购成本，节约支出。

（2）简化会计处理工作。在计划成本法下，材料明细账平时可以只记收入、发出和结存的数量，将数量乘以计划成本，随时求得材料收、发、存的金额，通过"材料成本差异"科目计算和调整发出和结存材料的实际成本，简便易行。

（3）在价格变动频繁、变动幅度较大的情况下，难以确定适合的计划成本，加大了修正计划成本的工作量。

补充资料思考题

什么是计划成本法？为何要采用计划成本法？

补充资料练习题

资料：如果教材练习题（一）中华龙公司采用计划成本法核算原材料，2022 年 6 月 1 日，期初 A 材料 9 000 元，A 材料"材料成本差异"为贷方余额 370 元，该材料计划单位成本为 25 元。

要求：

1．按计划成本法编制有关会计分录。

2．计算本月发出材料应负担的成本差异额，编制相应的会计分录。

3．计算确定月末结存材料的实际成本。

补充资料结构

```
┌─────────────┐        ┌──────────────┐
│             │        │   账户设置    │
│  计划成本法  │───────▶├──────────────┤
│             │        │   账务处理    │
└─────────────┘        └──────────────┘
```

补充资料要点

计划成本法

计划成本法是指企业存货的收入、发出和结余均按预先制定的计划成本计价，同时另设"材料成本差异"科目，登记实际成本与计划成本的差额的一种核算方法。

采用计划成本法进行材料的日常核算主要有以下优点。

（1）有利于考核采购部门的业绩。有了合理的计划成本之后，将各批材料的计划成本与实际成本比较，可以对采购部门进行考核，促使其降低采购成本，节约支出。

（2）简化会计处理工作。在计划成本法下，材料明细账平时可以只记收入、发出和结存的数量，将数量乘以计划成本，随时求得材料收、发、存的金额，通过"材料成本差异"科目计算和调整发出和结存材料的实际成本，简便易行。

（3）在价格变动频繁、变动幅度较大的情况下，难以确定适合的计划成本，加大了修正计划成本的工作量。

补充资料练习题答案

计划成本法

1．编制会计分录。

（1）6 月 5 日，购入 A 材料。

借：材料采购	90 000	
应交税费——应交增值税（进项税额）	11 700	
贷：应付账款		101 700

（2）6 月 8 日，10 件 A 材料办理退货。

借：应付账款	226	

贷：材料采购		200
应交税费——应交增值税（进项税额）		26

（或采用红字冲销法）

借：应交税费——应交增值税（进项税额）		（26）
材料采购		（200）
贷：应付账款		（226）

其他 A 材料入库。

借：原材料		112 250
贷：材料采购		89 800
材料成本差异［（4 500-10）×25-89 800］		22 450

（3）6 月 9 日，支付 A 材料价税款。

借：应付账款		101 474
贷：银行存款		101 474

（4）6 月 19 日，预付 A 材料账款。

借：预付账款		48 000
贷：银行存款		48 000

（5）6 月 22 日，收到 A 材料，补付余款。

借：材料采购		52 000
应交税费——应交增值税（进项税额）		6 760
贷：预付账款		48 000
银行存款		10 760
借：原材料		50 000
材料成本差异［（26-25）×2 000］		2 000
贷：材料采购		52 000

（6）6 月 22 日，委托外单位加工 A 材料，发出 C 原材料，支付运费 436 元。

借：委托加工物资		18 400
应交税费——应交增值税（进项税额）		36
贷：原材料——C 材料		18 000
银行存款		436

（7）6 月 25 日收回委托加工物资。

应缴增值税税额=5 000×13%+600×9%=704（元）

借：委托加工物资		5 600
应交税费——应交增值税（进项税额）		704
——应交消费税		1 000
贷：银行存款		7 304
借：原材料		27 000
贷：委托加工物资		24 000
材料成本差异		3 000

（8）6 月 30 日，本月领用 A 材料。

借：生产成本		35 000
制造费用		5 000
管理费用		4 000
贷：原材料		44 000

2．计算发出材料应负担的差异额。

$$本月材料成本差异率=-\frac{370+3\,000-2\,000+22\,450}{9\,000+112\,250+50\,000+27\,000}=-12.02\%$$

本月生产产品领用材料应负担的差异额=35 000×（-12.02%）=-4 207（元）

本月车间管理部门领用材料应负担的差异额=5 000×（-12.02%）=-601（元）

本月生产产品发出材料应负担的差异额=4 000×（-12.02%）=-481（元）

编制会计分录如下。

借：材料成本差异   5 289

    贷：生产成本   4 207

        制造费用   601

        管理费用   481

3．计算确定月末结存材料的实际成本。

月末结存材料的实际成本=9 000-370+27 000-3 000+50 000+2 000+112 250-

22 450-35 000-5 000-4 000+5 289

=135 719（元）

第六章

投资

✎ **本章结构**

```
                                              ┌─────────────────────┐
                              ┌──────────────→│    投资的性质         │
                       ┌──────┤               ├─────────────────────┤
                       │  投资的性质与分类      │    投资的分类与目的    │
                       │      └──────────────→└─────────────────────┘
                       │                       ┌─────────────────────┐
                       │                       │    债权投资          │
                       │                       ├─────────────────────┤
                       │      ┌──────┐         │    其他债权 投资      │
                       ├──────┤ 债券投资 ├─────→├─────────────────────┤
                       │      └──────┘         │    交易性 金融资产     │
  ┌──────┐             │                       ├─────────────────────┤
  │ 投资 ├─────────────┤                       │ 三类债券投资的转换与会计处理 │
  └──────┘             │                       └─────────────────────┘
                       │                       ┌─────────────────────┐
                       │                       │  权益投资 ——公允价值法  │
                       │      ┌──────┐         ├─────────────────────┤
                       ├──────┤ 股权投资 ├─────→│ 长期股权投资 ——成本法  │
                       │      └──────┘         ├─────────────────────┤
                       │                       │ 长期股权投资 ——权益法  │
                       │                       ├─────────────────────┤
                       │                       │ 成本法与权益法的比较与转换 │
                       │                       └─────────────────────┘
                       │                       ┌─────────────────────┐
                       │  证券投资的披露与分析    │    证券投资的披露      │
                       └──────────────────────→├─────────────────────┤
                                               │    证券投资的分析      │
                                               └─────────────────────┘
```

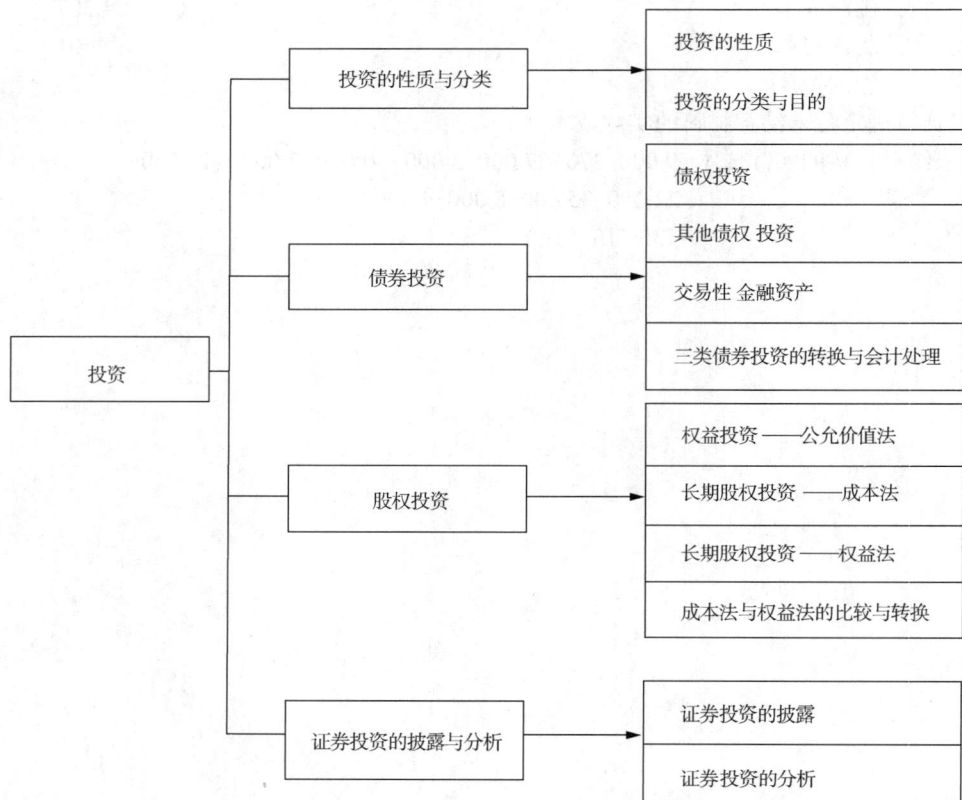

👓 **本章概念（关键词）**

投资	证券投资	债券投资	交易性金融资产	其他债权投资
债权投资	实际利率法	交易费用	公允价值法	摊余成本法
减值准备	股权投资	交易性权益工具	非交易性权益工具	重大影响
控制	长期股权投资	成本法	权益法	

📚 **本章小结**

1. 投资的目的与分类

　　投资（对外投资或证券）是将资产使用权让渡给对方，由对方使用该资产产生效益后，按比例分配给投资方利息和股利，或者通过改善双方的关系以及通过对对方的控制等从中获得经济利益；也可以通过股票和债券的买卖，获取价差收益。按投资对象，证券投资可分为权益性投资、债权性投资和混合性投资；按管理目的可分为交易性证券和非交易性证券。

2. 债权投资的会计处理

对债权投资的会计处理包括确认债权投资成本，计提每期利息，摊销债权投资折溢价及相关费用，评估和记录减值损失，登记长期债券投资的出售。债权投资取得时的成本，是指购买债权投资支付的全部价款，包括交易费用。另外，取得债券时支付的价款中含有已到期尚未领取的利息，作为应收利息单独核算；一次还本付息债券实际支付的价款中含有尚未到期的利息，则在"债权投资——应计利息"账户中单独核算。债权投资溢折价和交易费用要求在债券购买后至到期前的期间内摊销，摊销采用实际利率法。

3. 其他债权投资的会计处理

其他债权投资平时的计价与债权投资的计价方法相同，按摊余成本计算每期的账面价值，期末按市价进行调整，市价与账面价值之间的差额记入所有者权益中的"其他综合收益"账户。出售其他债权投资时，一方面按收到的金额登记"银行存款"；另一方面，按账面价值结转"其他债权投资"（成本、公允价值变动、利息调整、应计利息）和累积的"其他综合收益"账户。同时，按两者之间的差额，登记"投资收益"。

4. 交易性债券的会计处理

对交易性债券的核算，主要包括交易性债券的取得、收益、期末计价、出售及披露等内容。交易性债券取得时按公允价值入账，所发生的交易费用，记入"投资收益"账户，实际支付的价款中所包含的利息记入"应收利息"账户。在持有期间所获得的利息，如在取得时实际支付的价款中包含已到期尚未领取的利息，在实际收到利息时冲减已登记的"应收利息"；否则登记为"投资收益"。交易性债券在期末按市价重新登记，并将市价与账面价值之间的差额直接计入当期损益。出售时，所得价款与账面价值之间的差额确认为当期的投资损益；同时，要求将以前已经登记的"公允价值变动损益"转入"投资收益"。

5. 交易性权益工具和非交易性权益工具投资的会计处理

交易性权益工具与交易性债券的核算方法相似；未指定的非交易性权益工具与交易性债券的核算方法相似，只是以"其他非流动金融资产"在非流动资产中列示。指定以公允价值计量变动计入其他综合收益的非交易性权益工具与其他债权投资的核算方法相似，只是指定的非交易性权益工具处置时，累积形成的其他综合收益结转入留存收益。

6. 长期股权投资的成本法

按成本核算的股票投资是持股比例大于50%的股权投资（实施控制）。成本法下，长期股权投资会计处理的特点表现在：取得时，按实际成本入账（交易费用计入当期损益）；实际收到现金股利时，确认投资收益；长期股权投资账面价值不受被投资方净资产变动的影响，除非长期股权投资发生减值。

7. 长期股权投资的权益法

持股比例在 20%～50%（产生重大影响）和持股比例超过 50%的长期股权投资在合并报表时都要求对长期股权投资按权益法进行核算。权益法下，初始投资或追加投资时，按照初始投资或追加投资时的投资成本登记长期股权投资（含交易费用）。长期股权投资的初始成本大于投资时应享有被投资单位可辨认净资产公允价值份额的，不调整长期股权投资的初始投资成本；长期股权投资的初始成本小于投资时应享有被投资单位可辨认净资产公允价值份额的，其差额计入当期损益，同时调整长期股权投资成本。

投资后，随着被投资方所有者权益的变动而相应增加或减少长期股权投资的账面价值，包括属于被投资方当年实现的净利润或亏损而影响的所有者权益的变动，投资方应按所持表决权资本比例计算应享有或承担的份额；被投资方宣告分派利润或现金股利时，投资方按所持有表决权资本比例计算的应分得的利润或现金股利，冲减长期股权投资的账面价值；投资企业在确认应享有被投资单位净损益的份额时，应以取得投资时被投资单位各项可辨认净资产等的公允价值为基础，对被投资单位的净利润进行调整后确认；投资企业对于被投资单位除净损益以外的所有者权益变动的其他变动，应当调整长期股权投资的账面价值，并计入所有者权益（"其他综合收益"或"其他资本公积"）。

8. 成本法与权益法的实质

在成本法下，投资方的会计处理方式符合法律上关于企业法人的定义，即投资方与被投资方是两个独立的法人实体，被投资方实现的净损益，不自动成为投资方的损益，只有当被投资方宣告发放股利后，投资方的投资收益才真正实现，这种确认投资收益的方法与我国税法上确认应纳所得税时对投资收益的确认时间是一致的，同时也是稳健性原则的一种体现。权益法的特点体现在：（1）投资账户能够反映投资方在被投资方的权益，反映了投资企业拥有被投资单位所有者权益的份额；（2）投资收益反映了投资企业经济意义上的投资利益，无论被投资单位分配多少利润或现金股利，什么时间分配利润或现金股利，投资企业享有被投资单位净利润的份额或应承担亏损的份额，才是真正实现的投资收益，而不受利润分配政策的影响，体现了实质重于形式的原则。

9. 证券投资的披露与分析

综合有关准则对投资证券披露的有关规定，对投资证券披露的内容主要包括：（1）对投资证券所采用的会计政策、计量基础等方面信息的披露；（2）各类投资证券的账面价值和公允价值；（3）对应按公允价值进行计量，但因无相应市场报价而改按成本法、摊余成本法的投资证券计量等方面信息的披露；（4）企业将投资证券进行重分类的原因，重分类前后投资证券的账面价值和公允价值；（5）每类投资证券减值损失的详细信息；（6）与长期股权投资有关的信息；（7）与投资证券相关的收入、费用、利得或损失；（8）各类投资证券的风险，包括风险的描述性信息和数量信息。

对于投资，我们需要关注和分析的内容很多。重点关注的内容大体有以下几个方面。一是企业对相关金融工具的披露是否按照要求进行，特别是各类证券投资会计政策、计量基础和风险的说明。二是金融工具本期重大变动项目，以及这些变动对当期损益的影响以及对当期净资产的影响，包括这些项目预期会给企业带来的影响。三是金融工具的分类及转换，特别是本期金融工具的转换对本期损益和净资产的影响，分析转换的实际目的是出于经济实质还是出于利润及负债的管理或操纵。

本章相关的法规、制度及主要阅读文献

1. 《企业会计准则第 2 号——长期股权投资》（2014）
2. 《企业会计准则第 3 号——投资性房地产》（2006）
3. 《企业会计准则第 22 号——金融工具确认和计量》（2017）
4. 《企业会计准则第 30 号——财务报表列报》（2014）
5. 《企业会计准则第 37 号——金融工具列报》（2017）
6. 《企业会计准则第 39 号——公允价值计量》（2014）
7. 《企业会计准则第 40 号——合营安排》（2014）
8. 《企业会计准则第 41 号——在其他主体中权益的披露》（2014）

9.《企业会计准则讲解 2010》

10.《企业会计准则解释》第 1 号～第 14 号

11.《财政部关于修订印发一般企业财务报表格式的通知》财会〔2019〕6 号

教材练习题解答

（一）交易性金融资产

1. 2021 年年末调整如表 6-1 所示。

表 6-1 　　　　　　　　　　　　　　　2021 年 12 月 31 日 　　　　　　　　　　　　　　　单位：元

交易性股票	成本	市价	未确认的收益和损失
五粮醇	54 300	55 000	700
金色汽车	78 940	73 500	−5 440
小计	133 240	128 500	−4 740
交易性债券			
A 企业债券	105 000	103 000	−2 000
B 企业债券	112 000	116 000	4 000
小计	217 000	219 000	2 000

借：交易性金融资产（股票）——五粮醇 　　　　　　　　　700
　　公允价值变动损益 　　　　　　　　　　　　　　　　4 740
　　　贷：交易性股票——金色汽车 　　　　　　　　　　　　　5 440
借：交易性金融资产（债券）——B 企业 　　　　　　　　　4 000
　　　贷：交易性金融资产（债券）——A 企业 　　　　　　　　2 000
　　　　　公允价值变动损益 　　　　　　　　　　　　　　　　2 000

2. 2022 年出售金色汽车股票。

借：银行存款 　　　　　　　　　　　　　　　　　　　　76 000
　　投资收益 　　　　　　　　　　　　　　　　　　　　 2 940
　　　贷：交易性金融资产（股票）——金色汽车 　　　　　　 73 500
　　　　　公允价值变动损益 　　　　　　　　　　　　　　　　5 440

（二）其他债权投资

1. 购买时。利息与溢价摊销计算如表 6-2 所示（通过 Excel 表计算）。

借：其他债权投资——成本 　　　　　　　　　　　　　 500 000
　　　　　　　　　——利息调整 　　　　　　　　　　　 40 555
　　　贷：银行存款 　　　　　　　　　　　　　　　　　　 540 555

2. 2022 年 6 月 30 日计息。

借：应收利息 　　　　　　　　　　　　　　　　　　　 25 000
　　　贷：投资收益——债券利息收入 　　　　　　　　　　　 25 000

3. 进行利息调整。

借：投资收益——利息调整 　　　　　　　　　　　　　　3 378
　　　贷：其他债权投资——利息调整 　　　　　　　　　　　 3 378

表6-2　　　　　　　　　　　　　　　计息与溢价摊销表　　　　　　　　　　　　　　单位：元

f_x	=H3*4%				

C	D	E	F	G	H
计息日期	应收利息 ①=面值×票面利率	利息收入 ②=上期⑤×实际利率	利息调整 ③=①-②	利息未调整额 ④=上期④-③	面值与利息未调整额之和 ⑤=上期⑤-③
2022年1月1日				40,555	540,555
2022年6月30日	25,000	21,622	3,378	37,177	537,177
2022年12月31日	25,000	21,487	3,513	33,664	533,664
2023年6月30日	25,000	21,347	3,653	30,011	530,011
2023年12月31日	25,000	21,200	3,800	26,211	526,211
2024年6月30日	25,000	21,048	3,952	22,260	522,260
2024年12月31日	25,000	20,890	4,110	18,150	518,150
2025年6月30日	25,000	20,726	4,274	13,876	513,876
2025年12月31日	25,000	20,555	4,445	9,431	509,431
2026年6月30日	25,000	20,377	4,623	4,807	504,807
2026年12月31日	25,000	20,192*	4,807	0	500,000
合计	250,000	209,446	40,554	—	—

*20 192 含尾数调整。

2022 年 6 月 30 日的摊余成本为 537 177 元，市价为 525 000 元，调整如下。

借：其他综合收益　　　　　　　　　　　　　　　　　　　　　　　12 177
　　贷：其他债权投资——公允价值变动　　　　　　　　　　　　　　　12 177

4．2022 年 12 月 31 日，先进行利息调整。

借：投资收益——利息调整　　　　　　　　　　　　　　　　　　　3 513
　　贷：其他债权投资——利息调整　　　　　　　　　　　　　　　　　3 513

债券投资面值与市价的比较如表 6-3 所示。

表6-3　　　　　　　　　　　　　债券投资面值与市价对比表　　　　　　　　　　　　单位：元

	摊余成本	公允价值	未实现利得与损失
其他债权投资	533 664	540 000	6 336
前期公允价值调整			-12 177
本期调整额			18 513

借：其他债权投资——公允价值变动　　　　　　　　　　　　　　18 513
　　贷：其他综合收益　　　　　　　　　　　　　　　　　　　　　　18 513

（三）债权投资及转换

1．购入时。

债券溢价=540 555-500 000=40 555（元）

借：债权投资——成本　　　　　　　　　　　　　　　　　　　500 000
　　　　　　——利息调整　　　　　　　　　　　　　　　　　　40 555
　　贷：银行存款　　　　　　　　　　　　　　　　　　　　　　540 555

2．2022 年 7 月 1 日计息（表同上题）。

借：应收利息　　　　　　　　　　　　　　　　　　　　　　　25 000

贷：投资收益 25 000

3．利息调整。

借：投资收益——利息调整 3 378

　　贷：债权投资——利息调整 3 378

4．以后各期同上，2025 年 7 月 2 日出售一半的南方债券。

借：银行存款 262 500

　　贷：债权投资——成本 250 000

　　　　　——利息调整（13 876÷2） 6 938

　　　投资收益 5 562

5．重分类。

借：其他债权投资——成本 250 000

　　　　　　——利息调整 6 938

　　　　　　——公允价值变动 5 562

　　贷：债权投资——成本 250 000

　　　　　——利息调整 6 938

　　　其他综合收益 5 562

（四）债券投资（摊余成本法、公允价值法）

情形一

1．2022 年 1 月 1 日购买。

借：债权投资——成本 800 000

　　　　　——利息调整 60 652

　　贷：现金 860 652

2．编制 2023 年年底摊销表（见表 6-4）。

表 6-4　　　　　　　　　债券溢价摊销表（实际利率法）

12%债券，收益率 10%

f_x =H3*10%

C	D	E	F	G	H
计息日期	应收利息 ①=面值×票面利率	利息收入 ②=上期⑤×实际利率	利息调整 ③=①-②	利息未调整额 ④=上期④-③	面值与利息未调整额之和 ⑤=上期⑤-③
2022年1月1日				60,562	860,562
2022年12月31日	96,000	86,056	9,944	50,618	850,618
2023年12月31日	96,000	85,062	10,938	39,680	839,680

3．登记应收利息和摊销分录。

借：应收利息 96 000

　　贷：债权投资——利息调整 9 944

　　　投资收益 86 056

情形二

1．债券公允价值为 860 000 时，登记 2022 年 12 月 31 日的会计分录。

借：其他债权投资——公允价值变动 9 382

贷：其他综合收益	9 382

9 382=860 000-850 618

2. 债券公允价值为 840 000 时，登记 2023 年 12 月 31 日的会计分录。

借：其他综合收益	9 062
贷：其他债权投资——公允价值变动（849 062-840 000）	9 062

-9 062=（840 000-839 680）-9 382 或 849 062-840 000

账面价值（2022 年 12 月 31 日）	860 000
摊销	（10 938）
账面价值（2023 年 12 月 31 日）	849 062

情形三

1. 债券公允价值为 860 000 时，登记 2022 年 12 月 31 日的会计分录。

借：公允价值变动损益	652
贷：交易性金融资产——公允价值变动	652

-652=860 000-860 652

2. 债券公允价值为 840 000 时，登记 2023 年 12 月 31 日的会计分录。

借：公允价值变动损益	20 000
贷：交易性金融资产——公允价值变动	20 000

-20 000=840 000-860 000

（五）交易性权益工具

1. 购入时。

借：交易性金融资产	172 000
应收股利	2 000
投资收益	1 200
贷：银行存款	175 200

2. 收到发放的股利。

借：银行存款	2 000
贷：应收股利	2 000

（六）交易性权益工具

1. 登记 2022 年 12 月 31 日的调整分录。

借：公允价值变动损益	16 000
贷：交易性金融资产（T）——公允价值变动（139 000-155 000）	16 000
借：交易性金融资产（G）——公允价值变动	8 000
贷：公允价值变动损益（190 000-182 000）	8 000

2. 登记 2022 年 3 月 1 日出售 T 公司股票的分录。

借：银行存款［（5 000×25）-1 500］	123 500
投资损益	15 500
贷：交易性金融资产（T）	139 000

3. 登记 2022 年 4 月 1 日购买 W 公司股票的分录。

借：交易性金融资产——成本	27 000
投资损益	550
贷：银行存款［（600×45）+550］	27 550

4．登记 2023 年 12 月 31 日的调整分录。

借：公允价值变动损益 1 500

贷：交易性金融资产（W）——公允价值变动（25 500-27 000） 1 500

借：交易性金融资产（G）——公允价值变动 5 500

贷：公允价值变动损益（195 500-190 000） 5 500

（七）非交易性权益工具

1．登记 2022 年年底的调整分录。

借：其他综合收益 16 000

贷：其他权益工具投资（T）——公允价值变动（139 000-155 000） 16 000

借：其他权益工具投资（G）——公允价值变动 8 000

贷：其他综合收益（190 000-182 000） 8 000

2．登记 2022 年 3 月 1 日出售 T 公司股票的分录。

借：银行存款［（5 000×25）-1 500］ 123 500

留存收益 31 500

贷：其他权益工具投资（T） 139 000

其他综合收益 16 000

3．登记 2022 年 4 月 1 日购买 W 公司股票的分录。

借：其他权益工具投资——成本 27 550

贷：银行存款［（600×45）+550］ 27 550

4．登记 2023 年 12 月 31 日的调整分录。

借：其他综合收益 2 050

贷：其他权益工具投资（W）——公允价值变动（25 500-27 550） 2 050

借：其他权益工具投资（G）——公允价值变动 5 500

贷：其他综合收益（195 500-190 000） 5 500

（八）权益投资（公允价值法、权益法和成本法）

表 6-5 列示了在公允价值法、权益法和成本法下投资收益的变化情况。

表 6-5　　　　　　　　　3 种方法投资收益的对比　　　　　　　　　单位：元

交易	公允价值法		权益法		成本法	
	投资账户	投资收益	投资账户	投资收益	投资账户	投资收益
（1）	240 000		240 000		240 000	
（2）	48 000	9 000	18 000（9 000）	18 000		9 000
（3）	72 000	12 000	9 000（12 000）	9 000		12 000
（4）	（24 000）	1 500	（3 000）（1 500）	（3 000）		1 500
（5）	336 000	22 500	241 500	24 000	240 000	22 500

（九）非交易性权益工具

1．2022 年购入时。

借：其他权益工具投资 96 200

贷：银行存款 96 200

2．5月4日宣告发放股利。

借：应收股利 500

　　贷：投资收益 500

股票股利不做分录，只进行登记即可。

派股后每股股价=96 200÷12 000=8.016 7（元）

3．2022年6月30日。

借：其他权益工具投资［（8.2-8.016 7）×12 000］ 2 200

　　贷：其他综合收益 2 200

4．2022年12月31日。

借：其他综合收益 4 800

　　贷：其他权益工具投资 4 800

5．2023年6月30日。

借：其他权益工具投资 8 640

　　贷：其他综合收益 8 640

6．2023年7月10日出售。

借：银行存款［（9.3×5 000-150）］ 46 350

　　其他综合收益［（2 200+8 640-4 800）×5 000÷12 000］ 2 517

　　　贷：其他权益工具投资（8.52×5 000） 42 600

　　　　留存收益 6 267

（十）成本法与权益法

1．权益法下的会计处理。

（1）2022年4月1日。

H企业所有者权益净额=10 000 000-1 000 000+500 000=9 500 000（元）

长江公司所占份额=9 500 000×20%=1 900 000（元）

借：长期股权投资——H企业（投资成本） 3 000 000

　　贷：银行存款 3 000 000

（2）2022年年末确认所享有的净利润。

借：长期股权投资——H企业（损益调整）（1 500 000×20%） 300 000

　　贷：投资收益——股权投资收益 300 000

（3）2023年年末确认应分担的亏损。

借：投资收益——股权投资损失（1 000 000×20%） 200 000

　　贷：长期股权投资——H企业（损益调整） 200 000

（4）2024年年末确认应享有的净利润。

借：长期股权投资——H企业（损益调整）（2 000 000×20%） 400 000

　　贷：投资收益——股权投资收益 400 000

（5）宣布发放股利。

借：应收股利——H企业（2 000 000×20%×40%） 160 000

　　贷：长期股权投资——H企业（损益调整） 160 000

2．成本法下的会计处理。

（1）2022年4月1日投资时。

借：长期股权投资——H企业 3 000 000

　　贷：银行存款 3 000 000

（2）2022 年、2023 年年末不做处理。

（3）2024 年宣布发放股利时。

借：应收股利   160 000

    贷：投资收益   160 000

（十一）权益法

1．2022 年 1 月 1 日投资时。

借：长期股权投资——乙企业（投资成本）   6 000 000

    贷：银行存款   6 000 000

2．确认 2022 年应享份额。

2022 年乙企业所获净利润=2 000 000-200 000-800 000÷5=1 640 000（元）

借：长期股权投资——乙企业（损益调整）（1 640 000×50%）   820 000

    贷：投资收益——股权投资收益   820 000

3．确认 2023 年应享份额。

2023 年乙企业所获净利润=1 500 000-800 000÷5=1 340 000（元）

借：长期股权投资——乙企业（损益调整）（1 340 000×50%）   670 000

    贷：投资收益——股权投资收益   670 000

4．确认资本公积减少对长期股权投资的影响。

借：资本公积——其他资本公积   250 000

    贷：长期股权投资——乙企业（其他权益变动）   250 000

补充资料 A　金融资产减值——三阶段模型

一、金融资产减值的总体规定

根据《企业会计准则第 22 号——金融工具确认和计量》第四十六条的规定，对分类为债权投资、其他债权投资、租赁应收款、合同资产等按预期信用损失模型计提损失准备。所谓预期信用损失，是指以发生违约的风险为权重的金融工具信用损失的加权平均值。

该准则第四十八条规定，企业应当在每个资产负债表日评估相关金融工具的信用风险自初始确认后是否已显著增加，并按下列情形分别计量其损失准备、确认预期信用损失及其变动。

第一阶段：信用风险自初始确认后并未显著增加或无减值迹象。

如果该金融工具的信用风险自初始确认后并未显著增加，企业应当按照相当于该金融工具未来 12 个月内预期信用损失的金额计量其损失准备（可以基于单项，也可基于投资组合），由此形成的损失准备的增加或转回金额，应当作为减值损失或利得计入当期损益。

第二阶段：信用风险自初始确认后已显著增加或出现减值迹象。

如果该金融工具的信用风险自初始确认后已显著增加，企业应当按照相当于该金融工具整个存续期内预期信用损失的金额计量其损失准备（可以基于单项，也可基于投资组合），由此形成的损失准备的增加或转回金额，应当作为减值损失或利得计入当期损益。

对于非交易性债券的减值，企业应当在其他综合收益中确认其损失准备，并将减值损失（或利得）在当期损益中确认，且不减少该金融资产在资产负债表中列示的账面价值（第四十九条）。

对于因销售而形成的应收账款或合同资产，因租赁交易而形成的租赁应收款等，企业应当始终按照相当于整个存续期内预期信用损失的金额计提其损失准备（第六十三条）。这一规定是一种简化的处理。

第三阶段：实际发生减值。

企业与交易对手修改或重新议定合同，未导致金融资产终止确认，但导致合同现金流量发生变化的，应当重新计算该金融资产的账面价值，并将相关利得或损失计入当期损益（第四十二条）。

在前两个阶段下，每期计算利息收入的方法是一致的，即按实际利率乘以上期期末金融资产的账面价值。但在第三阶段下，对于购入或源生的未发生信用减值、但在后续期间成为已发生信用减值的金融资产，企业应当在后续期间，按照该金融资产的摊余成本和实际利率计算确定其利息收入（第三十九条）。具体举例如下。

二、金融资产减值会计处理举例

第一阶段：信用风险自初始确认后并未显著增加或无减值迹象。

1. 以摊余成本计量的金融资产预期信用损失的会计处理

【例6-1】　2021年1月1日，某企业购买同期发行的100 000元的债券，企业持有该债券的目的是获取合同现金流量。该债券发行期为五年，利息每年年末支付，本金到期一次偿付。债券票面利率为10%，市场利率为8%。购买价格为107 985.42元（为了简化，不考虑交易费用）。

2021年12月31日，该债券的公允价值为105 000元，无减值迹象。按12个月预期信用损失的金额计提预期信用损失，金额为1 000元。利息支付日为2022年1月10日。

2021年年初和年末相关会计处理如下。

债券投资摊销表如表6-6所示。

表6-6　　　　　　　　　　　　　　　　债券投资摊销表　　　　　　　　　　　　　　　　单位：元

日期	应收利息	利息收入	摊销额	摊销余额	账面价值
2021 年 1 月 1 日				7 985.42	107 985.42
2021 年 12 月 31 日	10 000	8 638.83	1 361.17	6 624.25	106 624.25
2022 年 12 月 31 日	10 000	8 529.94	1 470.06	5 154.19	105 154.19
2023 年 12 月 31 日	10 000	8 412.34	1 587.66	3 566.53	103 566.53
2024 年 12 月 31 日	10 000	8 285.32	1 714.68	1 851.85	101 851.85
2025 年 12 月 31 日	10 000	8 148.15	1 851.85	0.00	100 000.00
合计	50 000	42 014.58	7 985.42	—	—

登记购买。

借：债权投资——成本　　　　　　　　　　　　　　　　　　　　　　100 000

　　　　——利息调整　　　　　　　　　　　　　　　　　　　　　7 985.42

　　贷：银行存款　　　　　　　　　　　　　　　　　　　　　　　　　107 985.42

登记应收利息。

借：应收利息　　　　　　　　　　　　　　　　　　　　　　　　　　10 000

　　贷：投资收益　　　　　　　　　　　　　　　　　　　　　　　　　10 000

登记摊销。

借：投资收益　　　　　　　　　　　　　　　　　　　　　　　　　　1 361.17

　　贷：债权投资——利息调整　　　　　　　　　　　　　　　　　　　1 361.17

登记计提一年的预期信用损失准备。

借：信用减值损失　　　　　　　　　　　　　　　　　　　　　　　　1 000

　　贷：债权投资减值准备　　　　　　　　　　　　　　　　　　　　　1 000

2. 以公允价值计量变动计入其他综合收益的金融资产预期信用损失的会计处理

【例6-2】 接【例6-1】，除企业购买目的发生变化外，其他情况均相同。企业持有该债券的目的既是获取合同现金流量，也是赚取差价。

2021年年初和年末相关会计处理如下。

登记购买。

借：其他债权投资——成本   100 000

           ——利息调整   7 985.42

    贷：银行存款   107 985.42

登记应收利息。

借：应收利息   10 000

    贷：投资收益   10 000

登记摊销。

借：投资收益   1 361.17

    贷：其他债权投资——利息调整   1 361.17

登记一年的预期信用损失准备和公允价值变动。

借：信用减值损失   1 000

  其他综合收益——其他债权投资公允价值变动   1 624.25

    贷：其他债权投资——公允价值变动   1 624.25

      其他综合收益——信用减值准备   1 000

第二阶段：信用风险自初始确认后已显著增加或出现减值迹象。

1. 以摊余成本计量的金融资产信用风险显著增加的会计处理

【例6-3】 接【例6-1】，2022年12月31日，该债券的公允价值为80 000元，出现重大减值迹象。按后续三年全期计提预期信用损失，金额为20 000元。

2022年年末相关会计处理如下。

登记应收利息。

借：应收利息   10 000

    贷：投资收益   10 000

登记摊销。

借：投资收益   1 470.06

    贷：债权投资——利息调整   1 470.06

登记计提全期的预期信用损失准备。

借：信用减值损失   19 000

    贷：债权投资——减值准备   19 000

2. 以公允价值计量变动计入其他综合收益的金融资产信用风险显著增加的会计处理

【例6-4】 接【例6-3】，除企业购买目的发生变化外，其他情况均相同。企业持有该债券既为了获取合同现金流量，也为了赚取差价。

2022年年末相关会计处理如下。

登记应收利息。

借：应收利息   10 000

    贷：投资收益   10 000

登记摊销。

借：投资收益   1 470.06

　　　　贷：其他债权投资——利息调整　　　　　　　　　　　　　　1 470.06

登记计提全期的预期信用损失准备。

　　借：信用减值损失　　　　　　　　　　　　　　　　　　　　　19 000
　　　　其他综合收益——其他债权投资公允价值变动　　　　　　　23 529.94
　　　　贷：其他债权投资——公允价值变动　　　　　　　　　　　　23 529.94
　　　　　　其他综合收益——信用减值准备　　　　　　　　　　　　19 000

23 529.94=105 000-1 470.06-80 000

登记出售。

假定2023年1月1日，企业以80 000元出售此债券。相关会计处理如下。

　　借：银行存款　　　　　　　　　　　　　　　　　　　　　　　80 000
　　　　贷：其他债权投资　　　　　　　　　　　　　　　　　　　　80 000
　　借：投资收益　　　　　　　　　　　　　　　　　　　　　　　5 154.19
　　　　其他综合收益——信用减值准备　　　　　　　　　　　　　20 000
　　　　贷：其他综合收益——其他债权投资公允价值变动　　　　　　25 154.19

　　第三阶段：实际发生减值。

　　1. 以摊余成本计量的金融资产实际发生减值损失的会计处理

　　【例6-5】　接【例6-3】，2023年12月31日，该债券发生重大减值，因发债企业出现重大财务危机，对外宣布2021年发行的债券在其最后两年按面值100 000元及票面利率5%支付利息，本金按面值的80%支付。如果仍然按发行时的市场利率折现，企业实际发生的减值损失为26 063.10元（103 566.53-77 503.43，77 503.43为两年5 000元利息和本金80 000元按8%利率的折现值）。

　　2023年年末相关会计处理如下。

　　登记应收利息。

　　借：应收利息　　　　　　　　　　　　　　　　　　　　　　　10 000
　　　　贷：投资收益　　　　　　　　　　　　　　　　　　　　　　10 000

　　登记摊销。

　　借：投资收益　　　　　　　　　　　　　　　　　　　　　　　1 587.66
　　　　贷：债权投资——利息调整　　　　　　　　　　　　　　　　1 587.66

　　登记实际发生的损失，同时结转已经计提的减值准备。

　　借：信用减值损失　　　　　　　　　　　　　　　　　　　　　6 063.10
　　　　债权投资减值准备　　　　　　　　　　　　　　　　　　　20 000
　　　　贷：债权投资　　　　　　　　　　　　　　　　　　　　　　26 063.10

　　2024年和2025年，按表6-7提供的金额进行应收利息和摊销的会计处理。

表6-7　　　　　　　　　　　　　　债券投资摊销表　　　　　　　　　　　　　　　单位：元

日期	应收利息	利息收入	摊销额	摊销余额	账面价值
2023年12月31日				2 496.57	77 503.43
2024年21月31日	5 000	6 200.27	-1 200.27	1 296.30	78 703.70
2025年12月31日	5 000	6 296.30	-1 296.30	0.00	80 000.00
合计	10 000	12 496.57	-2 496.57	—	—

　　2. 以公允价值计量变动计入其他综合收益的金融资产实际发生减值损失的会计处理

　　【例6-6】　接【例6-5】，除企业购买目的发生变化外，其他情况均相同。企业持有该债券既为了获取合同现金流量，也为了赚取差价。

　　2023年年末相关会计处理如下。

登记应收利息。

借：应收利息 10 000

　　贷：投资收益 10 000

登记摊销。

借：投资收益 1 587.66

　　贷：其他债权投资——利息调整 1 587.66

根据实际发生的损失，一方面减少非交易性金融债券的账面价值；另一方面，冲减已登记的公允价值变动金额，结转已登记的其他综合收益。同时，将差额登记为当期减值损失。

借：信用减值损失 6 063.10

　　其他综合收益——信用减值准备 20 000

　　其他债权投资——公允价值变动 25 154.19

　　贷：其他综合收益——其他债权投资公允价值变动 25 154.19

　　　　其他债权投资 26 063.10

2024年和2025年，按表6-2提供的金额进行应收利息和摊销的会计处理，同时按期末市价对公允价值变动进行登记处理。

补充资料思考题

为什么已经按公允价值计量的非交易性债券要计提减值准备？非交易性债券公允价值下跌与计提减值准备有何区别？非交易性债券与非交易性股票的会计处理一样吗？

补充资料结构

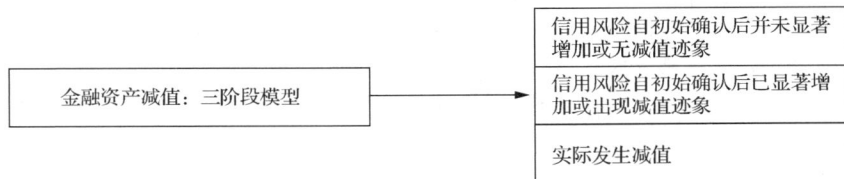

补充资料 B　投资性房地产

一、投资性房地产的概念及特征

（一）投资性房地产的概念

投资性房地产是指为赚取租金或资本增值，或两者兼有而持有的房地产。通常情况下，投资性房地产包括以下几类。

1. 企业以投资为目的而拥有的土地使用权及房屋建筑物

企业以投资为目的而拥有的土地使用权及房屋建筑物即企业为长期资本增值而持有的土地使用权及建筑物。其中包括以下几个方面。

（1）已出租的土地使用权。已出租的土地使用权是指企业通过出让或转让方式取得的、以经营租赁方式出租的土地使用权。企业取得的土地使用权通常包括在一级市场上以缴纳土地出让金方式取得的土地使用权，也包括在二级市场上接受其他单位转让的土地使用权。

（2）用于持有和准备增值后转让的土地使用权。根据我国对土地的使用规定，企业首先要按国家相关政策的规定进行"三通一平"（即水通、电通、路通、场地平整）后才可进行开发或增值。只有在符合国家有关土地政策后并拟用于出租和增值的土地才可定为投资性房地产。

（3）已经出租的房屋建筑物。该业务在一般企业中也较普遍，但是以融资租赁方式出租的房屋建筑物，在国际会计准则中属于排除项目。在我国，以融资租赁方式出租房屋建筑物的情况很少，一般对大型机器设备采用融资租赁方式，对房屋建筑物则不采用融资租赁方式。

2. **房地产开发企业出租的开发产品**

许多房地产开发公司开发的产品不一定都要销售，有些可能留下来用于出租，这些出租的开发产品按《企业会计准则第 3 号——投资性房地产》归类就属于投资性房地产。

下列各项不属于投资性房地产。

（1）自用房地产，即为生产商品、提供劳务或者经营管理而持有的房地产。该资产应列入企业的"固定资产"和"无形资产"科目核算。

（2）作为存货的房地产，如房地产开发企业在正常经营过程中销售的房地产就属于房地产开发企业的存货。

（3）按照国家有关规定认定的闲置土地。根据《闲置土地处置办法》（中华人民共和国国土资源部令第 5 号令）的规定，闲置土地是指土地使用者依法取得土地使用权后，未经原批准用地的人民政府同意，超过规定的期限未动工开发建设的建设用地。闲置土地的使用权不属于持有并准备增值后转让的土地使用权。

（二）投资性房地产的特征

1. **投资性房地产的投资属性**

投资性房地产的主要形式是出租建筑物、出租土地使用权，这实质上属于一种让渡资产使用权行为。持有并准备增值后转让的土地使用权，尽管其增值收益通常与市场供求、经济发展等因素相关，但目的是增值后转让以赚取增值收益。这和前面讲述的证券投资没有本质的区别，基于这一属性，企业可以选择按与证券投资相同的公允价值法对投资性房地产进行核算处理。

2. **投资性房地产的房地产属性**

企业对持有的房地产除了用作自身管理、生产经营活动场所和对外销售外，还可以将房地产用于赚取租金或增值收益的活动，甚至个别企业的主营业务。但投资性房地产与自用房地产在资产属性上不存在差异，这就需要对同属房地产的资产按与固定资产相同的会计方法进行处理，如折旧或摊销。

将投资性房地产单独作为一项资产核算和反映，与自用的厂房、办公楼等房地产和作为存货（已建完工商品房）的房地产加以区别，能更加清晰地反映企业所持有房地产的构成情况和盈利能力。

二、投资性房地产的初始确认与计量

（一）投资性房地产的初始确认

投资性房地产在同时满足下列条件时予以确认。

（1）与该项投资性房地产有关的经济利益很可能流入企业；

（2）该项投资性房地产的成本能够可靠地计量。

对已出租的土地使用权与建筑物，投资性房地产的确认时点是租赁期开始日，即土地使用权、建筑物进入出租状态、开始赚取租金的日期。对持有并准备增值后转让的土地使用权，投资性房地产的确认时点是企业将自用土地使用权停止自用、准备增值后转让的日期。

（二）投资性房地产的初始计量

（1）一般性原则：历史成本原则。即企业取得投资性房地产时，应当按照取得时的实际成本进行初始计量，这与普通资产的核算标准相同。

（2）不同渠道下取得的投资性房地产入账成本的构成有所不同。

① 外购的投资性房地产。按买价和可直接归属于该资产的相关税费、可直接归属于该资产的其他支出作为其入账价值。

② 自行建造的投资性房地产。按建造该资产达到预定可使用状态前所发生的必要支出，作为入账价值。在建造过程中发生的非正常性损失，直接计入当期损益，不计入投资性房地产成本。

③ 以其他方式取得的投资性房地产。原则上也是按其取得时的实际成本作为入账价值，符合其他相关准则规定的按照相应的准则规定予以确定。例如，债务重组转入的投资性房地产就应按照《企业会计准则第12号——债务重组》的规定来处理。

三、投资性房地产取得时的会计处理

企业通过设置"投资性房地产"科目将投资性房地产从一般房地产中转出来，单独计价、单独确认、单独披露。该科目为资产类科目，借方登记投资性房地产的增加，贷方登记投资性房地产的减少，期末余额为借方余额，表示目前企业投资性房地产的结余价款。以下分别介绍各种取得方式下投资性房地产的账务处理。

（一）外购方式取得的投资性房地产

外购的房地产，只有在购入的同时开始出租，才能作为投资性房地产加以确认。在成本模式计量下，按照取得时的实际成本进行初始计量，借记"投资性房地产"科目，贷记"银行存款"等科目。若采用公允价值模式计量，企业应当在"投资性房地产"科目下设置"成本"和"公允价值变动"两个明细科目，按照外购发生的实际成本，计入"投资性房地产——成本"科目。取得时的实际成本包括购买价款、相关税费和可直接归属于该资产的其他支出。

【例6-7】 甲公司是一家商贸企业，为了拓展经营规模，2022年3月1日以银行存款购得位于繁华商业区的一层商务用楼，并当即进行招租。该层商务楼的买价为600万元，相关税费30万元。账务处理如下。

借：投资性房地产   6 300 000

    贷：银行存款   6 300 000

（二）自行建造方式取得的投资性房地产

企业自行建造活动完成后用于出租的房地产属于投资性房地产。只有在自行建造或开发活动完成的同时开始出租，才能将自行建造或开发完成的房地产确认为投资性房地产。

自行建造投资性房地产，其成本由建造该项资产达到预定可使用状态前发生的必要支出构成，包括土地开发费、建筑成本、安装成本、应予以资本化的借款费用、支付的其他费用和分摊的间接费用等。建造过程中发生的非正常性损失，直接计入当期损益，不计入建造成本。

【例6-8】 乙公司是一家建筑公司，为了降低经营风险，于2022年1月1日开始在企业拥有的一块地皮上建造一幢商务办公楼，拟用于招租。工程工期为1年，2023年1月1日完工，2023年2月达到预定可使用状态。工程期间发生人工费600万元，投入工程物资3 000万元，假定无相关税费。工程土地开发成本支付400万元。账务处理如下。

（1）工程领用物资时。

借：在建工程   30 000 000

    贷：工程物资   30 000 000

（2）分配工程人员工资时。

借：在建工程   6 000 000

    贷：应付职工薪酬   6 000 000

（3）将土地开发成本计入工程成本。

借：在建工程 4 000 000

　　贷：银行存款 4 000 000

（4）工程完工时。

借：投资性房地产 40 000 000

　　贷：在建工程 40 000 000

（三）以其他方式增加的投资性房地产

以其他方式增加的投资性房地产主要是在接受投资、捐赠等方式下取得的投资性房地产。在这些情况下，企业应该按双方协商的价格确定增加的投资性房地产的价值，借记"投资性房地产"科目，贷记"实收资本""资本公积"等科目。

【例6-9】 丙公司是一家商贸企业，2022年4月1日接受丁公司投入的土地使用权，该资产在丁公司的账面价值为4 000万元，双方协议，以评估价为投资价值确认标准，经评估，其公允价值为5 000万元。丙公司取得该地皮后，拟于适当时机转让。账务处理如下。

借：投资性房地产 50 000 000

　　贷：实收资本 50 000 000

四、投资性房地产的后续计量

（一）计量模式的选择

企业应于会计期末采用成本模式对投资性房地产进行后续计量；如果有确凿证据表明投资性房地产的公允价值能够持续可靠地取得，应当采用公允价值模式。我国《企业会计准则第 3号——投资性房地产》规定，投资性房地产后续计量的优选模式是成本模式，而公允价值模式须满足规定条件方可选择。

企业对投资性房地产的计量模式一经确定，不得随意变更。因为公允价值模式的采用意味着期末投资性房地产账面价值总是处于变动状态，而且准则规定因公允价值变动产生的价值调整要计入当期损益，这就为企业操纵利润提供了运作空间。为避免这种情况的发生，《企业会计准则第 3 号——投资性房地产》规定，其核算模式一经确定不得随意变更，这与我们会计政策变更的相关规定是一致的。但如果房地产市场比较成熟，能够满足企业采用公允价值模式核算的条件，企业可以将房地产核算的成本模式转换为公允价值核算模式，这一转换属于会计政策变动（具体会计处理参见主教材第十六章）；但反方向（公允价值模型转成本模式）的转换在原则上是禁止的。

（二）成本计量模式的核算方法

企业采用成本模式计量的投资性房地产，应当比照《企业会计准则第 4 号——固定资产》和《企业会计准则第 6 号——无形资产》的相关规定进行处理，计提的折旧或摊销数额应借记"其他业务成本"，同时贷记"累计折旧"或"累计摊销"。

【例6-10】 A公司2022年1月1日接受B公司投入的一项土地使用权，双方协议价为5 000万元。A公司取得该土地后，拟于适当时机转让，该土地所有权的法定有效期为50年。账务处理如下。

（1）接受投资时。

借：投资性房地产 50 000 000

　　贷：实收资本 50 000 000

（2）2022年摊销时。

借：其他业务成本   1 000 000

  贷：累计摊销   1 000 000

（三）公允价值计量模式的核算方法

1. 公允价值计量模式的运用条件

采用公允价值模式计量投资性房地产，应当具备以下两个条件。

（1）有活跃的房地产交易市场；

（2）同类或类似房地产的市场价格以及其他相关信息能够从房地产交易市场上取得。

另外，如果企业原先按公允价值计量某项投资性房地产，即使可比的市场交易变得不经常发生或市场价格变得不易取得，在该项投资性房地产被处置，或变为自用，或企业为以后在正常经营过程中销售而开发之前，仍应一直以公允价值计量。

2. 投资性房地产的公允价值的获取方式

（1）若活跃市场上存在与投资性房地产有相同或相近地理位置的资产状况以及有类似租赁合同的房地产，在确定投资性房地产公允价值时，可以参照类似房地产的现行市场价格。

（2）若活跃市场上存在与投资性房地产有不同地理位置和资产状况的房地产，在估计投资性房地产的公允价值时，可以参照不同地理位置和资产状况的房地产的现行市场价格。

（3）若最近期间房地产交易不活跃，但交易市场上存在着与投资性房地产同类或类似的其他房地产的最近交易价格，估计投资性房地产的公允价值时，可以参照此类房地产的最近交易价格。

（4）估计未来现金流量的现值。预计未来现金流量时，应当以租赁合同和其他合同为依据，并参考同类或类似房地产的当前市场租金等外部信息。采用的折现率应当能够反映当前市场货币时间价值和资产特定风险。

3. 公允价值模式的具体核算方法

企业采用公允价值模式计量的，不对投资性房地产计提折旧或进行摊销，应当以会计期末投资性房地产的公允价值为基础调整其账面价值，公允价值与原账面价值之间的差额计入当期损益。核算时，企业应当在"投资性房地产"科目下设置"成本"和"公允价值变动"两个明细科目，同时设置"公允价值变动损益"科目反映公允价值变动给企业带来的收益或者损失。

【例6-11】 戊公司2022年7月1日与乙公司进行债务重组，重组当日的应收债权为3 000万元，双方协议由乙公司以一幢楼房抵债，债务解除手续于当日办妥，假定无其他税费。戊公司将此楼房用于出租，于2022年10月1日与丁公司签订租赁协议，租期为10年，年租金为120万元，租金于每年年末结清。按照当地房地产交易市场的价格体系，该房产2022年年末的公允价值为3 200万元。2023年年末的公允价值为3 120万元。戊公司账务处理如下。

（1）该投资性房地产的入账成本为3 000万元。

（2）取得该楼房时。

借：投资性房地产——成本   30 000 000

  贷：应收账款   30 000 000

（3）2022年年末取得租金时。

借：银行存款（1 200 000÷12×3）   300 000

  贷：其他业务收入   300 000

（4）2022年年末当房产的公允价值达到3 200万元时，此时的账面价值为3 000万元，由此造成的增值200万元应计入当年的损益。具体处理如下。

借：投资性房地产——公允价值变动   2 000 000

  贷：公允价值变动损益   2 000 000

（5）2023年年末取得租金时。

借：银行存款   1 200 000

  贷：其他业务收入   1 200 000

（6）2023年年末房产的公允价值达到3 120万元，此时的账面价值为3 200万元，由此造成的贬值80万元应计入当年的损益。具体处理如下。

借：公允价值变动损益   800 000

  贷：投资性房地产——公允价值变动   800 000

（四）投资性房地产的后续支出

1. 费用化的后续支出

如果后续支出不能使可能流入企业的未来经济利益超过原先的估计，应当计入当期费用，其处理原则与固定资产、无形资产的相关规定相同。对出租用房地产进行的日常维修支出就属于这种情况。

2. 资本化的后续支出

如果后续支出使可能流入企业的未来经济利益超过原先的估计，应当将其计入投资性房地产的账面价值，视为对投资性房地产进行改良。再开发期间不计提折旧或摊销。

【例6-12】 甲公司2022年1月1日开始对其出租用厂房进行改扩建，该投资性房地产采用成本计量模式，原价为1 000万元，已提折旧600万元，工程期为半年，于7月1日达到预定可使用状态；甲公司共支付2 100万元的工程款，残值回收2万元，款项均以银行存款方式结算。

账务处理如下。

（1）将厂房投入改扩建时。

借：投资性房地产——厂房（在建）   4 000 000

  累计折旧   6 000 000

  贷：投资性房地产——厂房   10 000 000

（2）支付改扩建工程款时。

借：投资性房地产——厂房（在建）   21 000 000

  贷：银行存款   21 000 000

（3）收回残值时。

借：银行存款   20 000

  贷：投资性房地产——厂房（在建）   20 000

（4）工程完工时。

借：投资性房地产——厂房   24 980 000

  贷：投资性房地产——厂房（在建） 24 980 000

五、投资性房地产的转换、处置、披露与分析

（一）投资性房地产的转换

1. 转换条件

在下列情况下，当有确凿证据表明房地产用途发生改变时，企业应当将投资性房地产转换为其他资产或将其他资产转换为投资性房地产。

（1）投资性房地产开始自用，相应地由投资性房地产转换为自用房地产。例如，原来出租的房地产现改为自用房地产。

（2）自用房地产停止自用，拟用于赚取租金或资本增值，相应地由自用房地产转换为投资性房地产。例如，过去办公用的大楼，现在作为投资性房地产出租。

（3）房地产开发企业将其存货以经营租赁方式租出，相应地由存货转换为投资性房地产。

（4）自用土地使用权停止自用，用于赚取租金或资本增值，相应地转为投资性房地产。

2. 转换时入账口径的选择

（1）以成本模式计量的投资性房地产与自用房地产或存货之间的转换。在成本计量模式下，投资性房地产的科目设置与自用房地产非常类似，都有累计折旧（或累计摊销）和减值准备，所以两者之间的转换以相关资产的账面余额为基础。而存货则没有折旧或摊销等科目，因此，存货与投资性房地产的转换以账面价值为基础。具体会计分录如下。

① 由自用房地产转为投资性房地产

借：投资性房地产（按转换时固定资产或无形资产的账面余额）

　　累计折旧或累计摊销

　　固定资产减值准备或无形资产减值准备

　　贷：固定资产或无形资产

　　　　累计折旧——投资性房地产（或累计摊销）

　　　　投资性房地产减值准备

② 由存货转为投资性房地产

借：投资性房地产（按转换时存货的账面价值）

　　存货跌价准备

　　贷：开发产品

③ 由投资性房地产转为自用房地产

借：固定资产或无形资产（按转换时投资性房地产的账面余额）

　　累计折旧——投资性房地产（或累计摊销）

　　投资性房地产减值准备

　　贷：投资性房地产

　　　　累计折旧

　　　　固定资产减值准备或无形资产减值准备

④ 由投资性房地产转为存货

借：开发产品（按转换时投资性房地产的账面价值）

　　累计折旧——投资性房地产（或累计摊销）

　　投资性房地产减值准备

　　贷：投资性房地产

【例 6-13】　2022 年 8 月 1 日，甲房地产企业将对外出租的商品房收回，开始用于销售。该项房地产账面价值为 3 765 万元，其中，原价 5 000 万元，累计已提折旧 1 235 万元。假设甲企业采用成本计量模式。

转换的账务处理如下。

借：开发产品　　　　　　　　　　　　　　　　　　　37 650 000

　　累计折旧——投资性房地产　　　　　　　　　　　12 350 000

　　贷：投资性房地产　　　　　　　　　　　　　　　　　　50 000 000

（2）以公允价值计价的投资性房地产转换为自用房地产或存货时，应当以其转换当日的公允价值作为自用房地产或存货的账面价值，转换当日的公允价值与投资性房地产原账面价值之间的差额计入当期损益。会计分录如下。

借：固定资产、无形资产或开发产品（按转换日投资性房地产的公允价值）

　　公允价值变动损益（公允价值小于账面价值的差额列为损失）

　　贷：投资性房地产——成本

　　　　投资性房地产——公允价值变动

　　　　公允价值变动损益（公允价值大于账面价值的差额计收益）

【例6-14】　2022年10月15日，甲企业因租赁期满，将出租的写字楼收回，开始作为办公楼用于本企业的行政管理。2022年10月15日，该写字楼的公允价值为4 800万元。该项房地产在转换前采用公允价值模式计量，原账面价值为4 750万元，其中成本为4 500万元，公允价值变动为增值250万元。

转换的账务处理如下。

借：固定资产　　　　　　　　　　　　　　　　　　　　　　　48 000 000

　　贷：投资性房地产——成本　　　　　　　　　　　　　　　　45 000 000

　　　　投资性房地产——公允价值变动　　　　　　　　　　　　 2 500 000

　　　　公允价值变动损益　　　　　　　　　　　　　　　　　　　 500 000

（3）自用房地产或存货转换为以公允价值计价的投资性房地产时，如果转换当日的公允价值小于原账面价值，应当将差额计入当期损益；如果转换当日的公允价值大于原账面价值，应当将其差额在已计提的减值准备或跌价准备的范围内计入当期损益，剩余部分计入其他综合收益。会计分录如下。

① 自用房地产转换为以公允价值计量的投资性房地产

借：投资性房地产——成本（按转换日固定资产或无形资产的公允价值）

　　累计折旧

　　固定资产减值准备或无形资产减值准备

　　公允价值变动损益（公允价值小于账面价值的差额列为损失）

　　贷：固定资产或无形资产

　　　　其他综合收益（公允价值大于账面价值的差额不得列为收益，而是计入其他综合收益，待投资性房地产处置时，一并转入当期损益）

② 存货转换为以公允价值计量的投资性房地产

借：投资性房地产——成本（按转换日存货的公允价值）

　　存货跌价准备

　　公允价值变动损益（公允价值小于账面价值的差额列为损失）

　　贷：开发产品

　　　　其他综合收益

【例6-15】　2022年3月10日，甲房地产开发公司与乙企业签订了租赁协议，将其开发的一栋写字楼出租给乙企业。租赁期开始日为2022年4月15日。2022年4月15日，该写字楼的账面余额为45 000万元，公允价值为47 000万元。2022年12月31日，该项投资性房地产的公允价值为48 000万元。

转换的账务处理如下。

借：投资性房地产——成本　　　　　　　　　　　　　　　　 470 000 000

　　贷：开发产品　　　　　　　　　　　　　　　　　　　　 450 000 000

　　　　其他综合收益　　　　　　　　　　　　　　　　　　　 20 000 000

借：投资性房地产——公允价值变动　　　　　　　　　　　　　 10 000 000

　　贷：公允价值变动损益　　　　　　　　　　　　　　　　　 10 000 000

（二）投资性房地产的处置

企业出售、转让投资性房地产以及对报废或毁损的投资性房地产进行处置时，应当将处置收入记入"其他业务收入"，将处置的投资性房地产的账面价值和相关税费记入"其他业务成本"。

在成本计量模式下，按处置投资性房地产时实际收到的金额，借记"银行存款"等科目，贷记"其他业务收入"科目；按该项投资性房地产的账面价值，借记"其他业务成本"科目，按其账面余额，贷记"投资性房地产"科目，按照已计提的折旧或摊销，借记"累计折旧（摊销）——投资性房地产"科目，原已计提减值准备的，借记"投资性房地产减值准备"科目。

【例6-16】 甲公司于2022年12月31日以500万元的价格对外转让一处房产，该房产是甲公司于2020年12月31日以400万元的价格购入的，用作对外出租，采用成本计量模式进行后续计量。购入时该房产的预计使用年限为20年，假定无残值，甲公司采用直线法提取折旧。

账务处理如下。

该房产计提折旧=（400-0）÷20×2=40（万元）

该房产出售时的账面价值=400-40=360（万元）

该房产出售收益=500-360=140（万元）

处置时的会计分录如下。

借：银行存款	5 000 000
贷：其他业务收入	5 000 000
借：其他业务成本	3 600 000
累计折旧	400 000
贷：投资性房地产	4 000 000

在公允价值计量模式下，按处置投资性房地产时实际收到的金额，借记"银行存款"等科目，贷记"其他业务收入"科目；按该项投资性房地产的账面余额，借记"其他业务成本"科目，按其成本，贷记"投资性房地产——成本"科目，按其累计公允价值变动，贷记或借记"投资性房地产——公允价值变动"科目。同时结转投资性房地产累计公允价值变动。若存在原转换日计入其他综合收益的金额，也一并结转。

【例6-17】 甲企业为一家房地产开发企业，2022年3月10日，甲企业与乙企业签订了租赁协议，将其开发的一栋写字楼出租给乙企业使用，租赁期开始日为2022年4月15日。2022年4月15日，该写字楼的账面余额为45 000万元，公允价值为47 000万元。2022年12月31日，该项投资性房地产的公允价值为48 000万元。2020年5月租赁期届满，企业收回该项投资性房地产，并以55 000万元出售，出售款项已收讫。甲企业采用公允价值模式计量，不考虑相关税费。

转换时的账务处理（见【例6-15】）

处置时的账务处理。

借：银行存款	550 000 000
贷：其他业务收入	550 000 000
借：其他业务成本	450 000 000
公允价值变动损益	10 000 000
其他综合收益	20 000 000
贷：投资性房地产——成本	470 000 000
投资性房地产——公允价值变动	10 000 000

（三）投资性房地产的披露与分析

在报表附注中，需要披露以下与投资性房地产相关的内容。

（1）投资性房地产的种类、金额和计量模式；

（2）采用成本模式的，投资性房地产的折旧或摊销，以及减值准备的计提情况；

（3）采用公允价值模式的，公允价值的确定依据和方法，以及公允价值变动对损益的影响；

（4）房地产转换情况、理由，以及对损益或所有者权益的影响；

（5）当期处置的投资性房地产及其对损益的影响。

报表使用者在分析投资性房地产时，需要重点关注以下两个方面。

（1）投资性房地产的计量模式，成本模式下折旧、摊销与减值的计提；公允价值模式下公允价值变动损益的确认。

（2）投资性房地产计量模式的转换。投资性房地产从成本计量模式转为公允价值计量模式属于会计政策变更，投资者需要关注变更公告上披露的转换日期、转换的原因以及转换对报表的影响。

补充资料思考题

1. 何谓投资性房地产？投资性房地产的特征是什么？

2. 投资性房地产核算的公允价值模式和成本模式有何区别？

3. 投资性房地产核算的转换有何规定？

补充资料练习题

投资性房地产

资料：南方公司拥有一幢房产，账面原值为 10 000 000 元，已提折旧 2 000 000 元。2022 年 1 月 1 日起，该房产从自用改为出租，市价为 18 000 000 元，南方公司从即日起对该房产改按公允价值模式进行核算。

要求：编制 2022 年 1 月 1 日的会计分录。

补充资料结构

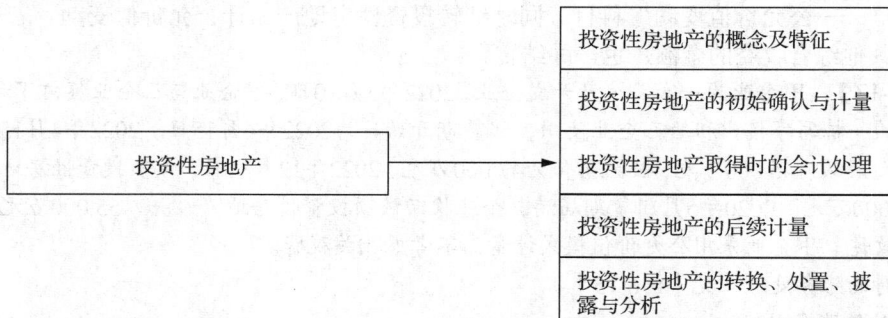

```
                                    ┌──────────────────────────┐
                                    │ 投资性房地产的概念及特征  │
                                    ├──────────────────────────┤
                                    │ 投资性房地产的初始确认与计量│
            ┌──────────────┐        ├──────────────────────────┤
            │ 投资性房地产  │ ────→ │ 投资性房地产取得时的会计处理│
            └──────────────┘        ├──────────────────────────┤
                                    │ 投资性房地产的后续计量    │
                                    ├──────────────────────────┤
                                    │ 投资性房地产的转换、处置、披露与分析│
                                    └──────────────────────────┘
```

补充资料要点

投资性房地产的概念及特征

投资性房地产是指为赚取租金或资本增值，或两者兼有而持有的房地产。通常情况下，投资性房地产包括：企业以投资为目的而拥有的土地使用权及房屋建筑物；房地产开发企业出租的开发产品。投资性房地产是一种经营性活动，它实质上属于一种让渡资产使用权行为。投资性房地产在用途、状态、目的等方面区别于作为生产经营场所的房地产和用于销售的房地产，将它们分别核算能更加清晰地反映企业所持有房地产的构成情况和盈利能力。

投资性房地产的会计处理

投资性房地产取得时通过设置"投资性房地产"科目进行核算，如果是外购的，以取得时的实际成本作为入账价值；如果是自行建造的，则通过"在建工程"科目归集所有的工程成本。

　　企业应于会计期末采用成本模式或公允价值模式对投资性房地产进行后续计量；但只有在有确凿证据表明投资性房地产的公允价值能够持续可靠地取得时，才能采用公允价值模式。采用成本模式的投资性房地产后续计量与一般固定资产基本相同；企业如果采用公允价值模式计量，则不对投资性房地产计提折旧或进行摊销，应当以会计期末投资性房地产的公允价值为基础调整其账面价值，公允价值与原账面价值之间的差额计入当期损益。核算时企业应当在"投资性房地产"科目下设置"成本"和"公允价值变动"两个明细科目，同时设置"公允价值变动损益"科目，反映公允价值变动给企业带来的收益或损失。

补充资料相关的法规、制度及主要阅读文献

《企业会计准则第 3 号——投资性房地产》

补充资料练习题解答

投资性房地产

2022 年 1 月 1 日的会计分录如下。

借：投资性房地产　　　　　　　　　　　　　　　　　18 000 000
　　累计折旧　　　　　　　　　　　　　　　　　　　2 000 000
　　　贷：固定资产　　　　　　　　　　　　　　　　　　10 000 000
　　　　　其他综合收益　　　　　　　　　　　　　　　　10 000 000

第七章　固定资产——初始确认与终止确认

本章结构

```
                          ┌─ 固定资产的特点与范围 ─┬─ 固定资产的定义与特点
                          │                        └─ 固定资产的分类
                          │
                          │                        ┌─ 固定资产的计价
                          │                        ├─ 固定资产购置的会计处理
                          │                        ├─ 自行建造固定资产的会计处理
  固定资产——          ─┼─ 固定资产的取得 ──────┼─ 交换取得固定资产的会计处理
  初始确认与终止确认      │                        ├─ 接受捐赠获得固定资产的会计处理
                          │                        ├─ 投资者投入的固定资产的会计处理
                          │                        └─ 存在弃置义务的固定资产的会计处理
                          │
                          │                        ┌─ 固定资产的处置
                          └─ 固定资产的处置 ──────┼─ 持有待售的固定资产
                                                   └─ 固定资产的盘亏或盘盈
```

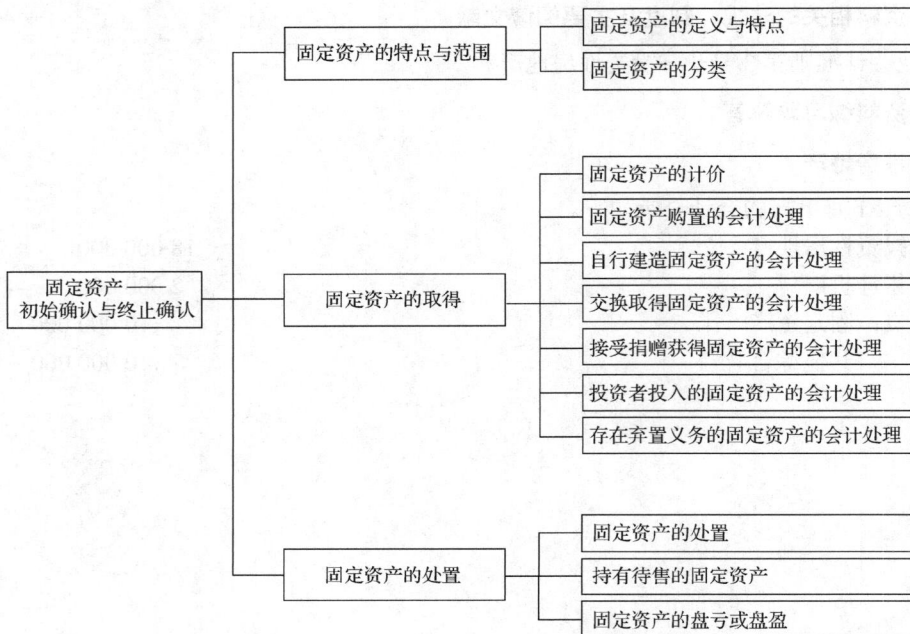

本章概念（关键词）

固定资产	固定资产原始价值	在建工程	处置费用	弃置费用
非货币性资产交换		商业实质	换入资产	换出资产
补价	固定资产处置	持有待售固定资产		

本章小结

1. 固定资产的定义和基本特征

固定资产是企业生产经营活动的主要劳动资料，固定资产具有以下特征：（1）为生产商品、提供劳务、出租或者经营管理而持有；（2）使用期限超过一个会计年度；（3）具有一定的实物形态，并且在使用中不会改变其形态。

2. 固定资产的计价方式

固定资产是以原始成本进行初始计量的，不同的取得方法其计量方式也有所不同。例如，外购的固定资产，它的初始成本指企业为购置、建造固定资产项目，并使其达到可使用状态所发生的所有合理、必要的支出，包括买价、进口关税、运输成本、销售税金、安装费用等；自行建造的固定资产由建造该资产达到预定可使用状态前所发生的所有必要支出构成；投资者投入的固定资产成本应按照投资合同或协议约定的价值确定等。

3. 固定资产取得的会计处理

固定资产取得核算时使用的基本科目是"固定资产"，如果是自行建造的固定资产则需要通过"在建工程"科目归集建造过程中发生的所有建造成本。对于非货币性交换取得的固定资产，还需要注意对取得的固定资产入账价值的确定以及交换损益的确定。

4. 固定资产处置的会计处理

企业由于固定资产丧失经济效能，或为了满足管理上的某种需要而将固定资产退出企业的过程，称为固定资产处置。固定资产处置时，应通过"固定资产清理"账户将处置过程中发生的处置收入以及处置的固定资产账面价值与相关税费进行比较，将清理的结果计入当期损益。

本章相关的法规、制度及主要阅读文献

1.《企业会计准则第 4 号——固定资产》（2006）
2.《企业会计准则第 7 号——非货币性资产交换》（2019）
3.《企业会计准则第 17 号——借款费用》（2006）
4.《企业会计准则第 42 号——持有待售的非流动资产、处置组和终止经营》（2017）
5.《企业会计准则讲解 2010》
6.《企业会计准则解释》第 1 号～第 14 号

教材练习题解答

（一）投资者投入固定资产

该设备的入账价值=200 000×7.734 8+20 000+50 000+30 000=1 646 960（元）

登记入账。

借：固定资产	1 646 960	
贷：实收资本		1 546 960
银行存款		100 000

（二）固定资产扩建

该生产线新的原价=1 000-300-50+800=1 450（万元）

（三）外购固定资产

该设备的入账价值=34 900+450+500+290+560=36 700（元）

会计分录如下。

借：固定资产	36 700	
应交税费——应交增值税（进项税额）	4 582	
贷：银行存款		41 282

（四）预计弃置费用

第一步，登记固定资产。

利用 Excel 表计算如下。

	f_x	=PV（7%, 8, , 2000000）	
	B		C
	¥-1,164,018		

预计负债的现值=1 164 018（元）

借：固定资产　　　　　　　　　　　　　　　　　　　　　7 164 018

　　贷：预计负债　　　　　　　　　　　　　　　　　　　1 164 018

　　　　银行存款　　　　　　　　　　　　　　　　　　　6 000 000

第二步，计算各期预计负债的调整额，并登记第一年年末的调整额，如表 7-1 所示。

表 7-1　　　　　　　　　　　　　　　　　预计负债每期调整额计算表　　　　　　　　　　　　　　　　单位：元

年份	调整额 （1）=（2）×7%	预计负债账面余额 （2）=上期（2）+（1）
2022 年 1 月 1 日	—	1 164 018
2022 年 12 月 31 日	81 481	1 245 499
……	…	…
2029 年 12 月 31 日	…	2 000 000
合计	835 982	—

借：财务费用　　　　　　　　　　　　　　　　　　　　　81 481

　　贷：预计负债　　　　　　　　　　　　　　　　　　　81 481

（五）一揽子购买

1．各项资产的入账价值计算如下。

各项资产公允价值的总和=82 000 000+18 000 000+450 000=100 450 000（元）

办公楼的入账价值=98 900 000×82 000 000÷10 0450 000=80 734 694（元）

办公设备的入账价值=98 900 000×18 000 000÷100 450 000=17 722 250（元）

小轿车的入账价值=98 900 000-80 734 694-17 722 250=443 056（元）

2．登记会计分录。

借：固定资产——办公楼　　　　　　　　　　　　　　　　80 734 694

　　　　　　——办公设备　　　　　　　　　　　　　　　17 722 250

　　　　　　——小轿车　　　　　　　　　　　　　　　　443 056

　　贷：银行存款　　　　　　　　　　　　　　　　　　　98 900 000

（六）非货币性资产交换

雅星公司支付的补价占换入资产公允价值的比例为 40.87%（即 4 700÷11 500），高于 25%，为以货币性资产取得非货币性资产。

1．雅星公司的会计处理如下。

借：固定资产——苹果计算机　　　　　　　　　　　　　　11 500

　　累计折旧　　　　　　　　　　　　　　　　　　　　　4 000

　　资产处置收益　　　　　　　　　　　　　　　　　　　1 200

　　贷：固定资产——IBM 计算机　　　　　　　　　　　　12 000

　　　　银行存款　　　　　　　　　　　　　　　　　　　4 700

2．对方公司会计处理如下。

借：固定资产——IBM 计算机 　　　　　　　　　　　　　　　　6 800

　　银行存款 　　　　　　　　　　　　　　　　　　　　　　4 700

　　累计折旧 　　　　　　　　　　　　　　　　　　　　　　5 000

　　　贷：固定资产——苹果计算机 　　　　　　　　　　　　　　　16 000

　　　　资产处置收益 　　　　　　　　　　　　　　　　　　　　　500

（七）非货币性资产交换

1．珠江公司会计处理如下。

（1）将 T 型车床转出。

借：固定资产清理 　　　　　　　　　　　　　　　　　　　12 000

　　累计折旧 　　　　　　　　　　　　　　　　　　　　　10 000

　　固定资产减值准备 　　　　　　　　　　　　　　　　　　2 000

　　　贷：固定资产——T 型车床 　　　　　　　　　　　　　　　24 000

（2）换入 Z 型车床。

借：固定资产——Z 型车床 　　　　　　　　　　　　　　　12 000

　　　贷：固定资产清理 　　　　　　　　　　　　　　　　　　12 000

2．华远公司会计处理如下。

（1）将 Z 型车床转出。

借：固定资产清理 　　　　　　　　　　　　　　　　　　　12 000

　　累计折旧 　　　　　　　　　　　　　　　　　　　　　28 000

　　　贷：固定资产——Z 型车床 　　　　　　　　　　　　　　　40 000

（2）换入 T 型车床。

借：固定资产——T 型车床 　　　　　　　　　　　　　　　12 000

　　　贷：固定资产清理 　　　　　　　　　　　　　　　　　　12 000

（八）非货币性资产交换

1．甲公司的会计处理如下。

（1）转出福特汽车。

借：固定资产清理 　　　　　　　　　　　　　　　　　　135 000

　　累计折旧 　　　　　　　　　　　　　　　　　　　　15 000

　　　贷：固定资产——福特汽车 　　　　　　　　　　　　　　150 000

（2）换入加工设备。

借：固定资产——加工设备 　　　　　　　　　　　　　　171 500

　　　贷：固定资产清理 　　　　　　　　　　　　　　　　　135 000

　　　　银行存款 　　　　　　　　　　　　　　　　　　　　11 500

　　　　资产处置收益 　　　　　　　　　　　　　　　　　　25 000

2．乙公司的会计处理如下。

（1）转出加工设备。

借：固定资产清理 　　　　　　　　　　　　　　　　　　136 000

　　累计折旧 　　　　　　　　　　　　　　　　　　　　64 000

　　　贷：固定资产——加工设备 　　　　　　　　　　　　　　200 000

（2）换入福特汽车。

借：固定资产——福特汽车   162 800
   银行存款   7 200
  贷：固定资产清理   136 000
    资产处置收益   34 000

（九）固定资产清理

借：固定资产清理   16 000
  累计折旧   30 000
  贷：固定资产   46 000
借：固定资产清理   600
  贷：银行存款   600
借：银行存款   940
  贷：固定资产清理   940
借：资产处置收益   15 660
  贷：固定资产清理   15 660

固定资产——后续确认与计量

本章结构

```
                              ┌──────────────────┐        ┌──────────────────────┐
                              │ 固定资产使用中的支出 │────────│ 固定资产使用中的资本性支出 │
                              │                  │        ├──────────────────────┤
                              └──────────────────┘        │ 固定资产使用过程中的收益性支出 │
                                                          └──────────────────────┘

                              ┌──────────────────┐        ┌──────────────────┐
                              │  固定资产减值准备   │────────│  单项固定资产的减值  │
                              │                  │        ├──────────────────┤
                              └──────────────────┘        │   资产组的减值     │
┌──────────────┐                                          └──────────────────┘
│  固定资产——    │
│ 后续确认与计量  │──           ┌──────────────────┐        ┌──────────────────┐
└──────────────┘              │   固定资产折旧     │────────│    折旧的概述     │
                              │                  │        ├──────────────────┤
                              └──────────────────┘        │    折旧方法       │
                                                          ├──────────────────┤
                                                          │  折旧的账务处理与变更 │
                                                          └──────────────────┘

                              ┌──────────────────┐        ┌──────────────────┐
                              │   披露与分析       │────────│   固定资产的披露   │
                              │                  │        ├──────────────────┤
                              └──────────────────┘        │   固定资产的分析   │
                                                          └──────────────────┘
```

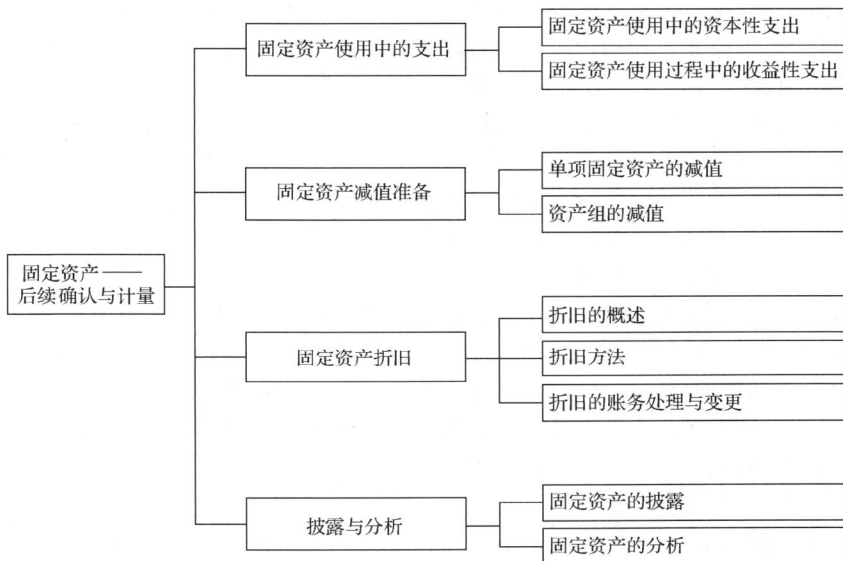

本章概念（关键词）

固定资产后续支出	固定资产减值	资产组	折旧	净残值
有形损耗	无形损耗	直线法	加速折旧法	
双倍余额递减法	年数总和法	递耗资产	折耗	

本章小结

1. 固定资产使用中的支出

固定资产投入使用后，企业为稳定其性能、延长其存续寿命、扩大企业生产规模、提高企业生产能力，会对固定资产进行维修保养、改建、扩建、增建，形成固定资产使用过程中的支出。对于固定资产的后续支出，如果与该支出有关的经济利益很可能流入企业，成本能够可靠计量，则无论该项支出数额大小，均应当计入固定资产成本，否则在发生时计入当期损益。

2. 固定资产减值

企业在资产负债表日如果发生了固定资产的市价大幅度下跌，资产已经陈旧老化，或者实体已经损坏，或即将被闲置、终止使用，或者计划提前处置等这些可能发生减值的迹象，就应该测试固定资产的可收回金额。当固定资产的可收回金额低于其账面价值时，其差额即为应计提的固定资产减值的金额。应将减值金额借记当期损益"资产减值损失"，同时贷记"固定资产"

的备抵调整账户"固定资产的减值准备"。资产减值分单项资产减值和资产组资产减值。固定资产减值准备一经计提，不许转回。

3. 折旧的性质

折旧实际上就是以相对合理的方法，将固定资产的成本系统地分配于各个会计期间的过程。折旧是一个成本分配过程，计提固定资产折旧的原因在于它的服务潜能的下降，与该项固定资产的市价是否下降没有关系。影响固定资产年折旧金额的因素有：应计折旧总额，固定资产预期使用寿命以及折旧的方法。其中，应计折旧总额是由固定资产原始成本扣减固定资产预计净残值得出的。

4. 几种折旧方法的计算和比较

年限平均法具有直观、容易理解、计算简便的优点，在实际工作中是一种最常用的折旧方法。但是如果固定资产在各期的使用程度相差很大，使用这种折旧方法将会导致折旧数与固定资产的实际磨损程度不相符，计提的折旧费用将不能很好地与固定资产在各期的预期经济利益相配比。工作量法是以实际工作量为基础计提折旧的。它弥补了直线法只重使用时间，不考虑使用强度的不足。但由于采用这种方法需要预先估计出固定资产在预计使用期内所能提供的工作总量，而这一数额在现实中很难客观地加以估计，带有较大的主观随意性，因此，这种方法并不常用。平均折旧方法对各期或者各单位作业量分摊的折旧数额是相等的，基本不考虑固定资产的使用效率，而实际上，有些固定资产在使用前期效率往往要高于后期，其带来的经济效益也高于后期。因此，从配比的原则考虑，前期分摊的折旧数额应该多于后期的分摊数额。正是基于这样的考虑，加速折旧法产生了。当然，使用加速折旧法不只是配比原则的要求，它还能给企业带来一定的财务利益，在其他条件不变的情况下，前期的利润少，后期利润大，应缴纳的所得税前期少后期多，相当于延迟了缴纳所得税的时间。如果税法允许使用加速折旧法，那么实质上就是国家给予企业若干年的免息贷款。

5. 计提折旧的会计处理方法

由于"固定资产"账户要保持以原始价值进行反映，对于计提折旧而减少的价值不能直接贷记"固定资产"，而是另外设置一个"固定资产"的备抵调整账户"累计折旧"，以该账户来反映由于计提折旧而减少的固定资产的价值。同时根据固定资产的使用情况借记有关的成本、费用。在资产负债表中，"累计折旧"账户期末余额作为"固定资产"账户余额的减项列示于固定资产项目的下方。

本章相关的法规、制度及主要阅读文献

1.《企业会计准则第 4 号——固定资产》（2006）

2.《企业会计准则第 8 号——资产减值》（2006）

3.《企业会计准则第 27 号——石油天然气开采》（2006）

4.《企业会计准则第 30 号——财务报表列报》（2014）

5.《企业会计准则讲解 2010》

教材练习题解答

（一）固定资产改建

改造后，该生产线的生产能力和使用年限都得到了提高，改造后的支出金额也能可靠计量，

因此其后续支出符合资本化的条件。相关会计处理如下。

该生产线折旧基础=6 000 000×（1-5%）=5 700 000（元）

2 年共计提折旧=5 700 000÷10×2=1 140 000（元）

2022 年 1 月 1 日该生产线的账面价值=6 000 000-1 140 000=4 860 000（元）

1. 先将固定资产转入在建工程。

借：在建工程　　　　　　　　　　　　　　　　　　4 860 000

　　累计折旧　　　　　　　　　　　　　　　　　　1 140 000

　　　贷：固定资产　　　　　　　　　　　　　　　　　　6 000 000

2. 登记改造期间的相关支出。

借：在建工程　　　　　　　　　　　　　　　　　　1 500 000

　　　贷：银行存款　　　　　　　　　　　　　　　　　　1 500 000

3. 2022 年 6 月 30 日，固定资产完工达到预定可使用状态时，登记改造后的固定资产入账价值。

借：固定资产　　　　　　　　　　　　　　　　　　6 360 000

　　　贷：在建工程　　　　　　　　　　　　　　　　　　6 360 000

4. 改造后的生产线每年的折旧额计算如下。

每年折旧额=6 360 000×（1-5%）÷10=604 200（元）

2022 年的折旧额=604 200÷2=302 100（元）

5. 登记 2022 年下半年的折旧分录。

借：制造费用　　　　　　　　　　　　　　　　　　302 100

　　　贷：累计折旧　　　　　　　　　　　　　　　　　　302 100

（二）固定资产修理

借：管理费用　　　　　　　　　　　　　　　　　　4 200

　　　贷：原材料——零配件　　　　　　　　　　　　　　1 000

　　　　　——润滑油　　　　　　　　　　　　　　　　1 200

　　　　银行存款　　　　　　　　　　　　　　　　　　2 000

（三）资产减值

1. 首先计算分配资产组减值损失（见表 8-1）。

表 8-1　　　　　　　　　　　　资产组减值损失分配过程表　　　　　　　　　　　单位：元

项目	设备 A	设备 B	设备 C	生产线（资产组）
账面价值	500 000	500 000	1 000 000	2 000 000
可收回金额				1 000 000
减值损失				1 000 000
减值损失的分配比例	25%	25%	50%	
分配减值损失	200 000	250 000	500 000	
分配后的账面价值	300 000	250 000	500 000	
一次分配后的损失余额				50 000
二次分配比例		33.33%	66.67%	
二次分配减值损失		16 665	33 335	
二次分配后确认的减值损失总额	200 000	266 665	533 335	
二次分配后账面价值	300 000	233 335	466 665	1 000 000

2．减值的会计处理如下。

借：资产减值损失   1 000 000

  贷：固定资产减值准备——A   200 000

        ——B   266 665

        ——C   533 335

（四）直线法、年数总和法与双倍余额递减法

1．直线法。

年折旧额=[80 000-（6 000-1 000）]÷5=15 000（元）

由于我国规定固定资产为本月使用，下月开始计提折旧，因此，第一年（即2022年）的折旧额应为13 750（15 000×11÷12）元。

2．年数总和法。

第一年折旧额=75 000×5÷15=25 000（元）

第二年折旧额=75 000×4÷15=20 000（元）

第三年折旧额=75 000×3÷15=15 000（元）

第四年折旧额=75 000×2÷15=10 000（元）

第五年折旧额=75 000×1÷15=5 000（元）

因为该设备是2022年1月20日购入的，应从下月起计提折旧，所以2022年的折旧额为22 917（25 000×11÷12）元，2023年折旧额为20 417（25 000×1÷12+20 000×11÷12）元，其他年份依此类推。

3．双倍余额递减法，具体计算如表8-2所示。

折旧率=1÷5×2=40%

表8-2   折旧计算表

年份	年初账面余额（元）	折旧率	折旧额（元）	年末账面余额（元）
第1年	80 000	40%	32 000	48 000
第2年	48 000	40%	19 200	28 800
第3年	28 800	40%	11 520	17 280
第4年	17 280		6140	11 140
第5年	11 140		6140	5 000

原因同上，2022年折旧额为29 333（32 000×11÷12）元，2023年折旧额为20 267（32 000×1÷12+19 200×11÷12）元，其他年份依次类推。

（五）折旧方法调整

直线法下年折旧额=[500 000-（60 000-10 000）]÷10=45 000（元）

前5年已计提折旧额=45 000×5=225 000（元）

后5年应计提折旧额=500 000-（60 000-10 000）-225 000=225 000（元）

固定资产折旧方法的改变应当作为会计估计变更。

1．每一年的折旧计算表如表8-3所示。

表8-3   折旧计算表

年度	折旧基础（元）	折旧率	折旧额（元）
1	450 000	10%	45 000
2	450 000	10%	45 000

续表

年度	折旧基础（元）	折旧率	折旧额（元）
3	450 000	10%	45 000
4	450 000	10%	45 000
5	450 000	10%	45 000
6	225 000	5÷15	75 000
7	225 000	4÷15	60 000
8	225 000	3÷15	45 000
9	225 000	2÷15	30 000
10	225 000	1÷15	15 000

2．第 6 年计提折旧分录如下。

借：管理费用 75 000
　贷：累计折旧 75 000

第 7 年计提折旧分录如下。

借：管理费用 60 000
　贷：累计折旧 60 000

（六）减值与会计估计变更

1．会计处理如下。

（1）第 15 年计提折旧。

借：管理费用[（980 000-80 000）÷30] 30 000
　贷：累计折旧 30 000

（2）计提固定资产减值准备。

借：资产减值损失 200 000
　贷：固定资产减值准备 20 0000

（3）第 16 年计提折旧。

借：管理费用{[（980 000-80 000）-30 000×15-200 000]÷5} 50 000
　贷：累计折旧 50 000

2．对变更当年的净利润影响数（属会计估计变更，采用未来适用法）计算如下。

（50 000-30 000）×（1-25%）=15 000（元）

净利润减少 15 000 元。

（七）会计估计变更

平均年限法下，2022—2025 年每年计提折旧额=400 000÷8=50 000（元）

2022—2025 年已提折旧额=50 000×4=200 000（元）

2026—2029 年应提折旧额=400 000-200 000=200 000（元）

固定资产折旧方法的改变应当作为会计估计变更。按双倍余额递减法，则

2026 年应提折旧额=200 000×2÷4=100 000（元）

1．2026 年会计分录如下。

借：管理费用 100 000
　贷：累计折旧 100 000

2．折旧方法变更对当年净利润的影响数计算如下。

（100 000-50 000）×（1-15%）=42 500（元）

净利润减少了 42 500 元。

补充资料　递耗资产

一、递耗资产的定义与性质

递耗资产主要指企业所拥有的自然资源，如矿山、油田、森林，属于不可再生或再生需时长久的经济资源，其经济价值随着资源储量的减少而减少。

递耗资产与固定资产一样具有物质形态，但也具有不同的特点。首先，递耗资产如不被开采，其经济价值不会发生转移。而固定资产使用过程中发生的有形损耗，闲置过程中发生的无形损耗，均会导致固定资产价值的减损。其次，递耗资产经过开采，蕴藏的矿石、石油、木材等成为可供企业直接销售的商品，或作为企业生产商品的原材料使用。而固定资产只是企业生产经营的工具，不构成可供企业销售的商品。因此，递耗资产的当期折耗在开采产品尚未完全销售出去的情况下，必须按比例分别计作当期销售成本及存货成本，而固定资产的当期折旧则作为期间成本处理。最后，递耗资产开采完毕，资源耗竭后，一般不能重置，或重置耗时长久。而固定资产项目在报废后仍可重新购置。鉴于此，企业需单独开设"递耗资产"账户进行有关核算，以区别于固定资产。

二、递耗资产的计价

递耗资产应按成本计价。矿产资源的成本包括三个部分：取得成本、勘探成本、开发成本。取得成本包括买价及其他为获得资产所有权发生的费用，做资本化处理。勘探成本包括为探查有关区域的矿产成分及蕴藏量而发生的费用。企业只能将勘探成功的勘探成本做资本化处理，勘探失败的成本则作为当期费用。开发成本包括开采过程中设置的辅助设施，如供水、供电设备，石油钻井平台，铺设简易公路或铁路等。这些项目一般作为固定资产核算，不计入递耗资产的成本。这些项目若在递耗资产的整个开采期间提供服务，其折旧应按递耗资产折耗的相同比例进行；若在递耗资产折耗完毕前丧失经济价值，则应在较短的期限内计提折旧。开发成本还包括开发过程中发生的与有形设备无关的支出，如在矿井中开出坑道的成本。这类支出的经济效益在递耗资产开采完毕后也随即丧失，应做资本化处理，构成递耗资产成本的一部分。

上述三种成本构成中，勘探成本的开支数额大，结果难以预料，风险较高。对勘探成本的会计处理，实务上有两种方法：一是勘探成功法，将直接导致找到了资源储量的勘探支出资本化，反之则做费用化处理；二是全部费用法，无论勘探的结果成功与否，其支出均做费用化处理。实务上，对两种不同处理方法的运用无明确的限制。但由于勘探成本的自身特点，中小型企业若采用全部费用法，很容易造成财务信息的重大误解，故企业极少采用该方法。

【例8-1】　某石油勘探公司勘探两块海上天然气田，每块气田发生的勘探费用为260 000元。其中只有一块气田勘探成功。

若使用勘探成功法，勘探成功气田的会计分录如下。

借：递耗资产——天然气田　　　　　　　　　　　　　　　　　　260 000
　　勘探费用　　　　　　　　　　　　　　　　　　　　　　　　260 000
　　　贷：银行存款　　　　　　　　　　　　　　　　　　　　　　　　520 000

三、折耗的性质和计算方法

企业拥有的自然资源也属于有形固定资产的一种，它们的成本价值也将随着资源储存量的逐渐消耗而减少。我们把这类递耗资产的取得成本随着资源的逐渐消耗而应予转销的部分称为折耗。

折耗与折旧一样都是将有形固定资产的成本在资产发生效益的期间内进行分摊。但是两者也存在以下几点明显不同。（1）递耗资产的折耗过程，也是其实体逐渐耗竭并转化为企业可供销售的商品的过程。而固定资产折旧则只反映其使用价值的减少，固定资产的实体并不发生变化。（2）折耗只发生于递耗资产被采掘、采伐等工作的进行过程。而折旧的发生则不仅限于资产的使用，它还可以由自然力的作用及技术的进步等多种因素所造成。

折耗的计算方法主要有两种：成本折耗法和百分比折耗法。在财务会计核算中，一般都使用成本折耗法，而百分比折耗法则用于计算计缴税款的折耗。

（一）成本折耗法

成本折耗法的基本算法是将递耗资产的折耗基数（即递耗资产的取得成本减估计净残值）除以该递耗资产估计可开采的数量，算出单位折耗额，再与该月实际开采量相乘即得出月折耗额。用公式表示为：

$$月折耗额 = 该月实际开采量 × 单位折耗额$$

【例8-2】 某企业拥有油田一座，取得成本为600万元，该油田估计储量为200万桶，估计残值为10万元。如果某年的实际采油量为5万桶，则当年应摊销的折耗额计算如下。

每桶折耗额=（6 000 000-100 000）÷2 000 000=2.95（元）

当年折耗额=50 000×2.95=147 500（元）

计提折耗时应做的分录如下。

借：折耗费用　　　　　　　　　　　　　　　　　　　147 500

　　贷：累计折耗　　　　　　　　　　　　　　　　　　147 500

折耗费用是产品的生产成本，它应在已售出和未售出的产品间进行分配，分配于已售产品的折耗费用构成销售成本的一部分，而分配于未售出产品的部分，则构成存货成本的一部分。

如果在【例8-2】中，企业该年在采油过程中发生的生产费用总额为135 000元，采出的5万桶油只售出4万桶，则销售成本和存货成本分别为：

销售成本=40 000×2.95+（40 000÷50 000）×135 000=226 000（元）

存货成本=10 000×2.95+（10 000÷50 000）×135 000=56 500（元）

应做的会计分录如下。

借：销售成本　　　　　　　　　　　　　　　　　　　226 000

　　库存商品　　　　　　　　　　　　　　　　　　　56 500

　　贷：折耗费用　　　　　　　　　　　　　　　　　　147 500

　　　　生产费用　　　　　　　　　　　　　　　　　　135 000

（二）百分比折耗法

在这种方法下，折耗费用按照销售收入的一定百分比计算。由于百分比折耗法的计算实际上和递耗资产的成本没有关系，因而从财务会计的角度看，这种方法是不合理的，它只是某些国家为计算折耗时应缴纳的所得税而采用的方法。

四、递耗资产上的固定资产折旧

前已述及，递耗资产上的固定资产成本，不能计入递耗资产的成本，而应按照一般固定资产进行折旧处理。考虑到固定资产与递耗资产之间的附着性，一般对递耗资产上的固定资产折旧年限按以下方式进行确定。

（1）固定资产的预期寿命小于递耗资产的预期寿命，应根据固定资产折旧年限计提折旧。

（2）固定资产的预期寿命大于递耗资产的预期寿命，应根据以下两种情况分别处理。

① 如果递耗资产开采完毕，该项固定资产不可拆卸，则应按照递耗资产的预期寿命计提折旧；

② 如果递耗资产开采完毕，该项资产可以移至别处另行使用，则应根据固定资产预期使用寿命计提折旧。

需要说明的是，本节只是对递耗资产及其折耗做一个原则性的介绍。《企业会计准则第 27号——石油天然气开采》是一项专门针对石油和天然气等特殊行业的准则。有兴趣的读者要了解更细致的内容，请参见此类专业会计书籍。

补充资料思考题

1. 递耗资产的性质和特点是什么，初始取得应如何做会计处理？
2. 简述企业折耗的计提以及递耗资产上附着固定资产的折旧处理方法。

补充资料练习题

折旧与折耗

资料：某煤炭公司购入一块包含煤矿的土地，成本为 725 000 元，估计净残值为 60 000 元，该地总蕴藏量为 7 000 000 吨煤。该煤矿在开采初期就建有房屋一座，原值为 65 000 元，净残值为 4 700元，估计使用年限为 20 年，而煤矿估计耗竭年限为 15 年，在当年，该公司已开采 400 000 吨。

要求：计算该公司当年应计提的折旧和折耗数额，并编制相应的会计分录。

补充资料结构

```
                          ┌─────────────────────┐
                          │  递耗资产的定义与性质  │
                          ├─────────────────────┤
                          │   递耗资产的计价       │
┌──────────┐             ├─────────────────────┤
│  递耗资产  │────────────▶│  折耗的性质和计算方法  │
└──────────┘             ├─────────────────────┤
                          │ 递耗资产上的固定资产折旧 │
                          └─────────────────────┘
```

补充资料要点

1. 递耗资产取得的会计处理

递耗资产主要指企业所拥有的自然资源，如矿山、油田、森林，属于不可再生或再生需时长久的经济资源，其经济价值随着资源储量的减少而减少。递耗资产应按成本计价。矿产资源的成本包括三个部分：取得成本、勘探成本、开发成本。取得成本包括买价及其他为获得资产所有权发生的费用，做资本化处理。勘探成本包括为探查有关区域的矿产成分及蕴藏量而发生的费用。企业只能将勘探成功的勘探成本做资本化处理，勘探失败的成本则作为当期费用。开发成本包括开采过程中设置的辅助设施，如供水、供电设备，石油钻井平台，铺设简易公路或铁路等。这些项目一般作为固定资产核算，不计入递耗资产的成本。开发成本还包括开发过程中发生的与有形设备无关的支出。这类支出应做资本化处理，构成递耗资产成本的一部分。

2. 递耗资产的折耗

递耗资产的取得成本随着资源的逐渐消耗而应予转销的部分称为折耗。折耗只发生于递耗资产被采掘、采伐等工作的进行过程。而折旧的发生则不仅限于资产的使用，它还可以由自然力的作用及技术的进步等多种因素所造成。折耗的计算方法主要有两种：成本折耗法和百分比折耗法。成本折耗法的基本算法是将递耗资产的折耗基数（即递耗资产的取得成本减估计净残值）除以该递耗资产估计可开采的数量，算出单位分摊额，再以各期实际开采数量相乘即得出各期的应计折耗费用。百分比折耗法中的折耗费用按照销售收入的一定百分比计算。由于百分比折耗法的计算实际上和递耗资产的成本没有关系，因而，从财务会计的角度看，这种方法是不合理的，它只是某些国家为计算折耗时应缴纳的所得税而采用的方法。

补充资料练习题答案

折旧与折耗

1. 计提当年的折耗。

借：制造费用［（725 000−60 000）÷7 000 000×400 000］ 38 000

　　贷：累计折耗 38 000

2. 计提当年的折旧。

借：制造费用［（65 000−4 700）÷15］ 4 020

　　贷：累计折旧 4 020

第九章

无形资产

本章结构

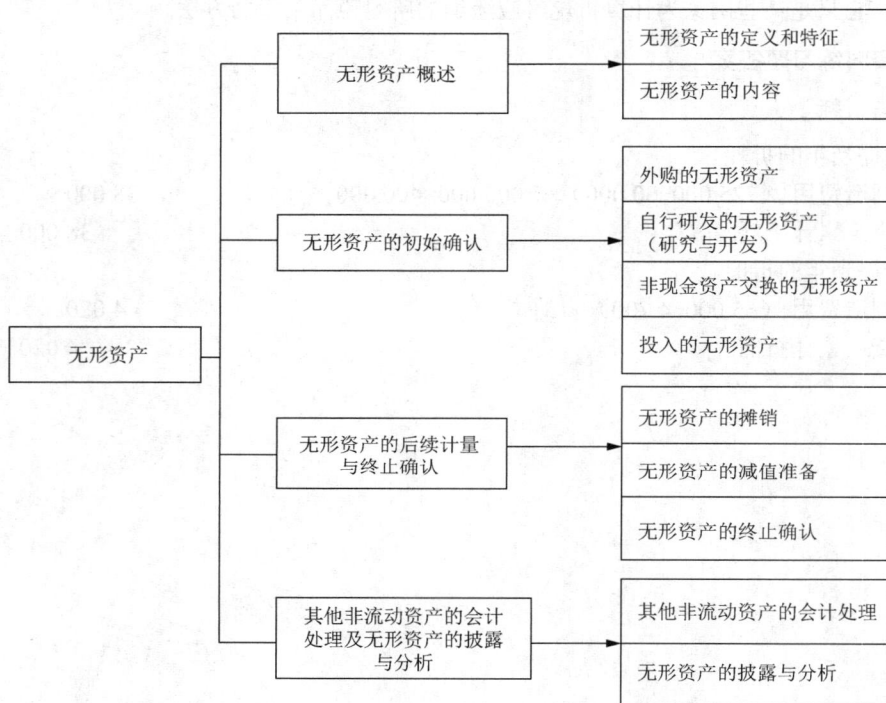

本章概念（关键词）

无形资产	专利权	非专利技术	商标权	著作权
土地使用权	特许权	商誉	研发成本	开发成本
长期待摊费用				

本章小结

1. 无形资产的特征和内容

无形资产是指企业拥有或者控制的没有实物形态的可辨认非货币性长期资产，是企业资产的重要组成部分。无形资产具备的特征为：（1）没有具体实物形态；（2）可以在较长时期内为企业带来经济利益；（3）所带来的经济利益具有较大的不确定性；（4）企业取得、自创和持有无形资产的目的是使用、受益而非转卖。无形资产包括专利权、非专利技术、商标权、著作权、土地使用权、特许权和商誉等。

2. 无形资产的初始确认

无形资产准则规定，只有在同时满足以下条件时才能予以确认。

（1）与该无形资产有关的经济利益很可能流入企业；

（2）该无形资产的成本能够可靠地计量。

同时指出，企业自创商誉以及内部形成的品牌、报刊名称等，不应确认为无形资产。

3. 研究支出与开发支出

研究阶段的特点是其计划性和探索性。计划性指为获取并理解新的科学或技术知识而进行的独创性的有计划调查；探索性旨在为进一步开发活动进行资料与其他相关的准备，如对相关知识、研究成果的学习、应用、评价，对材料、设备、产品、工序等项目的改良研究，对替代品的设计、配制、评估、筛选等。研究活动是否可以继续进行到开发阶段，开发后能否形成无形资产等，均具有相当大的不确定性。研究支出在发生的当期即应予以费用化。

开发阶段的特点是其针对性和形成成果的较大可能性。针对性是指在进行商业性生产或使用前，将研究成果或其他知识应用于某项计划或设计，以生产出新的或具有实质性改进的材料、装置、产品等，如不具备商业性生产规模的试生产设施的设计、建造和运营，生产前模型的设计、建造和测试等；较大可能性是开发阶段已经完成了研究阶段的工作，在很大程度上已经具备形成一项新产品或新技术的基本条件。在同时满足规定的五项条件的前提下，开发阶段的开支可予以资本化，确认为无形资产。

4. 无形资产的后续计量

无形资产准则规定，企业应当于取得无形资产时分析判断其使用寿命。使用寿命有限的无形资产，其应摊销金额（即成本扣除预计残值后的余额）应在其使用寿命内摊销完毕。确实无法确定经济有效年限的，应将其作为使用寿命不确定的无形资产，根据本准则的规定，不予摊销，但应当在每个会计期间进行减值测试。同时，企业应当在资产负债表日对无形资产是否存在可能发生减值的迹象进行判断，企业对于存在减值迹象的无形资产，应当进行减值测试，并估计可收回金额。当可收回金额低于账面价值时，应按其差额计提无形资产减值准备，计入当期损益。

5. 无形资产的终止确认

无形资产的处置，是指无形资产不再为企业带来未来经济利益，需要进行终止确认，包括无形资产的报废、出售等。无形资产出售和报废都表明出售或报废的无形资产不再为企业带来未来经济利益，需要进行终止确认。这时需要转销无形资产原账面价值，以及计提的累计摊销和减值准备。

本章相关的法规、制度及主要阅读文献

1.《中华人民共和国宪法》（2018）

2.《中华人民共和国专利法》（2020）

3.《中华人民共和国著作权法》（2020）

4.《中华人民共和国商标法》（2019）

5.《计算机软件保护条例》（2013）

6.《企业会计准则——基本准则》（2006，2014）

7.《企业会计准则第 6 号——无形资产》（2006）

8.《企业会计准则第 8 号——资产减值》（2006）

9.《企业会计准则讲解 2010》

10.《企业会计准则解释》第 1 号～第 14 号

教材练习题解答

（一）无形资产

1．会计处理如下。

借：无形资产——专利权   79 200

    贷：银行存款   79 200

借：无形资产——专有技术   160 000

    贷：实收资本   160 000

借：无形资产——土地使用权   1 000 000

    贷：银行存款   1 000 000

借：无形资产——商标权   25 000

    贷：营业外收入   25 000

2．摊销会计分录如下。

借：管理费用   77 733

    贷：累计摊销——专利权   9 900

           ——专有技术   32 000

           ——土地使用权   33 333

           ——商标权   2 500

（二）计算机软件

1．2022 年，登记该计算机软件研发支出。

借：研发支出——费用化支出   15 000 000

           ——资本化支出   15 000 000

    贷：银行存款   30 000 000

借：无形资产——计算机软件   15 000 000

    管理费用   15 000 000

    贷：研发支出——费用化支出   15 000 000

              ——资本化支出   15 000 000

2．2023 年，登记当年的摊销额。

直接比率法下摊销额=15 000 000÷6=2 500 000（元）

借：管理费用   2 500 000

    贷：累计摊销——计算机软件   2 500 000

3．2022 年，如果该软件内部使用，登记该计算机软件研发支出。

借：管理费用   30 000 000

    贷：银行存款   30 000 000

（三）租入固定资产改良

摊销额=145 600÷6=24 266.67（元）

折旧费=（70 000+120 000×6+145 600）÷6=155 933（元）

（四）专利权

1. 2019 年，发生研究与开发支出。

借：研发支出——费用化支出 560 000

——资本化支出 300 000

贷：银行存款 860 000

借：管理费用 560 000

贷：研发支出——费用化支出 560 000

2. 2020 年 3 月 1 日注册专利。

借：研发支出——注册费 3 000

贷：银行存款 3 000

借：无形资产——专利权 303 000

贷：研发支出——资本化支出 300 000

——注册费 3 000

3. 2020 年摊销无形资产。

借：管理费用（303 000÷15×10÷12） 16 833

贷：累计摊销——专利权 16 833

4. 2021 年 6 月专利权诉讼胜诉。

借：无形资产——专利权 5 870

贷：银行存款 5 870

5. 2021 年摊销无形资产。

借：管理费用[303 000÷15+5 870÷（15×12-16）×6] 20 415

贷：累计摊销——专利权 20 415

6. 2022 年摊销无形资产。

借：管理费用[303 000÷15+5870÷（15×12-16）×12] 20 630

贷：累计摊销——专利权 20 630

7. 2022 年 12 月将尚未摊销的无形资产费用化。

借：管理费用[（303 000+5 870）-（16 833+20 415+20 630）] 250 992

贷：累计摊销——专利权 250 992

借：累计摊销——专利权 308 870

贷：无形资产——专利权 308 870

第十章

流动负债与或有事项

本章结构

```
                                          ┌─────────────────────┐
                        ┌─────────────────┤ 负债的定义           │
              ┌─────────┤ 流动负债的定义和分类 ├─ 流动负债的定义       │
              │         └─────────────────┤ 流动负债的分类       │
              │                           └─────────────────────┘
              │                           ┌─────────────────────────┐
              │                           │ 有明确金额的流动负债的会计处理 │
  流动负债    ├─────────┤ 流动负债的确认和计量 ├─ 金额取决于企业经营结果的流动负债 │
  与或有事     │                           │ 需要估计金额的流动负债      │
  项          │                           └─────────────────────────┘
              │                           ┌─────────────────────┐
              ├─────────┤ 或有事项          ├─ 或有事项的定义与特征   │
              │                           │ 预计负债的确认和计量    │
              │                           └─────────────────────┘
              │                           ┌─────────────────────┐
              └─────────┤ 披露与分析        ├─ 流动负债的披露与分析   │
                                          │ 或有事项的披露与分析    │
                                          └─────────────────────┘
```

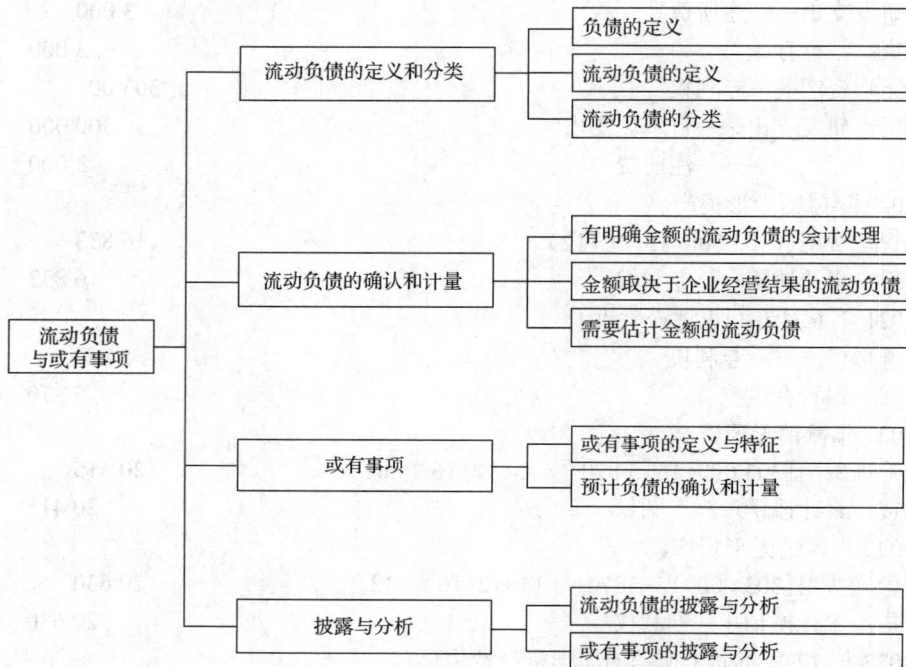

本章概念（关键词）

负债　　　　　　流动负债　　　　应付票据　　　　带息票据　　　　票据贴现
职工薪酬　　　　应交税金　　　　应交增值税　　　或有事项　　　　或有负债
预计负债　　　　或有资产　　　　流动比率　　　　速动比率　　　　设定受益计划
1 年内或一个营业周期内到期的非流动负债

本章小结

1. 负债的定义与特征

负债是指过去的交易或者事项形成的，预期会导致经济利益流出企业的现时义务。负债有以下基本特征：（1）负债是已经存在的现时义务；（2）债务需要在未来通过转移资产或提供劳务加以清偿，因而导致企业未来经济利益的流出；（3）导致此项义务的交易或其他事项已经发生；（4）负债一般有确切的偿付金额、受款人和偿付日期，或者偿付金额、受款人和偿付日期可以通过合理估计加以确定。

2. 流动负债的性质和分类

流动负债指在 1 年（含 1 年）或长于 1 年的一个营业周期内必须偿还的债务。流动负债常见的类型有短期借款、应付账款、应付票据、应付现金和财产股利、与费用项目相关的预计负债、预收账款、各种应交税费、应付职工薪酬、1 年内或一个营业周期内到期的非流动负债等。根据应偿付金额确定与否，流动负债可以划分为：（1）有明确金额的流动负债；（2）金额取决于企业经营结果的流动负债；（3）需要估计金额的流动负债；（4）或有负债。

3. 金额确定的流动负债的会计处理

金额确定的流动负债又称法定负债，其产生与契约性的交换业务有关，存在书面或口头协议，在特定的日期要向特定的实体提供现金、商品或劳务。负债项目及其金额相当明确。这类负债包括应付账款、短期应付票据、长期负债本期到期部分、预收收入、应计负债（如假期工资、产品筹资计划）等。

4. 金额需要估计的流动负债的会计处理

金额视企业经营结果而定的流动负债有各种应交税费（如增值税、消费税、所得税、教育费附加等）、应付利润或应付股利等。这些应交的税费和应付利润，要按权责发生制的原则预提记入有关科目。在尚未缴纳之前，这些应交税费或利润暂时停留在企业，形成企业的一项负债。

5. 或有事项的会计处理

或有事项是指由过去的交易或事项形成的，其结果需通过未来不确定事项的发生或不发生才能决定的不确定事项。或有事项会形成或有负债或或有资产。按稳健性原则，因或有事项而使企业承担责任（或有负债）的可能性很高时，需要在预计负债这一科目中加以确认；而发生的可能性不高时，只需在报表附注中进行披露。对于或有资产，除非发生的可能性极大，一般不进行确认或披露。

6. 或有事项的披露与分析

企业应以"预计负债"单独披露因或有事项而确认的负债，与此相关的费用或损失，应与其他相关费用在利润表上一并反映，同时也要在会计报表附注中加以说明，主要解释各项预计负债的种类、产生的原因、期初与期末余额及本期变动情况、预期补偿金额的情况。对不进行确认只需进行披露的或有负债，披露的内容包括：（1）或有负债形成的原因；（2）经济利益流出不确定性的说明；（3）或有负债产生的财务影响和获得补偿的可能性，无法预计的，则要说明原因。或有资产一般情况下不予披露，只有在很有可能为企业带来经济利益时，才在会计报表附注中予以披露，披露内容包括其形成的原因，预期对企业产生的财务影响。企业必须尽可能避免对信息使用者造成误导，使他们以为披露的或有资产肯定会实现。

报表使用者在分析或有事项时，需要特别关注企业对预计负债的确认和或有负债的披露：第一，关注企业年报正文的"重要事项"中的"重要诉讼，仲裁事项"，有无可能败诉的诉讼及其给上市公司带来的影响；第二，注意"重大关联方交易事项"是否为关联方提供巨额贷款担保和担保期限；第三，看"其他重大合同"有无放入此项的重要或有负债；第四，看资产负债表及其附注中或有事项披露，看有无"预计负债"科目余额，着重对或有负债金额和影响进行分析，可适当关注或有资产的披露；第五，对或有事项，财务报告使用者除了关注当期财务报告的有关披露。还应当关注财务报告日后上市公司是否就该事项发布了相关临时报告。

本章相关的法规、制度及主要阅读文献

1.《企业会计准则第 9 号——职工薪酬》（2014）

2.《企业会计准则第 13 号——或有事项》（2006）

3.《企业会计准则讲解 2010》

4.《企业会计准则解释》第 1 号～第 14 号

5.财政部 税务总局 海关总署《关于深化增值税改革有关政策的公告》（财政部、税务总局、海关总署公告 2019 年第 39 号）

6.《中华人民共和国增值税暂行条例》（2017）

7.《增值税会计处理规定》（2016）

8.《中华人民共和国企业所得税法》（2017）

9.《中华人民共和国消费税暂行条例》（2008）

10.《中华人民共和国消费税暂行条例实施细则》（2008）

11.《关于全面推进资源税改革的通知》（2016）

12.《中华人民共和国资源税暂行条例》（2016）

13.《中华人民共和国资源税暂行条例实施细则》（2016）

14.《中华人民共和国城市维护建设税暂行条例》（2011）

15.《中华人民共和国城镇土地使用税暂行条例》（2006）

16.《中华人民共和国车船使用税暂行条例》（2006）

17.《中华人民共和国印花税暂行条例》（2011）

18.《中华人民共和国土地增值税暂行条例》（2016）

教材练习题解答

（一）应付票据

实际贷得款项=900 000×$PVF_{(14\%,1)}$=789 474（元）

f_x	=PV(14%,1,,900000)	
	C	D
	¥-789,473.68	

该年度确认的利息费用=（900 000-789 474）×1÷2=55 263（元）

该年度资产负债表上的应付票据现值=789 474+55 263=844 737（元）

（二）流动负债

1.2 月 3 日。

借：库存商品   62 370

  应交税费——应交增值税（进项税额）   8 190

  贷：应付账款   70 560

2.2 月 25 日。（折扣期后付款）

借：应付账款   70 560

  财务费用   630

  贷：银行存款   71 190

3.5 月 5 日。

借：固定资产   600 000

  应交税费——应交增值税（进项税额）   78 000

贷：银行存款		100 000
应付票据		578 000

4．9 月 5 日。

借：应付票据		578 000
财务费用		5 780
贷：银行存款		583 780

5．11 月 10 日。

借：利润分配——应付股利		300 000
贷：应付股利		300 000

6．12 月 20 日。

借：应付股利		300 000
贷：银行存款		300 000

（三）预收收益

1．
借：银行存款		8 100 000
贷：预收款项（或合同负债）		8 100 000

2．
借：预付款项（或合同负债）		1 000 000
贷：银行存款		1 000 000

3．每场演出后。

借：预收账款		2 700 000
贷：主营业务收入		2 700 000

（四）预计负债

1．
借：银行存款		1 200 738
贷：主营业务收入		1 062 600
应交税费——应交增值税（销项税额）		138 138

2．
借：销售费用（126×840×7%）		7 408.8
贷：预计负债		7 408.8

3．
借：预计负债		1 400
贷：银行存款		1 400

（五）预计负债

不考虑增值税

1．
借：银行存款		220 434.75
贷：主营业务收入		195 075
应交税费——应交增值税（销项税额）		25 359.75

2．
借：销售费用[675÷3×35%×（120-50）=78（网球鞋取整数）×70]		5 460
贷：预计负债		5 460

3．
借：库存商品		9 600
贷：银行存款		9 600

4．
借：预计负债［（60÷3）×（120-50）］		1 400
现金（60÷3×50）		1 000
贷：库存商品		2 400

考虑增值税

1. 借：银行存款   220 434.75
  贷：主营业务收入   195 075
    应交税费——应交增值税（销项税额） 25 359.75

2. 借：销售费用[675÷3×35%×（113-50）=78（网球鞋取整数）×63] 4 914
  贷：预计负债   4 914

3. 借：库存商品（100×80）   8 000
  应交税费——应交增值税（进项税额）（13%×8000） 1 040
  贷：银行存款   9 040

4. 借：预计负债[（60÷3）×（135.6-50）] 1 712
  现金（60÷3×50）   1 000
  贷：库存商品   2 400
    应交税费——应交增值税（销项税额） 312

（六）增值税

实现销售收入=90 400÷（1+13%）=80 000（元）

应交增值税=90 400-80 000=10 400（元）

借：银行存款   90 400
  贷：应交税费——应交增值税（销项税额） 10 400
    主营业务收入   80 000

（七）应付票据

1. 2020年度的资产负债表应该揭示相关事项。

2. 借：应收票据贴现   32 000
  贷：应收票据   32 000

3. 借：应收账款   32 000
  贷：银行存款   32 000

（八）或有事项

不应揭示。因为火灾发生的可能性极小，且或有负债的金额不能合理估计。

（九）或有资产

应该揭示。因为该项或有资产发生的可能性极高。

（十）或有事项

1. 编制的会计分录如下。

（1）甲公司逾期债务预计需支付的罚息和诉讼费用。

借：管理费用   150 000
  营业外支出   1 500 000
  贷：预计负债   1 650 000

（2）甲公司应计提的保修费用及实际发生的保修费用。

① 销售A产品应计提及发生的保修费用的会计分录。

借：销售费用（100 000 000×1%）   1 000 000
  贷：预计负债   1 000 000

借：预计负债   500 000

贷：应付职工薪酬	300 000
原材料	200 000

② 销售 B 产品应计提及发生的保修费用的会计分录。

借：销售费用（5 000 000×50×1.8%）	4 500 000
贷：预计负债	4 500 000
借：预计负债	2 500 000
贷：应付职工薪酬	1 000 000
原材料	1 500 000

③ 销售 C 产品应计提及发生的保修费用的会计分录。

借：销售费用[8 000 000×（2%+3%）÷2]	200 000
贷：预计负债	200 000

2．产品保修费用年末余额计算如下。

（60+150）+10 000×1%+500×50×1.8%+800×（2%+3%）÷2−（50+250）=480（万元）

3．除上述事项（2）外，其他或有事项均应在会计报表附注中披露。

（十一）增值税

1．登记会计分录如下。

（1）采购原材料。

借：原材料——A	3 000 000
应交税费——应交增值税（进项税额）	390 000
贷：银行存款	3 390 000

（2）进项税额=1 000 000×9%=90 000（元）

农产品成本=1 000 000−90 000=910 000（元）

借：原材料——B	910 000
应交税费——应交增值税（进项税额）	90 000
贷：银行存款	1 000 000

（3）对外投资转出原材料计算的增值税销项税额。

2 200 000×13%=286 000（元）

借：长期股权投资	2 286 000
贷：原材料——C	2 000 000
应交税费——应交增值税（销项税额）	286 000

（4）购入设备。

借：固定资产——机器设备	900 000
应交税费——应交增值税（进项税额）	117 000
贷：银行存款	1 017 000

（5）工程领用材料成本=3 000 000÷2=1 500 000（元）

借：在建工程	1 500 000
贷：原材料——A	1 500 000

（6）销项税额=7 500 000×13%=975 000（元）

借：应收账款	8 475 000
贷：主营业务收入	7 500 000
应交税费——应交增值税（销项税额）	975 000

（7）缴纳增值税。

借：应交税费——应交增值税（已交税金）   800 000

    贷：银行存款   800 000

（8）转出未缴增值税。

借：应交税费——未交增值税   136 000

    贷：应交税费——应交增值税（转出多交增值税）   136 000

2．填列的"应交增值税"明细表如表 10-1 所示。

表 10-1   "应交增值税"明细表   单位：元

项目	行次	本月数	本年累计
一、应交增值税			
（1）年初未抵扣数（用"–"号反映）	1		
（2）销项税额	2	1 261 000	
出口退税	3		
进项税额转出	4		
转出多交增值税	5	136 000	
	6		
（3）进项税额	7	597 000	略
已交税金	8	800 000	
减免税款	9		
出口抵减内销产品应纳税额	10		
转出未交增值税	11		
（4）期末未抵扣数（用"–"号填列）	12		
	13		
	14		
二、未交增值税		−136 000	
（1）期初未交数（多交数以"–"号填列）	15		
（2）本期转入数（多交数以"–"号填列）	16	−136 000	
（3）本期已交数	17		
（4）期末未交数（多交数以"–"号填列）	18	−136 000	

（十二）增值税

1．相关会计分录如下。

（1）购买原材料。

借：原材料   600 000

    应交税费——应交增值税（进项税额）   78 000

    贷：应付票据   678 000

（2）用原材料对外投资。

借：长期股权投资   463 300

    贷：原材料   410 000

       应交税费——应交增值税（销项税额）   53 300

（3）销售产品。

借：应收账款   226 000

    贷：主营业务收入   200 000

       应交税费——应交增值税（销项税额）   26 000

确认成本。

借：主营业务成本 160 000
　　贷：库存商品 160 000

（4）在建工程领用原材料。

借：在建工程 300 000
　　贷：原材料 300 000

（5）月末盘亏原材料。

借：待处理财产损溢 113 000
　　贷：原材料 100 000
　　　　应交税费——应交增值税（进项税额转出） 13 000

（6）缴纳上月未交增值税。

借：应交税费——未交增值税 25 000
　　贷：银行存款 25 000

（7）将本月应交未交增值税转入未交增值税。

借：应交税费——应交增值税（转出未交增值税） 14 300
　　贷：应交税费——未交增值税 14 300

2．甲公司5月发生的销项税额=53 300+26 000=79 300（元）

应交增值税税额=79 300+13 000-78 000=14 300（元）

未交增值税税额=14 300+（40 000-25 000）=29 300（元）

3．填列的"应交增值税"明细表如表10-2所示。

表10-2　　　　　　　　　　　　　　"应交增值税"明细表　　　　　　　　　　　　　单位：元

项目	行次	本月数	本年累计
一、应交增值税			
（1）年初未抵扣数（用"-"号反映）	1		
（2）销项税额	2	79 300	
出口退税	3		
进项税额转出	4	13 000	
转出多交增值税	5		
	6		
（3）进项税额	7	78 000	
已交税金	8		
减免税款	9		
出口抵减内销产品应纳税额	10		略
转出未交增值税	11	14 300	
（4）期末未抵扣数（用"-"号填列）	12		
	13		
	14		
二、未交增值税		29 300	
（1）期初未交数（多交数以"-"号填列）	15	40 000	
（2）本期转入数（多交数以"-"号填列）	16	14 300	
（3）本期已交数	17	25 000	
（4）期末未交数（多交数以"-"号填列）	18	29 300	

📝 补充资料　离职后福利——设定受益计划会计

在设定受益计划（以下或简称"计划"）下，企业的义务就是为现在及以前的职工提供约定的福利，这种义务不仅与提存的金额有关，且要求企业在资产不足时提供进一步的提存金；或者通过计划直接或间接对提存金的特定回报做出担保，从而保证员工最终的福利达到约定的水平。在这种计划下，计划的精算风险和投资风险实质上是由企业承担的。

需要说明的是，离职后福利会计或养老金会计分为雇主会计和基金会计，两者各自独立核算。企业（雇主）所需要核算的是养老金支付义务、义务的现值与计划资产公允价值间的净额、养老金带来的费用（如服务成本和利息费用等）、计划变动重新计量带来的损益（或其他综合收益）等；基金方则负责养老金资产的投资和管理。

因此，从企业的角度而言，设定受益计划的会计处理的基本核心包括：确定设定受益计划义务的现值、确定设定受益计划净负债或净资产、确定计入当期损益的金额、确定计入其他综合收益的金额以及设定受益计划会计登记与披露。

下面逐一讨论这些处理要点并厘清一些基本概念。

第一，确定设定受益计划义务的现值。

设定受益计划义务的现值，是指在不扣除任何计划资产的情况下，为获得当期和以前期间职工服务产生的最终支付，所需支付的预期未来金额的现值。其中，设定受益计划义务的现值是按预期累计福利单位法为基础确定的，这里预期累计福利单位法是职工整个服务期间（包括已经提供的服务期间和合同约定的剩余服务期间）按预期的支付水平形成的累积支付义务。设定受益计划义务折现率是根据资产负债表日与设定受益义务期限和币种相匹配的国债或活跃市场高质量公司债券的市场收益率来确定的。

第二，确定设定受益计划净负债或净资产。

设定受益计划义务的现值确定后，再与计划资产的公允价值进行比较，两者之间的差额为一项设定受益计划净负债或净资产（列示于资产负债表中）。要注意的是，如果计划资产的公允价值减设定受益计划义务的现值出现盈余，企业应以该盈余与资产上限进行比较，设定受益计划净资产取两者之中的低者。这里的资产上限是指企业可从受益计划退款或减少未来向独立主体缴存资金而获得的经济利益的现值。

第三，确定计入当期损益的金额。

在利润表中，企业需要确认计划产生的职工薪酬成本、计划净负债或净资产的利息净额。其中服务成本包括当期服务成本、过去服务成本和结算利得或损失；计划净负债或净资产的利息净额包括计划资产的利息收益、计划义务的利息费用和资产上限影响的利息。

当期服务成本，是指因职工当期提供服务所导致的设定受益计划义务现值的增加额。当不再设立新的或修订以前的设定受益计划时，当期服务成本是整个设定受益计划义务的服务成本总额。但由于设定受益计划会因为各种原因新设、取消或者调整更改，会对以前确认的服务成本进行调整，这样就产生了过去服务成本。

过去服务成本，是指设定受益计划修改导致的与前期职工服务期间相关的设定受益计划义务现值的增加或减少，从而形成正的或负的成本。但对于计划义务的精算利得或损失、计划资产回报导致的福利估计变化，不属于过去服务成本。对于计划义务的精算利得或损失、计划资产回报导致的福利估计变化的调整属于其他综合收益的调整范畴，不在当期损益调整之列。

结算利得和损失，是设定受益计划在结算日结算所产生的计划义务的现值与结算价格（包括结算交易费用）之间的差额。设定受益计划结算，是指企业为了消除计划所产生的部分或所有未来义务进行的交易，交易完成后，企业终止向职工的支付义务。

计划净负债或净资产的利息净额，是指设定受益净负债或净资产在职工提供服务期间由于时间变化而产生的变动，包括计划资产的利息收益、计划义务的利息费用和资产上限影响的利息。

第四，确定计入其他综合收益的金额。

为了减少计划负债和计划资产公允价值变动计入当期损益造成企业的收益波动，重新计量计划所产生的变动计入其他综合收益，并且在后续期间不允许转回至损益。这部分计量包括精算利得或损失、计划资产回报和资产上限影响的变动。

精算利得或损失，是指由于精算假设和经验调整导致之前计量的计划义务现值的增加或减少。这种变动不包括前面提到的因设立、修改或结算导致的计划义务现值的变动，这些变动调整登记为前期服务成本和结算损益，直接计入当期损益。导致精算调整的因素很多，包括职工离职率、提前退休率、死亡率、薪酬变动、福利增长、折现率等。一般而言，对计划的精算，由专业的精算师协助完成。

计划资产回报，是指计划资产产生的利息、股利和其他收入，以及计划资产已实现和未实现的利得或损失。计划资产回报也可用下面的等式表述。

计划资产回报=（期末计划资产-期初计划资产）-（本期缴存额-本期支付额）

简单地讲，计划资产的回报越高，计划资产期末的公允价值就越高，需要缴纳的款项就越少，养老金费用就减少。因此，计划资产的回报就是企业的一项收益，但按现行规定，这项收益不计入当期损益，而是计入其他综合收益，以避免计划资产变化大造成企业收益的波动。需要说明的是，计划资产回报并不是全部计入其他综合收益，回报中的利息部分（即计划净负债或净资产的利息净额）如前所述是直接计入当期损益的。

与计划资产回报类似，运用资产上限列示的净资产，资产上限影响的变动也分为两个部分：计划净资产与净负债利息净额，计入当期损益；其他资产上限影响的变动，计入其他综合收益。

第五，设定受益计划会计登记与披露。

年末，企业需要在相应的账簿中登记全年的养老金计划费用、计划提存、计划福利支付和计划净负债或净资产的增减变动。并在资产负债表和利润表中进行列示。

同时，在报表附注中披露与设定受益计划相关的如下信息：计划的特征和与之相关的风险；计划在财务报表中确认的金额及其变动；计划对企业未来现金流量金额、时间和不确定性的影响；计划义务现值所依赖的重大精算假设和有关敏感性分析的结果。

下面通过一个综合实例讲解设定受益计划会计处理的全过程。

【综合案例】假设珠江公司在2020年年初，设定受益计划资产的公允价值为1 200 000元，设定受益计划义务的现值为1 200 000元，年折现率为10%。为简化起见，所有的交易都假定在期末发生，且其他相关信息如表10-3所示。

表 10-3　　　　　　　　　　　珠江公司设定受益计划相关信息　　　　　　　　　单位：元

年份	2020 年	2021 年	2022 年
当期服务成本	140 000	150 000	160 000
本期支付福利	130 000	140 000	150 000
本期提缴	110 000	120 000	120 000
计划义务现值（年末）	1 400 000	1 750 000	1 800 000
计划资产公允价值（年末）	1 350 000	1 650 000	1 810 000

附加信息：

（1）在2021年年末，珠江公司对外出售一分部，随着这一分部的出售，这个分部的大部分职工选择将他们累计应得的退休金转入新雇主（新公司）的计划中，转出资产的公允价值共计48 000元，同时受益计划义务减少50 000元。表10-3未反映这笔业务。

（2）在2022年年末，珠江公司决定一次性增加职工退休福利，适用于所有年末前在本公司工作的职工，由此计划的改变导致设定受益计划义务增加40 000元。表10-3未反映此笔义务。

按上面设定受益计划会计处理确定的步骤，分别讲述如下。

步骤一，确定设定受益计划义务的现值（见表10-4）。

表10-4　　　　　　　　　　珠江公司设定受益计划义务现值计算表*　　　　　　　　　单位：元

年份	2020 年	2021 年	2022 年
计划义务现值（年初）	1 200 000	1 400 000	1 700 000
计划义务的利息费用（10%）	120 000	140 000	170 000
当期服务成本	140 000	150 000	160 000
过去服务成本			40 000
福利支付	（130 000）	（140 000）	（150 000）
计划结算		（50 000）	
义务精算损失（利得）	70 000	200 000	（120 000）
义务现值（年末）	1 400 000	1 700 000	1 800 000

*计划义务和资产现值由精算师给出，通过此表主要计算精算利得和损失。

步骤二，确定设定受益计划净负债或净资产（见表10-5）。

表10-5　　　　　　　　　　珠江公司设定受益计划净负债或净资产计算表　　　　　　　　单位：元

年份	2020 年	2021 年	2022 年
计划资产公允价值（年初）	1 200 000	1 350 000	1 602 000
资产的利息收入（10%）	120 000	135 000	160 200
本期提缴	110 000	120 000	120 000
福利支付	（130 000）	（140 000）	（150 000）
计划结算		（48 000）	
资产精算利得（损失）	50 000	185 000	78 000
计划资产公允价值（年末）	1 350 000	1 602 000	1 810 200
计划义务现值（年末）	1 400 000	1 700 000	1 800 000
净负债（或净资产）	50 000	98 000	（10 200）

步骤三，确定计入当期损益的金额（见表10-6）。

表10-6　　　　　　　　　　珠江公司设定受益计划计入当期损益金额计算表　　　　　　　　单位：元

年份	2020 年	2021 年	2022 年
当期服务成本	140 000	150 000	160 000
过去服务成本			40 000
计划义务（资产）净利息费用		5 000	9 800
计划结算损失（利得）		（2 000）	
计入当期损益的金额	140 000	153 000	209 800

步骤四，确定计入其他综合收益的金额（见表10-7）。

表 10-7　　　　　　　　　珠江公司设定受益计划计入其他综合收益金额计算表　　　　　　　　单位：元

年份	2020 年	2021 年	2022 年
重新计量计划义务的损失（利得）	70 000	200 000	（120 000）
重新计量计划资产的损失（利得）	（50 000）	（185 000）	（78 000）
净损失（利得）	20 000	15 000	（198 000）

步骤五，设定受益计划会计登记与披露。

1. 2020年年末

（1）登记计划义务的利息。

借：养老金费用——利息费用* 　　　　　　　　　　　　　120 000
　　贷：长期应付职工薪酬 　　　　　　　　　　　　　　　　120 000

*该科目按养老金受益部门分别计入生产成本、管理费用、在建工程等。

（2）登记当期服务成本。

借：养老金费用——当期服务成本 　　　　　　　　　　　140 000
　　贷：长期应付职工薪酬 　　　　　　　　　　　　　　　　140 000

（3）登记福利义务支付。

借：长期应付职工薪酬 　　　　　　　　　　　　　　　　130 000
　　贷：计划资产 　　　　　　　　　　　　　　　　　　　　130 000

（4）登记本期企业提缴。

借：计划资产 　　　　　　　　　　　　　　　　　　　　110 000
　　贷：银行存款 　　　　　　　　　　　　　　　　　　　　110 000

（5）登记计划资产利息收入。

借：计划资产 　　　　　　　　　　　　　　　　　　　　120 000
　　贷：养老金费用——利息收入 　　　　　　　　　　　　　120 000

（6）登记计划义务的精算损失。

借：其他综合收益 　　　　　　　　　　　　　　　　　　70 000
　　贷：长期应付职工薪酬 　　　　　　　　　　　　　　　　70 000

（7）计划资产精算利得。

借：计划资产 　　　　　　　　　　　　　　　　　　　　50 000
　　贷：其他综合收益 　　　　　　　　　　　　　　　　　　50 000

上述分录可以合并为一个会计分录，直接反映期末计划净负债（或净资产）。

借：养老金费用 　　　　　　　　　　　　　　　　　　140 000
　　其他综合收益 　　　　　　　　　　　　　　　　　　20 000
　　贷：银行存款 　　　　　　　　　　　　　　　　　　　　110 000
　　　　计划净负债 　　　　　　　　　　　　　　　　　　　50 000

2. 2021年年末

（1）登记计划义务的利息。

借：养老金费用——利息费用 　　　　　　　　　　　　　140 000
　　贷：长期应付职工薪酬 　　　　　　　　　　　　　　　　140 000

（2）登记当期服务成本。

借：养老金费用——当期服务成本 　　　　　　　　　　　150 000
　　贷：长期应付职工薪酬 　　　　　　　　　　　　　　　　150 000

（3）登记福利义务支付。

借：长期应付职工薪酬　　　　　　　　　　　　　140 000

　　贷：计划资产　　　　　　　　　　　　　　　　　　140 000

（4）登记本期企业提缴。

借：计划资产　　　　　　　　　　　　　　　　　120 000

　　贷：银行存款　　　　　　　　　　　　　　　　　　120 000

（5）登记计划资产利息收入。

借：计划资产　　　　　　　　　　　　　　　　　135 000

　　贷：养老金费用——利息收入　　　　　　　　　　　135 000

（6）登记结算利得。

借：长期应付职工薪酬　　　　　　　　　　　　　50 000

　　贷：计划资产　　　　　　　　　　　　　　　　　　48 000

　　　　养老金费用　　　　　　　　　　　　　　　　　　2 000

（7）登记计划义务的精算损失。

借：其他综合收益　　　　　　　　　　　　　　　200 000

　　贷：长期应付职工薪酬　　　　　　　　　　　　　　200 000

（8）计划资产精算利得。

借：计划资产　　　　　　　　　　　　　　　　　185 000

　　贷：其他综合收益　　　　　　　　　　　　　　　　185 000

3. 2022年年末

（1）登记计划义务的利息。

借：养老金费用——利息费用　　　　　　　　　　170 000

　　贷：长期应付职工薪酬　　　　　　　　　　　　　　170 000

（2）登记当期和过去服务成本。

借：养老金费用——当期服务成本　　　　　　　　160 000

　　　　　　　　——过去服务成本　　　　　　　　40 000

　　贷：长期应付职工薪酬　　　　　　　　　　　　　　200 000

（3）登记福利义务支付。

借：长期应付职工薪酬　　　　　　　　　　　　　150 000

　　贷：计划资产　　　　　　　　　　　　　　　　　　150 000

（4）登记本期企业提缴。

借：计划资产　　　　　　　　　　　　　　　　　120 000

　　贷：银行存款　　　　　　　　　　　　　　　　　　120 000

（5）登记计划资产利息收入。

借：计划资产　　　　　　　　　　　　　　　　　160 200

　　贷：养老金费用——利息收入　　　　　　　　　　　160 200

（6）登记计划义务的精算损失。

借：长期应付职工薪酬　　　　　　　　　　　　　120 000

　　贷：其他综合收益　　　　　　　　　　　　　　　　120 000

（7）计划资产精算利得。

借：计划资产　　　　　　　　　　　　　　　　　78 000

　　贷：其他综合收益　　　　　　　　　　　　　　　　78 000

4. 报表附注

2020年年末，期末计划资产公允价值1 350 000元，期末计划义务现值1 400 000元，计划净负债50 000元（列示于资产负债表），本期养老金费用共140 000元（列示于利润表）。

2021年年末，公司对外出售一分部，随着这一分部的出售，分部的大部分职工选择将其累计应得的退休金转入新雇主（新公司）的计划中，转出资产的公允价值为48 000元，同时受益计划义务减少50 000元。期末计划资产公允价值1 602 000元，期末计划义务现值1 700 000元，本年计划净负债增加48 000元，计划净负债累计98 000元（列示于资产负债表），本期养老金费用共153 000元（列示于利润表）。

2022年年末，公司决定一次性增加职工退休福利，适用于所有年末前在本公司工作的职工，此改变导致设定受益计划义务增加40 000元，期末计划资产公允价值为1 810 200元，期末计划义务现值为1 800 000元，本期计划净资产净增108 200元，扣除期初计划净负债98 000元，本年计划净资产10 200元（假定不超过资产上限，列示于资产负债表），本期养老金费用共209 800元（列示于利润表）。

第十一章

长期负债

本章结构

```
长期负债 ─┬─ 长期负债的特点与分类 ─┬─ 长期负债的概念和特征
          │                        └─ 长期负债的分类
          │
          ├─ 应付公司债 ─┬─ 公司债的发行和种类
          │              ├─ 公司债发行价格的确定
          │              ├─ 公司债发行、折价和溢价摊销及清偿的会计处理
          │              ├─ 偿债基金及其会计处理
          │              └─ 可转换公司债的特征及有关会计处理
          │
          ├─ 长期借款 ─┬─ 长期借款的特点和种类
          │            ├─ 长期借款的会计处理
          │            └─ 借款费用
          │
          ├─ 债务重组 ─┬─ 债务重组的性质和形式
          │            ├─ 债务重组的核算
          │            └─ 债务重组的披露
          │
          └─ 披露与分析 ─┬─ 长期负债的披露
                         └─ 长期负债的分析
```

本章概念（关键词）

长期负债	公司债	票面利率	市场利率	折价发行
溢价发行	直线法	实际利率法	可转换债券	可赎回债券
借款费用	利息资本化	债务重组		

本章小结

1. 长期负债的概念和分类

长期负债是不需要动用企业的流动资产在短期内支付的负债项目。长期负债主要包括长期应付票据、长期借款、应付公司债和其他长期负债几种形式。

2. 公司债的性质、发行方式、种类及其发行价格的确定

公司债是企业出具的一种书面债权债务契约，是企业筹措资金的重要方式。公司债面向个人、单位发行，便于企业吸纳社会的闲置资金，而且可以进行抵押、贴现及转让。公司债的发行一般通过银行、投资信托公司或其他金融业的专门机构发行，也可通过自营方式发行。公司债可分为抵押债券、记名债券、一次与分次还本付息债券、可转换债券、可赎回债券等。债券的发行价格通常按其未来现金流量的折现值确定。

3. 应付公司债的会计处理

无论公司债的发行价格是按面值、折价或是溢价发行，企业均应按照债券面值将发行收入记入"应付债券"科目，下设"面值"二级科目；若按折价或溢价发行，实际发行收入（扣除发行费用）与面值之间的差额记入"利息调整"二级科目，利息调整按实际利率法进行分摊；一次还本付息债券的应计利息记入"应计利息"二级科目。

4. 可转换公司债的会计处理

可转换债券的会计处理，按实际收到的金额登记"银行存款"；按债券面值贷记"应付债券——可转换公司债（面值）"；按可转换权（选择权）的公允价值，贷记"其他权益工具"；按所收到的款项与债券面值和转换权公允价值之间的差额，借记或贷记"应付债券——利息调整"。债券转换成股份时，按可转换债券的余额，借记"应付债券——可转换公司债（面值、利息调整）"和"其他权益工具"，按股本面值和转换的股数计算的股票面值总额，贷记"股本"，或贷记"应付债券——利息调整"，按上述借贷之间的差额贷记"资本公积——股本溢价"。

5. 长期借款的会计处理

长期借款是企业长期负债的一种类型，指企业向银行和其他金融机构借入的、偿还期在 1 年或一个营业周期以上的借款，如基建借款、技术改造借款、中短期设备借款等。借款利息分别计入财务费用或予以资本化。

6. 借款费用的会计处理

借款费用是指企业因借款而发生的利息及其他相关成本，包括借款利息、折价或溢价的摊销、辅助费用以及因外币借款而发生的汇兑差额等。借款费用的处理有两种方法：一是于发生时直接确认为当期费用；二是予以资本化。根据我国《企业会计准则第 17 号——借款费用》的规定，可直接归属于符合资本化条件的资产项目的购建或生产的借款费用，应予资本化，计入相关资产的成本；其他借款费用则应确认为费用，计入当期损益。

7. 债务重组的方式及有关会计处理

债务重组是指在不改变交易对手的情况下，经债权人和债务人协定或法院裁定就清偿债务的时间、金额或方式等重新达成协议的交易。债务重组的方式包括：（1）债务人以资产清偿债务；（2）债务人将债务转为权益工具；（3）除上述两种方式外，采用调整债务本金、改变债务利息、变更还款期限等方式修改债权和债务的其他条款，形成重组债权和重组债务。

本章相关的法规、制度及主要阅读文献

1.《企业会计准则第 12 号——债务重组》（2019）

2.《企业会计准则第 17 号——借款费用》（2006）

3.《企业会计准则讲解 2010》

4.《企业会计准则解释》第 1 号～第 14 号

5.《中华人民共和国证券法》（2019）

6.《企业债券管理条例》（2011）

7.《公司债券发行试点办法》（2007）

教材练习题解答

（一）应付债券

折价发行价格=275 331.56（元）

f_x	=PV(12%, 6, 30000, 300000)		
	C	D	E
	¥-275,331.56		

溢价发行价格=327 737.28（元）

f_x	=PV(8%, 6, 30000, 300000)		
	C	D	E
	¥-327,737.28		

（二）应付债券

情形一

1. 2022 年 1 月 1 日。

借：银行存款	300 000	
贷：应付债券——债券面值		300 000

2. 2022 年 12 月 31 日。

借：财务费用	30 000	
贷：应付债券——应计利息		30 000

3. 2027 年 12 月 31 日。

借：财务费用	30 000	
贷：应付债券——应计利息		30 000
借：应付债券——债券面值	300 000	
应付债券——应计利息	180 000	
贷：银行存款		480 000

情形二

1. 2022 年 1 月 1 日。

借：银行存款	275 331.56	
应付债券——利息调整	24 668.44	
贷：应付债券——债券面值		300 000

2. 2022 年 12 月 31 日。

借：财务费用	33 040	
贷：应付债券——利息调整		3 040
银行存款		30 000

3. 2027 年 12 月 31 日。

借：财务费用	35 357	
贷：应付债券——应计调整		5 357
银行存款		30 000
借：应付债券——债券面值	300 000	
贷：银行存款		300 000

公司债折价摊销表如表 11-1 所示。

表 11-1　　　　　　　　　　　　　公司债折价摊销表（实际利率法）　　　　　　　　　　　单位：元

fx		=H3*12%			
C	D	E	F	G	H
发行日或付息日	实付利息①=面值×10%	实际利息②=⑤×12%	折价摊销③=②−①	未摊销折价④=上期④−③	债券账面价值⑤=面值−④
2022年1月1日				24,668	275,332
2022年12月31日	30,000		3,040	21,629	278,371
2023年12月31日	30,000	33,405	3,405	18,224	281,776
2024年12月31日	30,000	33,813	3,813	14,411	285,589
2025年12月31日	30,000	34,271	4,271	10,140	289,860
2026年12月31日	30,000	34,783	4,783	5,357	294,643
2027年12月31日	30,000	35,357	5,357	(0)	300,000

情形三

1. 2022 年 1 月 1 日。

借：银行存款　　　　　　　　　　　　　　　　　　　　327 737.28
　　贷：应付债券——债券面值　　　　　　　　　　　　　　　　300 000
　　　　应付债券——利息调整　　　　　　　　　　　　　　　27 737.28
借：应付债券——利息调整　　　　　　　　　　　　　　　12 000
　　贷：银行存款　　　　　　　　　　　　　　　　　　　　　　12 000

重新计算实际利率为 8.8363%。

fx	=IRR(C1:C7)	
	C	D
	−315737.28	
	30000	
	30000	
	30000	
	30000	
	30000	
	330000	
	8.8363%	

2. 2022 年 12 月 31 日。

公司债折价摊销表如表 11-2 所示。

借：财务费用　　　　　　　　　　　　　　　　　　　　27 899
　　应付债券——利息调整　　　　　　　　　　　　　　　2 101
　　贷：银行存款　　　　　　　　　　　　　　　　　　　　　30 000

3. 2027 年 12 月 31 日。

借：财务费用　　　　　　　　　　　　　　　　　　　　26 792
　　应付债券——利息调整　　　　　　　　　　　　　　　3 208
　　贷：银行存款　　　　　　　　　　　　　　　　　　　　　30 000
借：应付债券——债券面值　　　　　　　　　　　　　　300 000
　　贷：银行存款　　　　　　　　　　　　　　　　　　　　　300 000

表 11-2　　　　　　　　　　公司债折价摊销表（实际利率法）　　　　　　　　单位：元

| f_x | =H3*8.8363% |

C	D	E	F	G	H
发行日或 付息日	实付利息 ①=面值×10%	实际利息 ②=⑤×8.8363%	折价摊销 ③=②-①	未摊销折价 ④=上期④-③	债券账面价值 ⑤=面值+④
2022年1月1日				15,737	315,737
2022年12月31日	30,000	27,899	2,101	13,637	313,637
2023年12月31日	30,000	27,714	2,286	11,351	311,351
2024年12月31日	30,000	27,512	2,488	8,863	308,863
2025年12月31日	30,000	27,292	2,708	6,155	306,155
2026年12月31日	30,000	27,053	2,947	3,207	303,207
2027年12月31日	30,000	26,792	3,208	(0)	300,000

（三）应付债券

折价额=800 000×（1-98%）=16 000（元）

2022 年 8 月 31 日至 2025 年 12 月 31 日的摊销额为：

16 000÷（12×15-4）×（4+12×3）=3 636（元）

2025 年年末债券面值=800 000×98%+3 636=787 636（元）

当期利息费用=800 000×10%+16 000÷（12×15-4）×12=81 091（元）

说明：由于该债券在两个付息日之间发行，所以发行期为 176 个月（12×15-4）。

（四）应付债券

债券溢价摊销计算表如表 11-3 所示。

表 11-3　　　　　　　　　　债券溢价摊销计算表（实际利率法）　　　　　　　　单位：元

| f_x | =H2*4.5% |

C	D	E	F	G	H
发行日或付息日	实付利息5%	财务费用4.5%	溢价摊销	未摊销溢价	债券账面价值
2022年8月31日				65,155.55	865,155.55
2022年11月1日	40,000.00	38,932.00	1,068.00	64,087.55	864,087.55
2023年5月1日	40,000.00	38,883.94	1,116.06	62,971.49	862,971.49
2023年11月1日	40,000.00	38,833.72	1,166.28	61,805.21	861,805.21
2024年5月1日	40,000.00	38,781.23	1,218.77	60,586.44	860,586.44
2024年11月1日	40,000.00	38,726.39	1,273.61	59,312.83	859,312.83
2025年5月1日	40,000.00	38,669.08	1,330.92	57,981.91	857,981.91
2025年11月1日	40,000.00	38,609.19	1,390.81	56,591.09	856,591.09
2026年5月1日	40,000.00	38,546.60	1,453.40	55,137.69	855,137.69
2026年11月1日	40,000.00	38,481.20	1,518.80	53,618.89	853,618.89
2027年5月1日	40,000.00	38,412.85	1,587.15	52,031.74	852,031.74

2026 年年末债券账面价值=2026 年 10 月末债券账面价值-2026 年 11 月、12 月摊销额

　　　　　　=853 618.89-1 587.15÷3

　　　　　　=853 089.84（元）

2026 年利息费用=当期实际支付的利息-当年溢价摊销额

　　　　　　=800 000×10%-（2025 年 11 月 1 日至 2026 年 5 月 1 日摊销额-2025 年
11 月和 12 月的摊销额+2026 年 5 月 1 日至 2026 年 11 月 1 日的摊销额+2026
年 11 月和 12 月的摊销额）

=800 000×10%-（1 390.81-1 390.81÷3+1 453.40+1 587.18÷3）

=77 089.79（元）

（五）应付债券

1．登记债券赎回前付利息后一个月的折价摊销额。

借：财务费用[16 000÷（12×15-4）]　　　　　　　　　　　91

　　贷：应付债券——利息调整　　　　　　　　　　　　　　　　91

2．登记赎回债券的分录。

赎回债券支付的价款=800 000×115%=920 000（元）

提前赎回债券的应计利息=800 000×10%×1÷12=6 667（元）

赎回债券实际负担的价款=920 000-6 667=913 333（元）

未摊销折价=16 000-16 000÷（15×12-4）×（4+12×2+11）=12 455（元）

赎回债券的账面价值=800 000-12 455=787 545（元）

赎回债券的损失=913 333-787 545=125 788（元）

借：应付债券——债券面值　　　　　　　　　　　　　　800 000

　　财务费用　　　　　　　　　　　　　　　　　　　　　6 667

　　营业外支出　　　　　　　　　　　　　　　　　　　125 788

　　　贷：应付债务——利息调整　　　　　　　　　　　　　12 455

　　　　银行存款　　　　　　　　　　　　　　　　　　920 000

（六）可转换债券

1．2022 年 1 月 1 日。

借：银行存款　　　　　　　　　　　　　　　　　　　　650 000

　　贷：应付债券——可转换公司债（面值）　　　　　　　600 000

　　　　其他权益工具　　　　　　　　　　　　　　　　　50 000

2．2022 年 12 月 31 日。

借：财务费用　　　　　　　　　　　　　　　　　　　　 60 000

　　贷：银行存款　　　　　　　　　　　　　　　　　　　60 000

3．2023 年 1 月 1 日。

借：应付债券——可转换公司债（面值）　　　　　　　　360 000

　　其他权益工具　　　　　　　　　　　　　　　　　　 30 000

　　　贷：股本　　　　　　　　　　　　　　　　　　　180 000

　　　　资本公积——股本溢价　　　　　　　　　　　　210 000

（七）应付债券

1．发行日 2022 年 1 月 1 日。

借：银行存款　　　　　　　　　　　　　　　　　　　248 183*

　　应付债券——利息调整　　　　　　　　　　　　　 31 817

　　　贷：应付债券——债券面值　　　　　　　　　　　280 000

*发行价格通过 Excel 表计算得（分期偿付可以理解为面值 40 000 元，期限分别为 6 年、7 年、8 年、9 年、10 年、11 年、12 年的 7 批债券）：

发行价格=248 183（元）

折价=280 000-248 183=31 817（元）

f_x	=PV(10%,6,3200,40000)	
	C	D
-36,515.79		
-36,105.26		
-35,732.06		
-35,392.78		
-35,084.35		
-34,803.95		
-34,549.05		
-248,183.24		

分期偿还债券折价摊销表如表 11-4 所示。

表 11-4　　　　　　　　　　　　　分期偿还债券折价摊销表

年份	债券尚未偿还额（元）	占总计数比例	摊销额（元）
2021—2027	280 000	28/252	21 210（3 535×6）
2028	240 000	24/252	3 030
2029	200 000	20/252	2 525
2030	160 000	16/252	2 020
2031	120 000	12/252	1 515
2032	800 00	8/252	1 010
2033	400 00	4/252	507*
合计	2 520 000	252/252	31 817

*尾数调整。

2．自 2027 年起偿还本金。

借：应付债券——债券面值　　　　　　　　　　　　　　　　40 000

　　贷：银行存款　　　　　　　　　　　　　　　　　　　　　40 000

3．到期日。

借：财务费用　　　　　　　　　　　　　　　　　　　　　　3 707

　　应付债券——债券面值　　　　　　　　　　　　　　　　40 000

　　　　贷：应付债券——利息调整　　　　　　　　　　　　　　507

　　　　　　银行存款　　　　　　　　　　　　　　　　　　43 200

（八）债务重组

1．债务人。

借：应付长期票据　　　　　　　　　　　　　　　　　　5 000 000

　　累计折旧——设备　　　　　　　　　　　　　　　　1 200 000

　　　　贷：固定资产——设备　　　　　　　　　　　　　4 600 000

　　　　　　其他收益　　　　　　　　　　　　　　　　1 600 000

2．债权人。

借：固定资产——设备　　　　　　　　　　　　　　　　4 200 000

　　营业外支出——债务重组损失　　　　　　　　　　　　800 000

　　　　贷：长期应收票据　　　　　　　　　　　　　　　5 000 000

（九）债务重组

借：应付票据　　　　　　　　　　　　　　　　　　　　3 500 000

　　贷：股本——普通股　　　　　　　　　　　　　　　　1 000 000

　　　　　　——优先股　　　　　　　　　　　　　　　　500 000

　　　　资本公积——普通股　　　　　　　　　　　　　　1 500 000

　　　　　　　——优先股　　　　　　　　　　　　　　　150 000

　　　　其他收益　　　　　　　　　　　　　　　　　　　350 000

（十）债务重组

债务重组日。

重组债务的账面价值=本金+利息=800 000+800 000×8%×2.50=960 000（元）

将来应付金额现值=800 000（元）

相关账务处理如下。

1．2022 年 12 月 31 日为债务重组日。

借：长期应付票据	960 000	
贷：长期应付票据——债务重组		800 000
营业外收入——债务重组利得		160 000

2．2023 年、2024 年、2025 年 12 月 31 日支付利息时。

借：财务费用（800 000×5%）	40 000	
贷：银行存款		40 000

3．2025 年偿还票据时。

借：长期应付票据——债务重组	800 000	
贷：银行存款		800 000

（十一）债务重组

1．青江公司的会计处理如下。

（1）计算（单位：元）。

重组债务的账面价值　2 260 000

减：存货的公允价值　1 200 000

增值税　　　　　　　156 000（即 1 200 000×13%）

股权的公允价值　　　 800 000

债务重组损益　　　　 104 000

（2）账务处理。

借：应付账款	2 260 000	
贷：主营业务收入		1 200 000
应交税费——应交增值税（销项税额）		156 000
股本		200 000
资本公积——股本溢价（800 000-200 000-1 600）		598 400
银行存款		1 600
其他收益		104 000
借：主营业务成本	990 000	
存货跌价准备	10 000	
贷：库存商品		1 000 000

2．南方公司的会计处理如下。

借：长期股权投资——其他股权投资	800 000	
库存商品——甲商品	1 200 000	
应交税费——应交增值税（进项税额）	156 000	
坏账准备	36 000	
营业外支出——债务重组损失	68 000	
贷：应收账款		2 260 000

（十二）借款费用

2022 年专门借款实际支出的利息费用=1 000×7%+2 000×6%÷2=130（万元）

2022 年短期投资收益=200×3%÷2+1 000×3%÷2=18（万元）

2022 年专门借款利息资本化的金额=130-18=112（万元）

2022 年 12 月 31 日的会计分录如下。

借：在建工程 1 120 000
    应收利息（或银行存款） 180 000
    贷：应付利息 1 300 000

2023 年专门借款实际支出的利息费用=1 000×7%+2 000×6%+2 000×7%=330（万元）

2023 年短期投资收益=500×3%÷2=7.5（万元）

2023 年专门借款利息资本化的金额=330-7.5=322.5（万元）

2023 年工程占用一般借款支出的加权平均数=3 000×180÷360=1 500（万元）

$$2023 \text{ 年一般借款利息资本化率} = \frac{2\,000×6.5\%+8\,000×10\%}{2\,000+8\,000} = 9.3\%$$

2023 年应予资本化的一般借款利息金额=1 500×9.3%=139.5（万元）

2023 年利息资本化总金额=322.5+139.5=462（万元）

2023 年 12 月 31 日的会计分录如下。

借：在建工程 4 620 000
    应收利息（或银行存款） 75 000
    贷：应付利息 4 695 000

（十三）借款费用

1．2022 年 1 月 1 日。

借：银行存款——美元户（20 000 000×6.225） 124 500 000
    贷：长期借款——美元户 124 500 000
借：在建工程 500 000
    贷：银行存款 500 000

2．2022 年 12 月 31 日，登记应付利息。

借：在建工程 6 051 000
    贷：应付利息（20 000 000×5%×6.051） 6 051 000

3．登记借款本金与利息汇兑差额。

借：长期借款——美元户 3 480 000
    贷：在建工程 3 480 000

3 480 000=[20 000 000×（6.225-6.051）+1 000 000×（6.051-6.051）]

4．2023 年 1 月 1 日实际支付利息时，对支付时的折算与登记利息费用之间的差额进行资本化。

20 000 000×5%×（6.052-6.051）=1 000（元）

借：应付利息 6 051 000
    在建工程 1 000
    贷：银行存款 6 052 000

5．2023 年 6 月 30 日，登记应付利息。

借：在建工程 3 100 500
    贷：应付利息（20 000 000×5%×6.201÷2） 3 100 500

6．登记借款本金与利息汇兑差额。

借：在建工程[20 000 000×（6.201-6.051）+500 000×（6.201-6.201）]

    3 000 000
    贷：长期借款——美元户 3 000 000

本章结构

```
                                        ┌─ 企业的组织形式
                   企业的性质与特征 ──────┼─ 公司的特征与分类
                                        └─ 股份有限公司的基本特征

                                        ┌─ 所有者权益的基本特征
                                        ├─ 股东权益的表现形式和
                                        │  股本的种类
                   股本 ────────────────┼─ 股票的种类及其特征
                                        ├─ 股本的会计处理
                                        └─ 投入资本的特殊问题

                                        ┌─ 资本公积
                   资本公积与留存收益 ───┼─ 盈余公积
 所有者权益 ────────                    ├─ 股利分配
                                        └─ 其他综合收益

                                        ┌─ 简单资本结构下的EPS
                   每股收益 ────────────┼─ 复杂资本结构下的EPS
                                        └─ 综合例解

                                        ┌─ 股份支付的概念与特征
                   股份支付 ────────────┼─ 股份支付的会计核算
                                        └─ 股份支付的披露

                                        ┌─ 所有者权益的披露
                   披露与分析 ──────────┴─ 所有者权益的分析
```

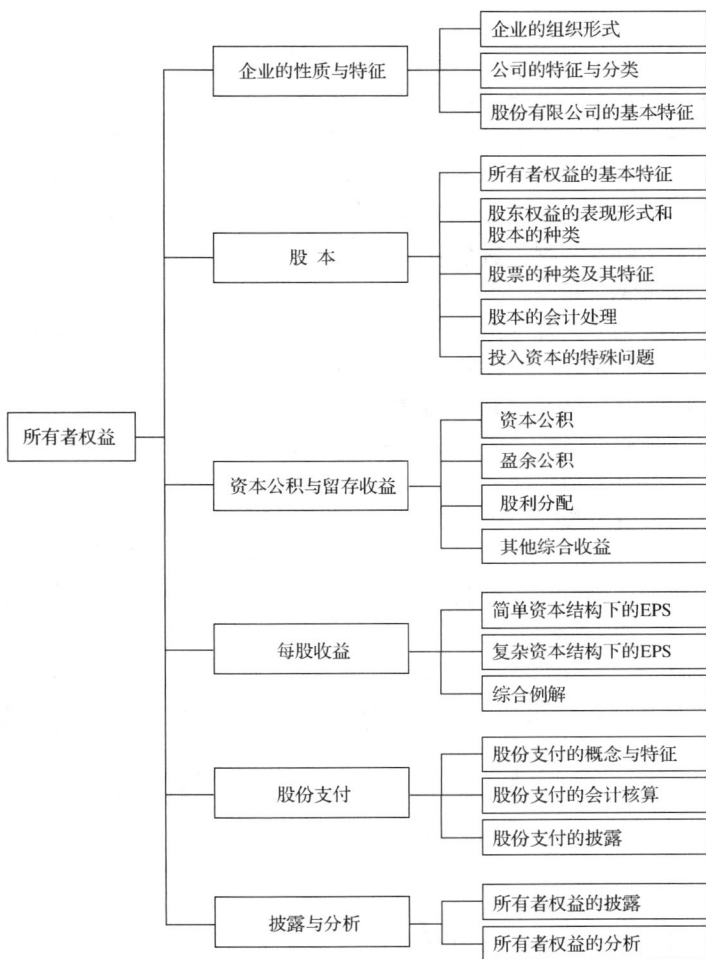

本章概念（关键词）

独资企业	合伙企业	公司制企业	有限责任公司	股份有限公司
所有者权益	股本	普通股	优先股	实收资本
股本溢价	库藏股	资本公积	其他综合收益	盈余公积
未分配利润	股票股利	留存收益	复杂资本结构	简单资本结构
基本每股收益		稀释每股收益		以权益结算的股份支付
以现金结算的股份支付		股份支付		

本章小结

1. **公司的性质与分类**

现代企业的主要组织形式有三种：独资企业、合伙企业以及公司制企业。按大陆法系的分类方法，公司可分为四种类型：无限公司、两合公司、有限责任公司和股份有限公司。前两种公司在现代社会不太普遍。有限责任公司简称有限公司，是指不通过发行股票，而由为数不多的股东集资组成的公司。股份有限公司简称股份公司，是按照《中华人民共和国公司法》（以下简称《公司法》）的规定注册设立的，将全部资本划分为等额股份，通过发行股票筹措资本的企业组织形式。

2. **所有者权益的性质与表现形式**

所有者权益代表的是对企业净资产的要求权。所有者权益的表现形式取决于企业的组织形式。独资企业里，所有者只有业主一人，所有者权益由业主独有，称为业主权益。合伙企业里，业主为两人或两人以上的合伙人，所有者权益称为合伙人权益，根据各合伙人的出资额或合伙协议的条款确定有关比例。股份公司的所有权分散到数目不等的股东手里，称为股东权益。股东权益包括实收股本、资本公积、盈余公积、未分配利润等组成项目。

3. **普通股与优先股的特征与分类**

优先股除具有对股利、清算财产分配的优先权、无投票表决权等特点外，还可分为累积与非累积优先股、可赎回优先股、可转换优先股、参加与非参加优先股等。普通股一般只有一种，特定情况下可分为有表决权和无表决权两类，其特征主要体现在：参与并控制企业经营管理、参与利润分配、参与企业剩余资产的分配、优先认购公司发行的普通股等。

4. **资本公积的性质与来源**

资本公积是指由投资者投入，但不能构成实收资本，或从其他来源获得，由所有者享有的资金。资本公积是所有者权益的重要组成部分，包括股本溢价、以权益结算方式实行股票期权在行权以前增加的权益、被投资方除损益和其他综合收益以外的净资产价值变动对长期投资价值的调整等。

5. **留存收益的构成**

留存收益是所有者权益的组成部分，是投资者的原始投资在企业内部滋生并留存下来的资本。这部分资本将重新投入生产经营，参加周转，以便使企业扩大生产经营规模，创造更大的利润，或留待以后年度进行分配。留存收益由盈余公积和未分配利润组成。其中，盈余公积已被法律指定了用途，属于拨定用途的留存收益，只有未分配利润是未拨定用途的留存收益。

6. **每股收益的性质与计算**

每股收益（EPS）集中地反映了上市公司的经营业绩和价值。每股收益是指当期的盈利除以当期发行在外普通股的加权平均股数，即每股普通股所赚取的盈利，是用于评价一个公司盈利能力的基本指标之一，也是上市公司财务报告中必须披露的几个核心指标之一。《企业会计准则第 34 号——每股收益》规定，企业应当在利润表中单独列示基本每股收益和稀释每股收益。

7. **股份支付的实质和会计处理**

股份支付是指企业为获取职工及其他方提供的服务而授予权益工具，或者承担以权益工具为基础确定的负债的交易。股份支付可分为以权益结算的股份支付及以现金结算的股份支付两种形式。每种形式的股份支付又分为附服务年限条件和附业绩条件两种。

本章相关的法规、制度及主要阅读文献

1．《企业会计准则第 11 号——股份支付》（2006）
2．《企业会计准则第 34 号——每股收益》（2006）
3．《企业会计准则讲解 2010》
4．《企业会计准则解释》第 1 号～第 14 号
5．《中华人民共和国公司法》（2018）
6．《中华人民共和国证券法》（2019）
7．《首次公开发行股票并上市管理办法》（2015 年）
8．《上市公司股权激励管理办法》（2016）
9．《国有控股上市公司（境内）实施股权激励试行办法》（2014）

教材练习题解答

（一）利润分配

1．若优先股是累积优先股，则优先股可获得的股利收入总额为：
2 000×5×3=30 000（元）

2．若优先股是非累积优先股，则普通股可获得的股利收入总额为：
40 000-2 000×5=30 000（元）

（二）股份发行

借：银行存款		3 562 500
资本公积		187 500
贷：股本		3 750 000

（三）股份认购

借：应收认股款		220 000
贷：已认购普通股股本		200 000
资本公积		20 000
借：银行存款		44 000
贷：应收认股款		44 000
借：银行存款		88 000
贷：应收认股款		88 000

（四）股份认购

方法一：退回认股款。

借：应收认股款		132 000
贷：银行存款		132 000
借：已认购普通股股本		200 000
资本公积		20 000
贷：应收认股款		220 000

或者合为一笔分录。

借：已认购普通股股本 200 000
　　资本公积 20 000
　　　贷：应收认股款 88 000
　　　　　银行存款 132 000

方法二：没收认股款。

借：已认购普通股股本 200 000
　　资本公积——认购溢价 20 000
　　　贷：应收认股款 88 000
　　　　　资本公积——普通股溢价 132 000

方法三：认股款转股本。

借：已认购普通股股本 200 000
　　资本公积——认购溢价 20 000
　　　贷：股本 120 000
　　　　　资本公积——普通股溢价 12 000
　　　　　应收认股款 88 000

（五）股份认购

借：银行存款 88 000
　　　贷：应收认股款 88 000

借：已认购普通股股本 200 000
　　　贷：股本——普通股 200 000

（六）利润分配

借：利润分配——提取法定公积金 560 000
　　　　　　——提取任意盈余公积 280 000
　　　贷：盈余公积——法定盈余公积 560 000
　　　　　　　　——任意盈余公积 280 000

借：盈余公积——法定盈余公积 800 000
　　　贷：应付股利 800 000

借：盈余公积——任意盈余公积 300 000
　　　贷：利润分配——盈余公积补亏 300 000

（七）投资投入

借：银行存款 1 600 000
　　　贷：实收资本（3 000 000÷75%–3 000 000） 1 000 000
　　　　　资本公积——资本溢价 600 000

（八）利润分配

借：利润分配——提取法定盈余公积 650 000
　　　　　　——提取任意盈余公积 390 000
　　　　　　——应付股利 700 000
　　　贷：盈余公积——法定盈余公积 650 000
　　　　　　　　——任意盈余公积 390 000
　　　　　应付股利 700 000

借：应付股利   700 000

    贷：银行存款   700 000

（九）可转换债券

（以下会计分录单位为万元。）

1．2021 年 7 月 1 日发行可转换债券时。

借：银行存款   22 000

    贷：应付债券——可转换公司债券（面值）   20 000

        其他权益工具   2 000

2．2021 年 12 月 31 日，计提利息。

借：在建工程   800

    贷：应付债券——可转换公司债券（应计利息）   800

3．2022 年 6 月 30 日，计提利息。

借：在建工程   800

    贷：应付债券——可转换公司债券（应计利息）   800

4．2022 年 7 月 1 日，转换股份时。

借：应付债券——可转换公司债券（面值）   4 000

         ——可转换公司债券（应计利息）｛［（800+800）÷20 000]×4 000｝

               320

    其他权益工具   400

    贷：股本   200

        资本公积——股本溢价   4 520

（十）每股收益

1．当期属于普通股的净利润=4 000 000-100×50 000×7%=3 650 000（元）

加权平均股数计算如表 12-1 所示。

表 12-1   流通在外普通股加权平均股数的计算

流通期间	流通股数	权数比	加权平均股数
2022 年 1 月 1 日—4 月 1 日	900 000	3/12	225 000
2022 年 4 月 1 日—6 月 1 日	1 200 000	2/12	200 000
2022 年 6 月 1 日—11 月 1 日	810 000	5/12	337 500
2022 年 11 月 1 日—12 月 31 日	1 410 000	2/12	235 000
合计	—	—	997 500

2．基本 EPS=3 650 000÷997 500=3.659（元/股）

（十一）每股收益

加权平均股数计算如表 12-2 所示。

表 12-2   流通在外普通股加权平均股数的计算——发行股票股利

流通时间	流通股数	股票股利影响系数	权数比	加权平均股数
2022 年 1 月 1 日—3 月 1 日	100 000	1.5	2/12	25 000
2022 年 3 月 1 日—6 月 1 日	120 000	1.5	3/12	45 000
2022 年 6 月 1 日—11 月 1 日	180 000	—	5/12	75 000
2022 年 11 月 1 日—12 月 31 日	210 000	—	2/12	35 000
合计	—	—	—	180 000

（十二）基本每股收益与稀释每股收益的确定

1. 基本 EPS 计算如下。

净利润	1 600 000
减：优先股股利	300 000
普通股股东应享有的收益	1 300 000
加权平均普通股流通股数	400 000
EPS	3.25

2. 稀释后的 EPS 计算如下所示。

股票期权的影响

股票期权涉及的股数	50 000
行权价（元/股）	× 20
行权价收入	1 000 000
2022 年度平均股票市价（元/股）	25
行权价收入可回购的股数	40 000
行权价低于市价所导致股数的增量	10 000
每股影响额	0*

$$* \quad \frac{\text{净利润影响额}}{\text{外发股数影响额}} = \frac{0}{10\ 000} = 0$$

8%可转换债券的影响

利息费用	240 000
利息费用的所得税额	36 000
税后利息费用	204 000
债券可转换的股数	150 000
每股影响额	1.36*

$$* \quad \frac{\text{净利润影响额}}{\text{外发股数影响额}} = \frac{204\ 000}{150\ 000} = 1.36$$

10%可转换债券的影响

利息费用	200 000
利息费用的所得税额	30 000
税后利息费用	170 000
债券可转换的股数	110 000
每股影响额	1.545*

$$* \quad \frac{\text{净利润影响额}}{\text{外发股数影响额}} = \frac{170\ 000}{110\ 000} = 1.545$$

12%可转换优先股的影响

应计优先股股利	300 000
优先股可转换的股数	75000
每股影响额	4.00*

$$* \quad \frac{\text{净利润影响额}}{\text{外发股数影响额}} = \frac{300\ 000}{75\ 000} = 4.00$$

对 EPS 计算影响额从小到大排列如下所示。

稀释性证券	每股影响额
1. 股票期权	0.00
2. 8%可转换债券	1.36
3. 10%可转换债券	1.545
4. 12%可转换优先股	4.00

按上述顺序逐步计算稀释的 EPS。

加入股票期权影响后的 EPS	
普通股股东应享收益	1 300 000
加：股票期权对收益的影响	0
小计	1 300 000
加权平均普通股流通股数	400 000
加：股票期权对流通股数的影响	10 000
小计	410 000
重新计算后的 EPS（即 1 300 000÷410 000）	3.171

3.171<3.25，所以股票期权具有稀释作用，而且行权价低于股票市价，被行使的可能性较大。

加入 8%可转换债券影响后的 EPS	
上一步骤计算的收益	1 300 000
加：税后利息费用的影响	204 000
小计	1 504 000
上一步骤计算的加权平均普通股流通股数	410 000
加：8%可转换债券转换后对流通股数的影响	150 000
小计	560 000
重新计算后的 EPS（即 1 504 000÷560 000）	2.686

2.686<3.171，所以 8%可转换债券具有稀释作用。

加入 10%可转换债券影响后的 EPS	
上一步骤计算的收益	1 504 000
加：税后利息费用的影响	170 000
小计	1 674 000
上一步骤计算的加权平均普通股流通股数	560 000
加：10%可转换债券转换后对流通股数的影响	110 000
小计	670 000
重新计算后的 EPS（即 1 674 000÷670 000）	2.499

2.499<2.686，所以 10%可转换债券具有稀释作用。

加入 12%可转换优先股影响后的 EPS	
上一步骤计算的收益	1 674 000
加：优先股股利的影响	300 000
小计	1 974 000
上一步骤计算的加权平均普通股流通股数	670 000
加：10%可转换优先股转换后对流通股数的影响	75 000
小计	745 000
重新计算后的 EPS（即 1 974 000÷745 000）	2.65

2.65>2.499，所以 12%可转换优先股不具有稀释作用，稀释后的 EPS 应为 2.499 元/股，可转换优先股的影响不予考虑。

（十三）以权益结算的股份支付

1．2020 年 12 月 31 日。

借：管理费用（$90×1\,000×25×\frac{1}{3}$）　　　　　　　　　　750 000
　　贷：资本公积——其他资本公积　　　　　　　　　　　　750 000

2．2021 年 12 月 31 日的分录同上。

3．2022 年 12 月 31 日。

借：管理费用（88×1 000×25-1 500 000）　　　　　　　　700 000
　　贷：资本公积——其他资本公积　　　　　　　　　　　　700 000

借：银行存款　　　　　　　　　　　　　　　　　　　　704 000
　　资本公积——其他资本公积　　　　　　　　　　　　2 200 000
　　贷：股本　　　　　　　　　　　　　　　　　　　　　　88 000
　　　　资本公积——股本溢价　　　　　　　　　　　　2 816 000

（十四）以现金结算的股份支付

1．2018 年 12 月 31 日。

借：管理费用（$90×1\,000×25×\frac{1}{3}$）　　　　　　　　　　750 000
　　贷：应付职工薪酬　　　　　　　　　　　　　　　　　　750 000

2．2019 年 12 月 31 日。

借：管理费用（$90×1\,000×28×\frac{2}{3}-750\,000$）　　　　930 000
　　贷：应付职工薪酬　　　　　　　　　　　　　　　　　　930 000

3．2020 年 12 月 31 日。

借：管理费用（48×1 000×30+40×1 000×28-750 000-930 000）　880 000
　　贷：应付职工薪酬　　　　　　　　　　　　　　　　　　880 000

4．支付现金时。

借：应付职工薪酬（40×28×1000）　　　　　　　　　　1 120 000
　　贷：银行存款　　　　　　　　　　　　　　　　　　1 120 000

5．2021 年 12 月 31 日。

（1）公允价值变动时。

借：公允价值变动损益（2×18×1 000）　　　　　　　　　36 000
　　贷：应付职工薪酬　　　　　　　　　　　　　　　　　　36 000

（2）支付现金时。

借：应付职工薪酬（30×30×1 000）　　　　　　　　　　900 000
　　贷：银行存款　　　　　　　　　　　　　　　　　　　900 000

6．2022 年 12 月 31 日，支付现金时。

借：应付职工薪酬（18×32×1 000）　　　　　　　　　　576 000
　　贷：银行存款　　　　　　　　　　　　　　　　　　　576 000

第十三章

收入

本章结构

```
              ┌─ 源于客户合同的收入 ─┬─ 收入的含义与特点
              │                    ├─ 收入的分类
              │                    └─ 源于客户合同的收入确认原则
              │
              │                    ┌─ 识别客户合同
              │  收入确认与计量的    ├─ 识别合同中的履约义务
              ├─ 五步法（上）      ─┤─ 确定交易价格
  收入 ───────┤                    └─ 将交易价格分摊至合同中的履约义务
              │
              │  收入确认与计量的      主体履行履约义务时（或履约
              ├─ 五步法（下）      ─── 过程中）确认收入，同时结转
              │                      相应的履约成本
              │
              └─ 披露与分析 ────────┬─ 收入的披露
                                   └─ 收入的分析
```

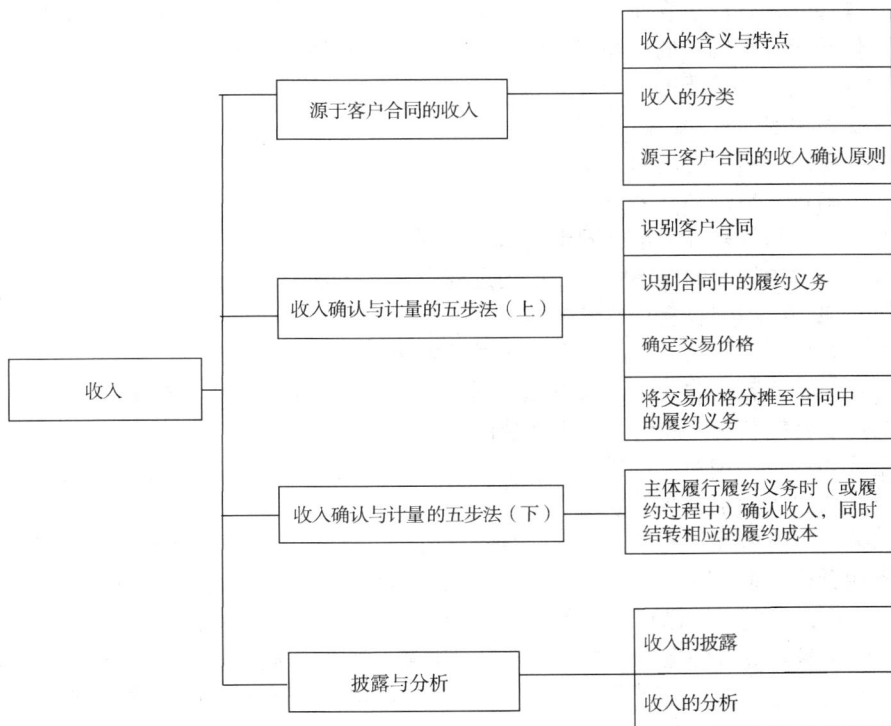

本章概念（关键词）

收入	利得	营业收入	营业外收入	商品销售收入
劳务收入	控制	收入确认五步法	合约	识别合同
识别履约义务	某一时段履行履约义务		某一时点履行履约义务	
交易价格	可变对价	增量成本（合同取得成本）		合同履约成本
建造合同	完工百分比法	完工合同法	退货权（合同退货成本）	
额外购买选择权		售后回购	代销	合同资产
合同负债	政府补助			

本章小结

1. 收入的概念和特点

收入是财务会计的一个基本要素。收入的含义有以下两种基本的理解。一种是广义的理解，

将企业除投资者出资外所有活动形成的经济利益的流入均视作收入。另一种是狭义的理解，它将收入限定为企业日常活动所形成的经济利益的流入。这里的日常活动，指企业所从事的作为其业务组成部分的所有活动，如制造业销售商品，商品流通企业销售商品，出租固定资产，商业银行提供贷款服务，广告商提供广告策划服务等。根据我国收入准则的定义，收入有以下几个基本的特征：（1）收入有别于收益和利得；（2）收入表现为企业资产的增加；（3）收入可以导致企业所有者权益的增加；（4）收入的范围只包括企业本身的经济利益的流入，在经营过程中为第三方或客户代收的款项，不属于企业的经济利益，不能作为企业的收入。

2. 源于客户合同的收入确认原则

收入源自合同，合同包含企业向客户转让商品或服务的履约义务，在客户取得商品或服务的控制、主体已履行合约中的履约义务时（时点或时段）确认收入。

3. 收入确认与计量的五步法

步骤一：识别客户合同。

步骤二：识别合同中的履约义务。

步骤三：确定交易价格。

步骤四：将交易价格分摊至合同中的履约义务。

步骤五：主体履行履约义务时（或履约过程中）确认收入，同时结转相应的履约成本。

4. 某一时期履行履约义务的会计处理

满足下列条件之一的收入，属于在某一时段内履行履约义务。

（1）客户在企业履约的同时即取得并消耗企业履约所带来的经济利益。

（2）客户能够控制企业履约过程中在建的商品。

（3）企业履约过程中所产出的商品具有不可替代用途，且该企业在整个合同期间内有权就累计至今已完成的履约部分收取款项。

对于在某一时段内履行的履约义务，企业应当在该段时间内按照履约进度确认收入，但是，履约进度不能合理确定的除外。企业应当考虑商品的性质，采用产出法或投入法确定恰当的履约进度。其中，产出法是根据已转移给客户的商品对于客户的价值，确定履约进度；投入法根据企业为履行履约义务的投入确定履约进度。当履约进度不能合理确定时，企业已经发生的成本预计能够得到补偿的，应当按照已经发生的成本金额确认收入，直到履约进度能够合理确定为止。

5. 收入的披露与分析

收入报告的一个基本目标是要求企业向财务报表信息使用者提供企业与客户之间合同产生收入及现金流量的性质、金额、时间和不确定性的综合信息。这些信息应该包括：已确认客户合同的收入（以及收入的分解）、合同余额（包括应收款项、合同资产、合同负债的期初和期末余额）、履约义务（包括主体通常何时履行履约义务以及分摊至合同剩余履约义务的交易价格）、合同变更以及取得合同形成的相应资产等。

在收入分析中，我们首先要关注收入的结构。收入的结构分为三个层面：第一个层面是收入的时间结构；第二个层面是收入中营业收入与营业外收入（或非经常性损益）的结构；第三个层面是现销与赊销的结构。其次，我们要对附注中重大销售合约和合约中的关键条款进行密切关注，这是衡量企业确认收入是否合理的依据；同时，要关注企业本期销售会计政策出现的变更和变更对本期收入影响的程度，以及收入确认政策变更的理由是否符合经济实质。再次，要注意企业销售中的前五大客户（同样也包括供应商）是否与企业存在关联关系，关联交易中交易价格是否符合或接近同类产品（或服务）市场价格水平。最后，当企业长期处于亏损边沿、面临退市、IPO、有重大融资需求、负债率过高融资困难等情形时，关注是否存在现盈余管理和会计造假。

![books icon]本章相关的法规、制度及主要阅读文献

1．《企业会计准则——基本准则》（2006，2014）
2．《企业会计准则第 14 号——收入》（2017）
3．《企业会计准则第 16 号——政府补助》（2017）
4．《企业会计准则第 15 号——建造合同》（2006）
5．《企业会计准则解释》第 1 号～第 14 号

![dove icon]教材练习题解答

（一）产品合同的修订

此合同修订属于第八条第一种情形，修订合同属于新合约。

（二）服务合同的修订

此合同修订属于第八条第二种情形，已经履约的合同终止，修订合同与未履约合同属于新合约。

老合同——已履约合同：前两年按每年 100 000 元确认服务收入。

新合同——未执行的老合同与修订后的合同：合同修订时，第三年的单独价格 80 000 元乘以剩余 4 年的总价格 320 000 元应为修订后合同的单独价格，但企业实际收到的为 280 000 元，因此，第三年和后续 3 年应该一起作为一项新的合同，4 年的平均收入为 70 000 元（280 000÷4），即从第三年开始每年确认 70 000 元的服务收入。

（三）商品或服务是否可明确区分

此合同各项商品或服务不满足第十条规定的两项条件，与第十条后半段的描述相吻合，属于不可明确区分的商品（或服务）。企业应将合同中的所有商品或服务作为单一履约义务进行会计处理。

（四）价格折扣

此合同对价属于可变对价。

企业在转移控制权时按合同对价 100 000 元（100×1 000）为基础使用预期价值法进行调整确认收入 80 000 元（100 000×20%）。

（五）价格折扣

此合同对价属于可变对价。

企业在第一季度确认收入 7 500 元。

企业在第二季度确认收入 44 250 元（500×90-75×10）。

（六）现金折扣与销售折让

1．总价法下的会计处理如下。

（1）12 月 5 日发出商品。

借：应收账款——甲企业 226 000
　　贷：主营业务收入 200 000

应交税费——应交增值税（销项税额）		26 000
借：主营业务成本		130 000
贷：库存商品		130 000

（2）12月15日收到货款，现金折扣为4 000元。

借：银行存款		222 000
财务费用		4 000
贷：应收账款——甲企业		226 000

（3）12月20日，按10%进行折让。

借：主营业务收入		20 000
应交税费——应交增值税（销项税额）		2 600
贷：银行存款		22 200
财务费用		400

（4）假设该笔货款于12月25日收到，现金折扣为1 800元（180 000×1%），先确认10%的折让。

借：主营业务收入		20 000
应交税费——应交增值税（销项税额）		2 600
贷：应收账款——甲企业		22 600
借：银行存款		201 600
财务费用		1 800
贷：应收账款——甲企业		203 400

（5）假设该笔货款于12月31日才收到，则购货方不能享受现金折扣，先确认10%的折让。

借：主营业务收入		20 000
应交税费——应交增值税（销项税额）		2 600
贷：应收账款——甲企业		22 600
借：银行存款		203 400
贷：应收账款——甲企业		203 400

2．净价法下的会计处理如下。

（1）12月5日发出商品。

借：应收账款		222 000
贷：主营业务收入		196 000
应交税费——应交增值税（销项税额）		26 000
借：主营业务成本		130 000
贷：库存商品		130 000

（2）12月15日收到货款。

借：银行存款		222 000
贷：应收账款		222 000

（3）12月20日按10%进行折让。

借：主营业务收入		19 600
应交税费——应交增值税（销项税额）		2 600
贷：银行存款		22 200

（4）假设该笔货款于12月25日收到，先确认10%的折让。

借：主营业务收入		19 600

应交税费——应交增值税（销项税额）		2 600
贷：应收账款		22 200
借：银行存款		198 000
财务费用		1 800
贷：应收账款		199 800

（5）假设该笔货款于 12 月 31 日才收到，确认 10% 的折让。

借：主营业务收入		19 600
应交税费——应交增值税（销项税额）		2 600
贷：应收账款		22 200
借：银行存款		203 400
贷：应收账款		199 800
财务费用		3 600

（七）销售退回

1．2022 年 7 月 20 日销售商品。

借：应收账款		92 660
贷：主营业务收入		82 000
应交税费——应交增值税（销项税额）		10 660
借：主营业务成本		45 000
贷：库存商品		45 000

2．7 月 29 日收款时，现金折扣。

借：银行存款		91 020
财务费用		1 640
贷：应收账款		92 660

3．8 月 16 日，发生销售退回。

借：主营业务收入		82 000
应交税费——应交增值税（销项税额）		10 660
贷：银行存款		91 020
财务费用		1 640
借：库存商品		45 000
贷：主营业务成本		45 000

（八）重大融资成分

分期收款法下利息收入的计算如表 13-1 所示。

表 13-1　　　　　　　　　　　分期收款法下利息收入摊销表　　　　　　　　　　单位：元

日期	未收本金①= 上期①-上期④	利息收入 ②=①×8%	收现额③	已收本金 ④=③-②
2022 年 1 月 1 日	800 000	—	—	
2022 年 12 月 31 日	800 000	64 000	241 539	177 539
2023 年 12 月 31 日	622 461	49 797	241 539	191 742
2024 年 12 月 31 日	430 719	34 458	241 539	207 081
2025 年 12 月 31 日	223 638	17 901*	241 539	223 638
合计		166 156	966 156	800 000

*含尾数调整。

1. 2022 年 1 月 1 日，销售实现。

借：长期应收款	966 156
银行存款	200 000
贷：主营业务收入	1 000 000
未实现融资收益	166 156
借：主营业务成本	700 000
贷：库存商品	700 000

2. 2022 年 12 月 31 日，收取货款。

借：银行存款	241 539
贷：长期应收款	241 539
借：未实现融资收益	64 000
贷：财务费用	64 000

3. 2023 年 12 月 31 日，收取货款。

借：银行存款	241 539
贷：长期应收款	241 539
借：未实现融资收益	49 797
贷：财务费用	49 797

以后各年同上。

（九）分摊折扣

按收入准则的规定，将合同折扣分摊至各单项履约义务，并按相应的分摊方法进行分摊。

情形一：由于甲定期以 60 元的价格打包出售产品 B 和 C，如果企业在同一时点转移对产品 B 和 C 的控制，则 A 按 40 元确认，B 和 C 则分别按 60 元确认。

如果企业在不同时点转移对产品 B 和 C 的控制，则 B 和 C 分别按 33 元（60÷100×55）和 27 元（60÷100×45）确认。

情形二：A、B、C 的定价同上，产品 D 按余值法确定为 30 元（130-100）。

情形三：由于按余值法确定的 D 产品的价格为 5 元，严重偏离 15～45 元的价格区间，因此需要按四种产品的单独售价分配 105 元的打包价格。

（十）某一时点或某一时期的履行履约义务

此合同不满足第十一条规定的三个条件，虽然合约履行需要一段时期，但不属于某一时期履行履约义务。

（十一）履行合同成本

1. 登记 11 月相关合同支出的会计处理

借：无形资产——数据中心（销售佣金）	60 000
——数据中心（设计服务）	60 000
——数据中心（迁移和测试）	180 000
贷：银行存款等	300 000
借：无形资产——软件	120 000
贷：开发成本	120 000
借：固定资产——设备	240 000
贷：银行存款	240 000

2．登记 12 月合同履约成本的会计处理和相关合同资产折旧与摊销的会计处理。

（1）登记相关人员的薪酬费用。

借：营业成本 35 000
    贷：应付职工薪酬 35 000

（2）登记相关合同资产的折旧与摊销。

借：营业成本 9 000
    贷：累计摊销——软件（120 000÷4÷12） 2 500
            ——数据中心（300 000÷10÷12） 2 500
        累计折旧——设备（240 000÷5÷12） 4 000

（十二）特殊劳务交易

1．收到款项时。

借：银行存款 600 000
    贷：合同负债 600 000

2．确认家具、柜台的特许权费收入并结转成本时。

借：合同负债 200 000
    贷：主营业务收入 200 000

借：主营业务成本 180 000
    贷：库存商品 180 000

3．提供初始服务时。

借：合同履约成本——劳务成本 200 000
    贷：应付职工薪酬等 200 000

借：合同负债 300 000
    贷：主营业务收入 300 000

借：主营业务成本 200 000
    贷：合同履约成本——劳务成本 200 000

4．提供后续服务时。

借：合同履约成本——劳务成本 50 000
    贷：应付职工薪酬等 50 000

借：合同负债 100 000
    贷：主营业务收入 100 000

借：主营业务成本 50 000
    贷：合同履约成本——劳务成本 50 000

（十三）建造合同

1．确定各年的合同完工进度，如表 13-2 所示。

表 13-2 　　　　　　　　　　　　　　完工百分比法下完工进度计算表 　　　　　　　　　　　　　单位：元

项目	2020 年	2021 年	2022 年
合同总金额	13 500 000	13 500 000	13 500 000
减：合同预计总成本	12 000 000	12 150 000	12 150 000
到目前为止已经发生的成本	3 000 000	8 748 000	12 150 000
完成合同尚需发生的成本	9 000 000	3 402 000	
预计总毛利	1 500 000	1 350 000	1 350 000
完工进度	25%	72%	100%

计算各年的合同收入、费用和毛利，如表 13-3 所示。

表 13-3　　　　　　　　　　完工百分比法下各年的合同收入、费用和毛利计算表　　　　　　　　　单位：元

	年末累计	以前年度确认	本年度确认
2020 年			
收入（13 500 000×25%）		3 375 000	3 375 000
毛利（1 500 000×25%）		375 000	375 000
成本（收入-毛利）		3 000 000	3 000 000
2021 年			
收入（13 500 000×72%）	9 720 000	3 375 000	6 345 000
毛利（1 350 000×72%）	972 000	375 000	597 000
成本（收入-毛利）	8 748 000	3 000 000	5 748 000
2022 年			
收入 13 500 000	13 500 000	9 720 000	3 780 000
毛利 1 350 000	1 350 000	972 000	378 000
成本（收入-毛利）	12 150 000	8 748 000	3 402 000

完工百分比法和完工合同法下登记该建造合同收入的会计分录，如表 13-4 所示。

表 13-4　　　　　　　　　完工百分比法和完工合同法下建造合同收入的会计分录　　　　　　　　单位：元

项目	完工百分比法	完工合同法
2020 年		
（1）登记实际发生的成本。		
借：合同履约成本	3 000 000	3 000 000
贷：银行存款	3 000 000	3 000 000
（2）登记已结算的工程款。		
借：应收账款	2 700 000	2 700 000
贷：合同结算	2 700 000	2 700 000
（3）登记已收到的工程款。		
借：银行存款	2 250 000	2 250 000
贷：应收账款	2 250 000	2 250 000
（4）确认收入、成本和毛利。		
借：主营业务成本	3 000 000	
贷：合同履约成本	3 000 000	
借：合同结算	3 375 000	
贷：主营业务收入	3 375 000	
2021 年		
（1）登记实际发生的成本。		
借：合同履约成本	5 748 000	5 748 000
贷：银行存款	5 748 000	5 748 000
（2）登记已结算的工程款。		
借：应收账款	7 200 000	7 200 000
贷：合同结算	7 200 000	7 200 000
（3）登记已收到的工程款。		
借：银行存款	5 250 000	5 250 000
贷：应收账款	5 250 000	5 250 000

续表

项目	完工百分比法	完工合同法
（4）确认收入、成本和毛利。		
借：主营业务成本	5 748 000	
贷：合同履约成本	5 748 000	
借：合同结算	6 345 000	
贷：主营业务收入	6 345 000	
2022 年		
（1）登记实际发生的成本。		
借：合同履约成本	3 402 000	3 402 000
贷：银行存款	3 402 000	3 402 000
（2）登记已结算的工程款。		
借：应收账款	3 600 000	3 600 000
贷：合同结算	3 600 000	3 600 000
（3）登记已收到的工程款。		
借：银行存款	6 000 000	6 000 000
贷：应收账款	6 000 000	6 000 000
借：主营业务成本	3 402 000	
贷：合同履约成本	3 402 000	
借：合同结算	3 780 000	
贷：主营业务收入	3 780 000	
（4）工程完工。		
借：合同结算		13 500 000
贷：主营业务收入		13 500 000
借：主营业务成本		12 150 000
贷：合同履约成本		12 150 000

2.

① 合同成本能够收回，但合同进度无法估计时，不能采用完工百分比法。

② 假设客户只支付 150 000 元，当客户出现财务危机，其余额可能收不回来时。

借：主营业务成本 3 000 000

　　贷：合同履约成本 3 000 000

借：合同结算 150 000

　　贷：主营业务收入 150 000

3．2021 年年底，由于材料价格上涨等因素，预计工程总成本已达 13 700 000 元。建造该项工程的其他有关资料如表 13-5 所示。

表 13-5　建造工程的有关资料　　　　单位：元

项目	2020 年	2021 年	2022 年
预计工程总成本	12 000 000	13 700 000	13 700 000
到目前已经发生的成本	3 000 000	8 748 000	13 700 000
完成合同尚需发生成本	9 000 000	4 952 000	—
当年结算的工程价款	2 700 000	7 200 000	3 600 000
当年实际收到的价款	2 250 000	5 250 000	6 000 000

具体会计处理如下。

（1）2020 年的账务处理同上。

（2）2021 年的账务处理如下。

① 登记实际发生的成本。

借：合同履约成本　　　　　　　　　　　　　　　　　　　　　　5 748 000

　　贷：银行存款等　　　　　　　　　　　　　　　　　　　　　　　　5 748 000

② 登记已结算的工程款。

借：应收账款　　　　　　　　　　　　　　　　　　　　　　　　7 200 000

　　贷：合同结算　　　　　　　　　　　　　　　　　　　　　　　　　7 200 000

③ 登记已收到的工程款。

借：银行存款　　　　　　　　　　　　　　　　　　　　　　　　5 250 000

　　贷：应收账款　　　　　　　　　　　　　　　　　　　　　　　　　5 250 000

④ 确认收入、成本和毛利。

$$2021 \text{ 年完工进度}=\frac{8\,748\,000}{8\,748\,000+4\,952\,000}\times100\%=63.854\%$$

2021 年应确认的合同履约收入=13 500 000×63.854%-3 375 000

$$=5\,245\,290 \text{（元）}$$

2021 年应确认的合同预计损失=（8 748 000+4 952 000-13 500 000）×（1-63.854%）

$$=72\,292 \text{（元）}$$

借：主营业务成本　　　　　　　　　　　　　　　　　　　　　　5 748 000

　　贷：合同履约成本　　　　　　　　　　　　　　　　　　　　　　　5 748 000

借：合同结算　　　　　　　　　　　　　　　　　　　　　　　　5 245 290

　　贷：主营业务收入　　　　　　　　　　　　　　　　　　　　　　　5 245 290

同时，确认合同预计损失。

借：主营业务成本　　　　　　　　　　　　　　　　　　　　　　　　72 292

　　贷：预计负债　　　　　　　　　　　　　　　　　　　　　　　　　　72 292

（3）2022 年的账务处理如下。

① 登记实际发生的成本。

借：合同履约成本　　　　　　　　　　　　　　　　　　　　　　4 952 000

　　贷：银行存款等　　　　　　　　　　　　　　　　　　　　　　　　4 952 000

② 登记已结算的工程款。

借：应收账款　　　　　　　　　　　　　　　　　　　　　　　　3 600 000

　　贷：合同结算　　　　　　　　　　　　　　　　　　　　　　　　　3 600 000

③ 登记已收到的工程款。

借：银行存款　　　　　　　　　　　　　　　　　　　　　　　　6 000 000

　　贷：应收账款　　　　　　　　　　　　　　　　　　　　　　　　　6 000 000

④ 确认收入、成本和毛利。

2022 年应确认的合同履约收入=13 500 000-3 375 000-5 245 290=4 879 710（元）

借：主营业务成本　　　　　　　　　　　　　　　　　　　　　　4 952 000

　　贷：合同履约成本　　　　　　　　　　　　　　　　　　　　　　　4 952 000

借：合同结算　　　　　　　　　　　　　　　　　　　　　　　　4 879 710

　　贷：主营业务收入　　　　　　　　　　　　　　　　　　　　　　　4 879 710

⑤ 结转预计负债。

借：预计负债　　　　　　　　　　　　　　　　　　　　　　　　　　72 292

　　　　贷：主营业务成本　　　　　　　　　　　　　　　　　　72 292

（十四）劳务收入

1. 收到 80 000 元的预付款。

借：银行存款　　　　　　　　　　　　　　　　　　　　80 000
　　贷：合同负债　　　　　　　　　　　　　　　　　　　80 000

2. 发生本年实际支出。

借：合同履约成本——劳务成本　　　　　　　　　　　　70 000
　　贷：应付职工薪酬　　　　　　　　　　　　　　　　　70 000

2022 年应确认收入=250 000×30%=75 000（元）

应结转成本=200 000×30%=60 000（元）

借：合同负债　　　　　　　　　　　　　　　　　　　　75 000
　　贷：主营业务收入　　　　　　　　　　　　　　　　　75 000

借：主营业务成本　　　　　　　　　　　　　　　　　　60 000
　　贷：合同履约成本——劳务成本　　　　　　　　　　　60 000

补充资料 A　特定交易的会计处理

　　前面我们讨论了某一时点履行履约义务和某一时期履行履约义务的会计处理，但是，在实务中，还存在很多无法完全应用上述收入确认原则的销售交易，我们称之为特定（销售）交易。特定交易并不违背收入确认的基本原则，但在收入确认的细节上，与某一时点履行履约义务和某一时期履行履约义务的会计处理存在差异。国际财务报告收入准则专门将这部分内容放入附录——应用指南阐述，我国收入准则则专设一章——特定交易的会计处理——来规范。在这一章中，涉及的特定交易主要有退货权、质量保证、代理人与当事人的区分、额外购买选择权、知识产权、售后回购、预收货款和定金等。由于质量保证已在本书第十一章中（或有负债）讨论过，因此在附录中主要讨论退货权、主要责任人与代理人、额外购买选择权、知识产权和售后回购。

一、退货权

　　对于附有销售退回条款的销售，企业应当在客户取得相关商品控制权时，按照因向客户转让商品而预期有权收取的对价金额（即不包含预期因销售退回将退还的金额）确认收入，按照预期因销售退回将退还的金额确认负债；同时，按照预期将退回商品转让时的账面价值，扣除收回该商品预计发生的成本（包括退回商品的价值减损）后的余额，确认为一项资产，按照所转让商品转让时的账面价值，扣除上述资产成本的净额结转成本。每一资产负债表日，企业应当重新估计未来销售退回情况，如有变化，应当作为会计估计变更进行会计处理。

　　【例13-1】　甲公司为一健身器材销售公司，乙公司为其独立的连锁销售公司，甲公司于2022年4月1日签约向乙公司销售跑步器材100件，每件4 500元，成本3 000元，增值税税率为13%。合同约定货款于5月1日前支付（控制权转移）。在销售后的6个月内，乙公司享有全额退货的权利。4月2日，甲公司发出商品，5月1日，甲公司收到货款。根据以前的经验，该款跑步机的退货率在30%左右。退货可冲减应交增值税。假设10月1日前分别退货30件和25件。

　　（1）4月2日发出商品。

借：合同资产*　　　　　　　　　　　　　　　　　　　58 500

贷：应交税费——应交增值税（销项税额）	58 500

（＊合同资产在本章列示部分解释）

借：发出商品	300 000
贷：库存商品	300 000

（2）5月1日收到货款。

借：银行存款	508 500
主营业务成本	210 000
应收退货成本	90 000
贷：合同资产	58 500
主营业务收入	315 000
发出商品	300 000
预计负债	135 000

（3）若10月1日（6个月退货期）前退货30件。

借：库存商品	90 000
应交税费——应交增值税（销项税额）	17 550
预计负债	135 000
贷：银行存款	152 550
应收退货成本	90 000

（4）若10月1日前退货25件。

先按预计退货30件登记。

借：库存商品	90 000
应交税费——应交增值税（销项税额）	17 550
预计负债	135 000
贷：银行存款	152 550
应收退货成本	90 000

再登记5件的销售。

借：银行存款	25 425
主营业务成本	15 000
贷：主营业务收入	22 500
应交税费——应交增值税（销项税额）	2 925
库存商品	15 000

两笔合二为一（实际退货25件）

借：库存商品	75 000
应交税费——应交增值税（销项税额）	14 625
预计负债	135 000
主营业务成本	15 000
贷：银行存款	127 125
应收退货成本	90 000
主营业务收入	22 500

二、主要责任人与代理人（代销）

企业应当根据其在向客户转让商品前是否拥有对该商品的控制权，来判断其从事交易时的身份是主要责任人还是代理人。企业在向客户转让商品前能够控制该商品的，该企业为主要责任人，应当按照已收或应收对价总额确认收入；否则，该企业为代理人，应当按照预期有权收取的佣金或手续费的金额确认收入，该金额应当按照已收或应收对价总额扣除应支付给其他相关方的价款后的净额，或者按照既定的佣金金额或比例等确定。

【例13-2】甲经营一家网站以使客户能向一系列供应商购买商品，这些供应商直接向客户交付商品。通过该网站购买商品时，甲有权获得相当于售价10%的佣金，网站协助供应商与客户之间按供应商所设定的价格进行支付，甲在处理订单之前要求客户付款，且所有订单均不可退款。甲在安排向客户提供产品之后没有进一步的义务。

根据收入准则第三十四条的规定，企业向客户转让商品前能够控制该商品的情形如下。

（1）企业自第三方取得商品或其他资产控制权后，再转让给客户；

（2）企业能够主导第三方代表本企业向客户提供服务；

（3）企业自第三方取得商品控制权后，通过提供重大的服务将该商品与其他商品整合成某组合产出转让给客户。

例中的交易明显不满足上述三条中的任何一条，所以甲为代理人。

【例13-3】甲与乙签订了一份针对具有独特规格的设备的合同。双方共同制定设备的规格，并由甲同与其订立合同的供应商（第三方）沟通来制造设备，甲同时安排供应商直接向乙交付设备。在向乙交付设备时，合同规定甲按甲与供应商就制造设备商定的价格向供应商进行支付。

甲与乙议定售价，并且甲按双方商定的价格向乙开出发票，付款期为30天。甲的利润为收取乙的对价与支付第三方售价之间的差额。

甲与乙的合同规定，乙根据第三方提供的质保，就设备的缺陷，要求供应商做出修正。但是，甲须对因规格错误导致的设备修正承担责任。

根据收入准则第三十四条的规定：在具体判断向客户转让商品前是否拥有对该商品的控制权时，企业不应仅局限于合同的法律形式，而应当综合考虑所有相关事实和情况，这些事实和情况包括：

（1）企业承担向客户转让商品的主要责任；

（2）企业在转让商品之前或之后承担了该商品的存货风险；

（3）企业有权自主决定所交易商品的价格；

（4）其他相关事实和情况。

在【例13-3】中的交易中，甲明显满足上述四条中的前三条，所以认定甲为当事人。

代销是销售交易中一种常见的现象，下面我们将重点讨论其会计处理。

代销是指一家企业委托另一家企业代为销售其商品的行为。代销商品的所有权属于委托方。由于商品所有权尚未转移，委托方把商品运送给受托方的行为并不构成销售。在这种销售方式下，发出商品时不能确认销售收入，因为委托方在交付商品时并没有将风险和报酬转移给受托方。只有收到对方的代销清单时，表明受托方已将商品销售出去，才能确认收入的实现。对于发出的委托代销商品，可以设置"委托代销商品"科目，核算发出商品的成本，待收到对方的代销清单时再确认销售收入。代销通常有两种方式：视同买断方式和收取手续费方式。

第一，视同买断方式。

视同买断方式是指由委托方和受托方签订协议，委托方按协议价收取所代销的货款，实际售价可由受托方自定，实际售价与协议价之间的差额归受托方所有的销售方式。由于这种销售本质上仍是代销，委托方发出商品时，商品的所有权并未转移，因此，委托方在交付商品时不确认收入，受托方也不进行购进商品处理。受托方将商品销售后，应按实际售价确认为销售收入，并向委托方开具代销清单。委托方收到代销清单时，再确认本企业的销售收入。但如果协议规定，无论受托方是否能够出售商品，均与委托方无关，则此种协议视同销售，在交付商品时确认收入。

如果委托方与受托方之间的协议明确规定受托方在取得商品后，无论是否卖出、是否获利，均与委托方无关，则在符合商品收入确认条件时，委托方确认商品销售收入，无须等到收到商品销售清单时才确认。

第二，收取手续费方式。

在这种销售方式下，受托方根据所代销的商品数量向委托方收取手续费，收取的手续费属于劳务收入。这种代销方式与第一种方式相比，主要特点是，受托方通常应按照委托方规定的价格销售，不得自行改变售价。委托方在受托方交付商品代销清单时确认销售商品收入，受托方则按应收取的手续费确认收入。

【例13-4】 珠江公司委托甲企业销售A商品1 000件，协议价为100 000元，商品成本为80 000元，代销完成后，甲企业按协议价开出代销清单，甲企业实际按120 000元对外出售，增值税税率为13%。

【例13-5】 接【例13-4】，如果甲企业只按销售额的10%收取手续费，并以规定的协议价对外销售。本例中不考虑手续费的增值税。

珠江公司的会计处理如下。

为了比较说明视同买断方式和收取手续费方式的会计处理，将珠江公司两种方式的处理列表说明，如表13-6所示。

表13-6　　　　　　　　　　　　　　珠江公司两种代销方式的会计处理　　　　　　　　　　　　　单位：元

事项	视同买断方式		收取手续费方式	
（1）交付商品	借：委托代销商品 　　贷：库存商品	80 000 80 000	借：委托代销商品 　　贷：库存商品	80 000 80 000
（2）收到清单	借：应收账款 　　贷：主营业务收入 　　　　应交税费——应交增值税 　　　　（销项税额）	113 000 100 000 13 000	借：应收账款 　　贷：主营业务收入 　　　　应交税费——应交增值税 　　　　（销项税额） 借：销售费用 　　贷：应收账款	113 000 100 000 13 000 10 000 10 000
（3）结转成本	借：主营业务成本 　　贷：委托代销商品	80 000 80 000	借：主营业务成本 　　贷：委托代销商品	80 000 80 000
（4）收到款项	借：银行存款 　　贷：应收账款	113 000 113 000	借：银行存款 　　贷：应收账款	103 000 103 000

甲企业的会计处理如下。

同样，为了比较说明视同买断方式和收取手续费方式的会计处理，现将甲企业两种方式的处理列表说明，如表13-7所示。

表13-7　　　　　　　　　　　　　　甲企业两种代销方式的会计处理　　　　　　　　　　　　　　单位：元

事项	视同买断方式		收取手续费方式	
（1）收到商品	借：受托代销商品 　　贷：受托代销商品款	100 000 100 000	借：受托代销商品 　　贷：受托代销商品款	100 000 100 000
（2）实际销售	借：银行存款 　　贷：主营业务收入 　　　　应交税费——应交增值税 　　　　（销项税额）	135 600 120 000 15 600	借：银行存款 　　贷：应付账款 　　　　应交税费——应交增值税 　　　　（销项税额）	113 000 100 000 13 000

续表

事项	视同买断方式	收取手续费方式
（3）结转成本	借：主营业务成本　　　　　100 000 　　贷：受托代销商品　　　　　100 000	借：受托代销商品款　　　　100 000 　　贷：受托代销商品　　　　　100 000
（4）登记应付账款	借：受托代销商品款　　　　100 000 　　应交税费——应交增值税 　　　　（进项税额）　　　　 13 000 　　贷：应付账款　　　　　　 113 000	借：应交税费——应交增值税 　　　　（进项税额）　　　　 13 000 　　贷：应付账款　　　　　　　13 000
（5）交付货款	借：应付账款　　　　　　　113 000 　　贷：银行存款　　　　　　 113 000	借：应付账款　　　　　　　113 000 　　贷：银行存款　　　　　　 103 000 　　　　主营业务收入　　　　 10 000

三、额外购买选择权

对于附有客户额外购买选择权的销售，企业应当评估该选择权是否向客户提供了一项重大权利。企业提供重大权利的，应当作为单项履约义务，按照收入准则第二十条至第二十四条的规定将交易价格分摊至该履约义务，在客户未来行使购买选择权取得相关商品控制权时，或者该选择权失效时，确认相应的收入。客户额外购买选择权的单独售价无法直接观察的，企业应当综合考虑客户行使和不行使该选择权所能获得的折扣的差异、客户行使该选择权的可能性等全部相关信息后，予以合理估计。

客户虽然有额外购买商品选择权，但客户行使该选择权购买商品时的价格反映了这些商品单独售价的，不应被视为企业向该客户提供了一项重大权利。

【例13-6】　甲为一家大型商场，正在进行A商品的促销活动。顾客在购买100元的A商品后，获赠一张40%的折扣券，此券可用于在30天内不超过100元的任何购买。作为季节性促销的一部分，甲计划在未来30天内针对所有商品进行10%的折扣销售，但上述折扣券不得与此10%的折扣同时使用（即如果同时使用，在10%折扣活动中额外再折30%）。

根据经验，企业估计使用折扣券的概率为80%，平均每位顾客购买额外商品50元。

按收入准则第三十五条的规定，上述促销活动属于附有额外购买选择权的销售。

先对折扣券进行定价，单独售价为12元（额外购买50元×增量折扣30%×购买概率80%）。

100元的A商品销售附赠价值12元的折扣券，形成两项履约义务。A商品销售时确认89元的收入（100÷112×100）；企业在收到折扣券时确认11元的收入（100÷112×12）。

【例13-7】　甲向客户提供一项忠诚度计划——客户每购买10元的商品可获得一个积分，每个积分在进一步购买时按1元折扣兑现。报告期内，企业共销售100 000元的商品，客户可获得10 000个积分（对价是固定的，只针对100 000元的销售商品提供积分），企业预计兑现概率为95%。

第一个报告期期末，有4 500个积分被兑现，并且继续预计可能有9 500个积分被兑现。

第二个报告期期末，累计有8 500个积分被兑现，并且更新了预计兑现的估计，预计兑现概率为97%，预计兑现积分为9 700个。

按收入准则第三十五条的规定，上述积分活动属于附有额外购买选择权的销售。

10元的商品销售附赠价值1元的积分，形成两项履约义务。将100 000元的当期销售分摊至商品和积分（单位：元）。当期10 000个积分预期使价值为9 500元（10 000×95%×1）。

当期销售收入	91 324（100 000÷109 500×100 000）
积分价值（合同负债）	8 676（100 000÷109 500×9 500）
第一个报告期确认的积分收入	4 110（4 500÷9 500×8 676）

第一个报告期期末合同负债余额　　　4 566（8 676-4 110）

第二个报告期

报告期确认的积分收入　　　3 493（8 500÷9 700×8 676-4 110）

报告期期末合同负债余额　　　1 073（8 676-4 110-3 493）

会计分录（略）

四、知识产权

从经济学的角度来讲，资产的所有权可分为所属权（占有权）、使用权、收益权和处置权，这四项权利是可以相互分离的。企业可以在不转移资产所属权的情况下，转让资产的使用权，从而获取一定的收益。让渡资产使用权产生的收入，主要以知识产权形式为主，包括商标权、专利权、专营权、软件、版权等知识产权。当然，知识产权的转让也包括其所有权形式的转让。

一般情况下，企业向客户授予知识产权许可，同时满足下列条件时，应当作为在某一时段内履行的履约义务确认相关收入；否则，应当作为在某一时点履行的履约义务确认相关收入。

（1）合同要求或客户能够合理预期企业将从事对该项知识产权有重大影响的活动；

（2）该活动对客户将产生有利或不利影响；

（3）该活动不会导致向客户转让某项商品。

企业向客户授予知识产权许可，并约定按客户实际销售或使用情况收取特许权使用费的，应当在下列两项孰晚的时点确认收入。

（1）客户后续销售或使用行为实际发生；

（2）企业履行相关履约义务。

【例13-8】　甲和乙订立一份针对知识产权许可证（许可证A和许可证B）的合同。该合同代表两项履约义务，每项履约义务均在某一时点履行。许可证A和许可证B的单独售价分别为800元和1 000元。签约后，企业转让许可证B，许可证B按乙未来一年销售额的5%定价，企业估价为1 500元。一个月后，企业按乙的销售额收取200元。三个月后，企业转让许可证A，收费300元。

由于许可证A和许可证B的合同定价300元和1 500元严重偏离其市场价格，所以可变对价必须在许可证A和许可证B之间进行分摊。在第一个月许可证B收入200元时，许可证A和许可证B分别分配的收入确认金额为89元（800÷1 800×200）和111元（1 000÷1 800×200）。三个月后，转让许可证A时，同样要在两个许可证之间进行分摊。许可证A和许可证B分别分配的收入确认金额为133元（800÷1 800×300）和167元（1 000÷1 800×300）。

五、售后回购

售后回购（sales with buy back agreement），是指销售商品的同时，销售方同意日后重新买回所销商品的销售。售后回购本质上属于融资交易，因而这种业务不能确认相关的销售商品收入。在会计核算上，企业可以通过"其他应付款"科目核算在附有购回协议的销售方式下，发出商品的实际成本与销售价格以及相关税费之间的差额。

【例13-9】　珠江公司与乙企业签订一项售后回购协议，2022年3月1日珠江公司向乙企业按200 000元（不含增值税）销售一批商品（增值税税率为13%），该商品成本为160 000元，9月1日，珠江公司以212 000元购回（不含增值税）。该商品已经发出。珠江公司登记相关会计分录如下。

（1）销售时。

借：银行存款（200 000+200 000×13%）　　　226 000

　　贷：应交税费——应交增值税（销项税额）　　　26 000

其他应付款		200 000
借：发出商品	160 000	
贷：库存商品		160 000

（2）因为回购价格大于原售价，所以每月应计提利息费用，相关会计分录如下。

借：财务费用［（212 000-200 000）÷6］	2 000	
贷：其他应付款		2 000

（3）购回时。

借：其他应付款	212 000	
应交税费——应交增值税（进项税额）（212 000×13%）	27 560	
贷：银行存款		239 560
借：库存商品	160 000	
贷：发出商品		160 000

补充资料思考题

1. 将奖励积分或赠券作为递延收益处理与作为预计负债处理有何区别，你认为哪种方法更好？

2. 代销的销售收入应由哪一方确认？如何确认？

3. 售后回购作为一种融资手段，与其他融资方法的区别是什么？

4. 附有退货权的销售，收入确认的原则是什么？

补充资料练习题

（一）许可证

资料：甲和乙订立一份针对知识产权许可证（许可证 A 和许可证 B）的合同。该合同代表两项履约义务，每项履约义务均在某一时点履行。许可证 A 和许可证 B 的单独售价分别为 800元和 1 000 元。

签约后，企业转让许可证 B，许可证 B 按乙未来一年销售额的 3%定价，企业估价为 1 000元。一个月后，企业转让许可证 A，收费 800 元。

要求：计算这种情形下许可证 A 和许可证 B 的收入确认金额。

（二）售后回购

资料：A 公司为增值税一般纳税企业，适用的增值税税率为 13%。2022 年 6 月 1 日，A 公司与 B 公司签订协议，向 B 公司销售一批商品，增值税专用发票上注明销售价格为 100 000 元，增值税税额为 13 000 元。协议规定，A 公司应在 10 月 30 日将所售商品购回，回购价为 110 000元（不含增值税税额）。商品已经发出，货款已经收到。该商品的实际成本为 80 000 元。

要求：编制有关会计分录。

（三）退货权

资料：接【例 13-1】，甲公司为一健身器材销售公司，乙公司为其独立的连锁销售公司，甲公司于 2022 年 4 月 1 日签约向乙公司销售跑步器材 100 件，每件 4 500 元，成本 3 000 元，增值税税率为 13%。合同约定货款于 5 月 1 日前支付。在销售后的 6 个月内，乙公司享有全额退货的权利。4 月 2 日，甲公司发出商品，5 月 1 日，甲公司收到货款。根据以前的经验，该款跑步机的退货率在 30%左右。退货可冲减应交增值税。

要求：

（1）假定 10 月 1 日，乙公司实际退货 35 件，请编制会计分录。

（2）假定甲公司无法估计实际的退货率，请编制实际退货 40 件和无退货两种情况下从销售开始到最后的会计分录。

（四）商品代销业务

资料：A 企业为增值税一般纳税企业，适用的增值税税率为 13%。2022 年 2 月 1 日，A 企业与 B 企业签订代销协议，委托 B 企业销售甲商品 100 件，协议价为 800 元/件，该商品成本为 500 元/件。10 月 1 日，A 企业收到 B 企业开来的代销清单后开具增值税发票，发票上注明销售额 80 000 元，增值税 10 400 元。B 企业实际销售时开具的增值税发票上注明销售额是 100 000 元，增值税税额为 13 000 元。10 月 5 日，A 企业收到 B 企业按合同协议支付的款项。

要求：编制双方的会计分录。

（五）商品代销业务

资料：沿用上题的资料，并假定：（1）A 企业与 B 企业签订的代销协议规定 B 企业应按每件商品 800 元的价格对外销售，A 企业按售价的 10%支付 B 企业手续费；（2）B 企业对外售出商品，向买方开具的增值税专用发票上注明甲商品销售额 80 000 元，增值税税额 10 400 元。10 月 1 日，A 企业收到 B 企业交来的代销清单，并向 B 企业开具了一张相同金额的增值税发票。10 月 5 日，A 企业收到 B 企业支付的商品代销款（已扣手续费）。不考虑手续费的增值税。

要求：编制双方的会计分录。

补充资料结构

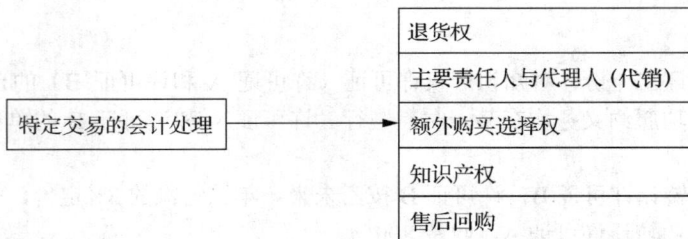

特定交易的会计处理 →
- 退货权
- 主要责任人与代理人（代销）
- 额外购买选择权
- 知识产权
- 售后回购

补充资料要点

特定交易的会计处理

实务中还存在很多无法完全应用按某一时点履行履约义务和某一时期履行履约义务进行会计处理的销售交易，我们称之为特定（销售）交易。特定交易并不违背收入确认的基本原则，但在收入确认的细节上，与某一时点履行履约义务和某一时期履行履约义务的会计处理存在差异。特定交易主要有退货权、质量保证、代理人与当事人的区分、额外购买选择权、知识产权、售后回购、预收货款和定金等。

补充资料练习题答案

（一）许可证

按收入准则的规定将可变对价分摊至各单项履约义务，按相应分摊方法进行分摊，按第三十六条和第三十七条的规定（知识产权）确定收入（许可证 B）。

转让许可证 B 时，可变对价 1 000 元分配给许可证 B，收款时不确认收入，以后一年每月按 3%的销售额确定实际收费并确认收入。一个月后，转让许可证 A 时，按固定对价 800 元确认许可证 A 的收入。

（二）售后回购

1．6月1日发出商品时。

借：银行存款　　　　　　　　　　　　　　　　　　　　113 000
　　贷：其他应付款　　　　　　　　　　　　　　　　　　　100 000
　　　　应交税费——应交增值税（销项税额）　　　　　　　 13 000
借：发出商品　　　　　　　　　　　　　　　　　　　　 80 000
　　贷：库存商品　　　　　　　　　　　　　　　　　　　　 80 000

回购价大于原售价的差额 10 000 元，应在回购期间按期计提利息费用，由于回购期间为 5 个月，货币时间价值影响不大，故采用直线法计提利息费用，每月计提金额为 2 000 元（10 000÷5）。

借：财务费用　　　　　　　　　　　　　　　　　　　　　2 000
　　贷：其他应付款　　　　　　　　　　　　　　　　　　　　2 000

2．10月30日回购商品时。

借：财务费用　　　　　　　　　　　　　　　　　　　　　2 000
　　贷：其他应付款　　　　　　　　　　　　　　　　　　　　2 000
借：其他应付款　　　　　　　　　　　　　　　　　　　110 000
　　应交税费——应交增值税（进项税额）　　　　　　　　 14 300
　　贷：银行存款　　　　　　　　　　　　　　　　　　　　124 300
借：库存商品　　　　　　　　　　　　　　　　　　　　 80 000
　　贷：发出商品　　　　　　　　　　　　　　　　　　　　 80 000

（三）退货权

1．若10月1日退货35件。

先按预计退货30件登记。

借：库存商品　　　　　　　　　　　　　　　　　　　　 90 000
　　应交税费——应交增值税（销项税额）　　　　　　　　 17 550
　　预计负债　　　　　　　　　　　　　　　　　　　　135 000
　　贷：银行存款　　　　　　　　　　　　　　　　　　　　152 550
　　　　应收退货成本　　　　　　　　　　　　　　　　　　 90 000

再登记5件销售的冲回。

借：主营业务收入　　　　　　　　　　　　　　　　　　 22 500
　　应交税费——应交增值税（销项税额）　　　　　　　　　2 925
　　库存商品　　　　　　　　　　　　　　　　　　　　 15 000
　　贷：银行存款　　　　　　　　　　　　　　　　　　　　 25 245
　　　　主营业务成本　　　　　　　　　　　　　　　　　　 15 000

两笔分录合二为一（实际退货35件）。

借：库存商品　　　　　　　　　　　　　　　　　　　　105 000
　　应交税费——应交增值税（销项税额）　　　　　　　　 20 475
　　预计负债　　　　　　　　　　　　　　　　　　　　135 000
　　主营业务收入　　　　　　　　　　　　　　　　　　 22 500
　　贷：银行存款　　　　　　　　　　　　　　　　　　　　177 975
　　　　应收退货成本　　　　　　　　　　　　　　　　　　 90 000
　　　　主营业务成本　　　　　　　　　　　　　　　　　　 15 000

2．无法估计退货情况下的会计处理如下。

（1）4月2日发出商品。

借：合同资产　　　　　　　　　　　　　　　　　　　　　　58 500
　　贷：应交税费——应交增值税（销项税额）　　　　　　　　　　58 500
借：发出商品　　　　　　　　　　　　　　　　　　　　　　300 000
　　贷：库存商品　　　　　　　　　　　　　　　　　　　　　　300 000

（2）5月1日收到货款。

借：银行存款　　　　　　　　　　　　　　　　　　　　　　508500
　　贷：合同负债　　　　　　　　　　　　　　　　　　　　　　450 000
　　　　合同资产　　　　　　　　　　　　　　　　　　　　　　58 500

（3）10月1日退货期满没有发生退货。

借：合同负债　　　　　　　　　　　　　　　　　　　　　　450 000
　　贷：主营业务收入　　　　　　　　　　　　　　　　　　　　450 000
借：主营业务成本　　　　　　　　　　　　　　　　　　　　300 000
　　贷：发出商品　　　　　　　　　　　　　　　　　　　　　　300 000

（4）10月1日退货期满发生退货40件。

借：合同负债　　　　　　　　　　　　　　　　　　　　　　450 000
　　应交税费——应交增值税（销项税额）　　　　　　　　　　23 400
　　贷：主营业务收入　　　　　　　　　　　　　　　　　　　　270 000
　　　　银行存款　　　　　　　　　　　　　　　　　　　　　　203 400
借：主营业务成本　　　　　　　　　　　　　　　　　　　　180 000
　　库存商品　　　　　　　　　　　　　　　　　　　　　　120 000
　　贷：发出商品　　　　　　　　　　　　　　　　　　　　　　300 000

（四）商品代销业务

视同买断方式下的会计处理如表13-8所示。

表13-8　　　　　　　　　　　　　　　会计分录

事项	A 企业		B 企业	
① 交付商品	借：委托代销商品 　　贷：库存商品	50 000 50 000	借：受托代销商品 　　贷：受托代销商品款	80 000 80 000
② 收到清单	借：应收账款 　　贷：主营业务收入 　　　　应交税费——应交增值税（销项税额）	90 400 80 000 10 400	借：银行存款 　　贷：主营业务收入 　　　　应交税费——应交增值税（销项税额）	113 000 100 000 13 000
③ 结转成本	借：主营业务成本 　　贷：委托代销商品	50 000 50 000	借：主营业务成本 　　贷：受托代销商品	80 000 80 000
④ 收到款项	借：银行存款 　　贷：应收账款	90 400 90 400	借：受托代销商品款 　　应交税费——应交增值税 　　　　　　（进项税额） 　　贷：应付账款 借：应付账款 　　贷：银行存款	80 000 10 400 90 400 90 400 90 400

（五）商品代销业务

收取手续费方式下的会计处理如表13-9所示。

表 13-9   会计分录

事项	A 企业		B 企业	
① 交付商品	借：委托代销商品　　　　　50 000 　　贷：库存商品　　　　　　　50 000		借：受托代销商品　　　　　80 000 　　贷：受托代销商品款　　　　80 000	
② 收到清单	借：应收账款　　　　　　　90 400 　　贷：主营业务收入　　　　　80 000 　　　　应交税费——应交增值税 　　　　（销项税额）　　　　　10 400 借：销售费用　　　　　　　　8 000 　　贷：应收账款　　　　　　　 8 000		借：银行存款　　　　　　　90 400 　　贷：应付账款　　　　　　　80 000 　　　　应交税费——应交增值税（销项税额） 　　　　　　　　　　　　　　10 400 借：受托代销商品款　　　　80 000 　　贷：受托代销商品　　　　　80 000	
③ 结转成本	借：主营业务成本　　　　　50 000 　　贷：委托代销商品　　　　　50 000		借：应交税费——应交增值税（进项税额） 　　　　　　　　　　　　　　10 400 　　贷：应付账款　　　　　　　10 400	
④ 收到款项	借：银行存款　　　　　　　82 400 　　贷：应收账款　　　　　　　82 400		借：应付账款　　　　　　　90 400 　　贷：银行存款　　　　　　　82 400 　　　　主营业务收入　　　　　 8 000	

📝 补充资料 B　政府补助

　　政府更多的是以补助的形式，而不是直接捐赠的方式来体现某种经济刺激政策。例如，鼓励或扶持特定行业、地区或领域的发展，通过无偿拨款、担保等方式进行，这是国际通行的做法。政府补助的特点有二：一是无偿性，既不要求偿还，也不享受投资权；二是直接从政府取得资产，包括货币性资产或非货币性资产。政府补助分为与收益相关的和与资产相关的两种形式。

　　政府补助有两种会计处理方法：收益法和资本法。前者是将政府补助计入当期收益或递延收益；后者是将政府补助计入所有者权益，《企业会计准则第 16 号——政府补助》已经取消了这一种形式。收益法又分为总额法与净额法：总额法将政府补助金额确认为收益；而净额法将政府补助从相关资产中扣减，对相关资产按净额入账。总额法和净额法主要针对与资产相关的政府补助。政府补助准则允许采用净额法，并规定与日常经营活动有关的政府补助收益，计入"其他收益"科目，构成企业的经营利润；否则计入"营业外收入"，不构成企业的经营利润，形成企业的非经常性损益。

　　【例13-10】　某地方政府为鼓励甲企业从事光伏产品生产，拨款500万元给企业用于购买一大型设备，设备实际成本为800万元，折旧期为10年，无残值，按年限平均折旧，相关处理如表13-10所示（假设不考虑其他因素）。

表 13-10   政府补助的会计处理

事项	政府先拨款（总额法）		政府直接将款项打入销货方（净额法）	
（1）收到拨款时	借：银行存款　　　　　　5 000 000 　　贷：递延收益　　　　　　5 000 000			
（2）购买设备时	借：固定资产　　　　　　8 000 000 　　贷：银行存款　　　　　　8 000 000		借：固定资产　　　　　　3 000 000 　　贷：银行存款　　　　　　3 000 000	
（3）每年计提折旧时	借：制造费用　　　　　　　800 000 　　贷：累计折旧　　　　　　　800 000 借：递延收益　　　　　　　500 000 　　贷：其他收益　　　　　　　500 000		借：制造费用　　　　　　　800 000 　　贷：累计折旧　　　　　　　300 000 　　　　其他收益　　　　　　　500 000	

　　如果设备提前处置，则将剩余递延收益在处置时转入其他收益。

　　如为与收益相关的政府补助，确定或收到补助时，借记"银行存款"或"其他应收款"，贷记"递延收益"；以后在政府补助的受益期间分摊，借记"递延收益"，贷记"营业外收入"或"其他收益"。

第十四章

所得税会计

本章结构

```
                                        ┌──────────────────┐
                              ┌─────────┤ 所得税会计的产生   │
                              │         ├──────────────────┤
               ┌─────────────┐│         │ 一个简例          │
               │所得税会计的基本├┤         ├──────────────────┤
               │概念          ││         │ 所得税会计的有关概念│
               └─────────────┘└─────────┴──────────────────┘

                                        ┌──────────────────┐
                              ┌─────────┤ 资产负债表债务法概述│
                              │         ├──────────────────┤
┌────────┐     ┌─────────────┐│         │ 资产、负债的计税基础│
│所得税会计├─────┤资产负债表债务├┤         ├──────────────────┤
└────────┘     │法            ││         │ 递延所得税资产、递延 │
               └─────────────┘└─────────┤ 所得税负债和所得税费│
                                        │ 用的确认          │
                                        └──────────────────┘

                                        ┌──────────────────┐
                              ┌─────────┤ 税率不变时的所得税会│
                              │         │ 计处理            │
                              │         ├──────────────────┤
               ┌─────────────┐│         │ 税率变动时的所得税会│
               │所得税会计处理 ├┤         │ 计处理            │
               └─────────────┘│         ├──────────────────┤
                              │         │ 特殊项目产生的暂时性│
                              │         │ 差异              │
                              │         ├──────────────────┤
                              └─────────┤ 披露与分析         │
                                        └──────────────────┘
```

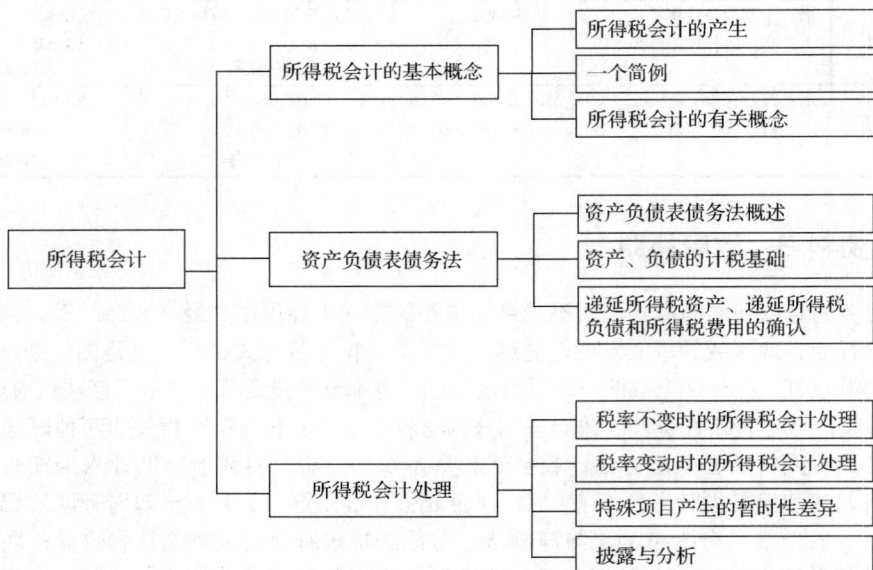

本章概念（关键词）

所得税会计	纳税影响会计法	应付税款法	会计所得
应税所得	永久性差异	时间性差异	暂时性差异
所得税费用	应交所得税	资产负债表债务法	递延所得税负债
可抵扣暂时性差异	递延所得税资产	应纳税暂时性差异	

本章小结

1. 会计与税收差异形成的原因

应税差异是指财务会计计算的所得税费用与税法上计算的应交所得税之间的差异。这种差异的形成是由于财务会计计算的所得税费用是根据会计所得（即会计净利润）来计算的，会计所得是按会计准则的规定以权责发生制为基础计算出来的所得税前会计利润。而应交所得税是根据应税所得乘以税率计算出来的，应税所得是按税收法规的规定，以收益实现为基础来计算的应纳所得税的利润。

2. 暂时性差异及其种类

暂时性差异是指由于税法与会计准则在确认收益、费用或损失时的时间不同而产生的税前会计利润与应纳税所得额的差异。这一差异发生于某一会计期间，但在以后一期或若干期内能够转回，因而称为暂时性差异。暂时性差异主要有以下几种类型：（1）企业获得的某项收益，按照会计准则规定应当确认为当期收益，但按照税法规定须待以后期间确认为应纳税所得额；（2）企业发生的某项费用或损失，按照会计准则的规定应当确认为当期费用或损失，但按照税法的规定须待以后期间从应纳税所得额中扣减；（3）企业获得的某项收益，按照会计准则的规定应当于以后期间确认收益，但按照税法的规定须在实际收到现金时计入当期应纳税所得额；（4）企业发生的某项费用或损失，按照会计准则的规定应当于以后期间确认为费用或损失，但按照税法的规定可以从当期应纳税所得额中扣减。在两种计税差异中，由于永久性差异是单向的、不可逆转的，故其会计处理原则应以税法的规定为基础，将会计所得调整为应税所得；而暂时性差异（包括所有时间性差异）是暂时的、可逆转的，因而，所得税会计的核心就集中在对这种差异的会计处理上。

3. 永久性差异及其种类

永久性差异是指某一会计期间，由于会计准则和税法在计算收益、费用或损失时的口径不同，而产生的税前会计利润与应纳税所得额之间的差异。这种差异在本期发生，不会在以后各期转回。永久性差异有以下几种类型：（1）按会计准则的规定核算时作为收益计入会计报表，在计算应纳税所得额时不确认为收益；（2）按会计准则的规定核算时未作为收益计入会计报表，在计算应纳税所得额时作为收益，需要缴纳所得税；（3）按会计准则的规定核算时确认为费用或损失计入会计报表，在计算应纳税所得额时则不允许扣减；（4）按会计准则的规定核算时不确认为费用或损失，在计算应纳税所得额时则允许扣减。

4. 资产负债表债务法

资产负债表债务法是通过比较资产负债表上每一资产与负债项目的会计账面价值与计税基础之间的暂时性差异，分别确认递延所得税资产和递延所得税负债。另外，在所得税税率发生变动时，采用资产负债表债务法要随即调整已经形成的递延所得税资产和递延所得税负债。资产负债表债务法的基本核算程序如下：（1）确定资产、负债的账面价值；（2）确定资产、负债的计税基础；（3）比较资产、负债账面价值与计税基础，确定暂时性差异；（4）确认递延所得税资产与负债（在所得税税率发生变动时调整递延所得税资产与负债）；（5）计算应交所得税；（6）计算所得税费用。

本章相关的法规、制度及主要阅读文献

1. 《企业会计准则第 18 号——所得税》（2006）
2. 《企业会计准则讲解（2010）》
3. 《企业会计准则解释》第 1 号～第 14 号
4. 《中华人民共和国企业所得税法》（2017）

教材练习题解答

（一）暂时性差异与永久性差异

（1）国债利息收入 45 000 元为永久性差异。

（2）会计折旧低于税法折旧的 20 000 元为暂时性差异。

（3）滞纳金 50 000 元为永久性差异。

（4）计提的产品保修准备为暂时性差异。

（5）赞助支出为永久性差异。

（6）公益性捐赠支出，在年度利润总额12%以外的部分（30 000元）为暂时性差异。

（7）交易性金融资产账面价值与计税基础的差额50 000元以及其他债权投资账面价值与计税基础的差额20 000元为暂时性差异。

（8）计提的存货跌价准备和坏账准备为暂时性差异。

（9）无形资产账面价值与计税基础的差额50 000元为暂时性差异。加计扣除为永久性差异。

（10）税率相等时，收到的现金股利30 000元和按权益法登记的投资收益450 000元为永久性差异。

（二）应付税款法

1．应交所得税计算如下（单位：元）。

会计利润	1 500 000
永久性差异	
减：国债利息	−45 000
现金股利	−30 000
投资收益	−250 000
加：滞纳金	50 000
非公益性捐赠支出	20 000
暂时性差异	
交易性金融资产	50 000
存货跌价准备	80 000
固定资产	−55 000
预计负债	100 000
应税所得	1 420 000
税率	25%
应交所得税	355 000

2．在应付税款法下，按应交所得税金额确认所得税费用。

借：所得税 355 000
　　贷：应交税费 355 000

（三）资产负债表债务法——税率不变

1．2021年所得税费用的确定如下。

第一步：确定资产、负债的账面价值与计税基础。

（1）交易性金融资产：账面价值250 000元；计税基础300 000元。

（2）其他债权投资：账面价值180 000元；计税基础200 000元。

（3）存货跌价准备：账面价值80 000元；计税基础0。

（4）固定资产：账面价值455 000元；计税基础400 000元。

（5）预计负债：账面价值100 000元；计税基础0。

第二步：比较资产、负债账面价值与计税基础，确定暂时性差异（见表14-1）。

第三步：确定本期递延所得税资产与递延所得税负债。

递延所得税资产=250 000×25%=62 500（元）

递延所得税负债=55 000×25%=13 750（元）

表 14-1　　　　　　　　　　　账面价值与计税基础的对比　　　　　　　　　　　单位: 元

项目	账面价值	计税基础	暂时性差异	
			应纳税差异	可抵扣差异
交易性金融资产	250 000	300 000		50 000
其他债权投资	180 000	200 000		20 000
存货跌价准备	80 000	0		80 000
固定资产	455 000	400 000	55 000	
预计负债	100 000	0		100 000
合计			55 000	250 000

第四步: 计算应交所得税（单位: 元）。

会计利润	1 500 000
永久性差异	
减: 国债利息	−45 000
现金股利	−30 000
投资收益	−250 000
加: 滞纳金	50 000
公益性捐赠支出	20 000
暂时性差异	
交易性金融资产	50 000
存货跌价准备	80 000
固定资产	−55 000
预计负债	100 000
应税所得	1 420 000
税率	25%
应交所得税	355 000

第五步: 计算所得税费用并登记会计分录。

本期所得税费用=应交所得税−递延所得税资产增加+递延所得税负债的增加+
　　　　　　其他综合收益的增加

　　　　　　=355 000−62 500+13 750+5 000

　　　　　　=311 250（元）

借: 所得税	311 250	
递延所得税资产	62 500	
贷: 应交税费——应交所得税		355 000
递延所得税负债		13 750
其他综合收益		5 000

2. 2022 年所得税费用的确定如下。

第一步: 确定资产、负债的账面价值与计税基础。

（1）交易性金融资产: 账面价值 300 000 元; 计税基础 300 000 元。

（2）其他债权投资: 账面价值 300 000 元; 计税基础 200 000 元。

（3）存货跌价准备: 账面价值 80 000 元; 计税基础 0。

（4）固定资产: 账面价值 410 000 元; 计税基础 320 000 元。

（5）无形资产：账面价值 500 000 元；计税基础 450 000 元。

（6）预计负债：账面价值 150 000 元；计税基础 0。

第二步：比较资产、负债账面价值与计税基础，确定暂时性差异（见表 14-2）。

表 14-2   账面价值与计税基础的比较   单位：元

项目	账面价值	计税基础	暂时性差异	
			应纳税差异	可抵扣差异
交易性金融资产	300 000	300 000	0	
其他债权投资	300 000	200 000	100 000	
存货跌价准备	80 000	0		80 000
固定资产	410 000	320 000	90 000	
无形资产	500 000	450 000	50 000	
预计负债	150 000	0		150 000
合计			240 000	230 000

第三步：确定本期递延所得税资产与递延所得税负债。

本期递延所得税资产=230 000×25%-62 500=-5 000（元）

本期递延所得税负债=240 000×25%-13 750=46 250（元）

第四步：计算应交所得税（单位：元）。

会计利润	1 800 000
永久性差异	
减：国债利息	-45 000
现金股利	-50 000
投资收益	-250 000
加：赞助支出	50 000
暂时性差异	
交易性金融资产（0-50 000）	-50 000
固定资产[-90 000-（-55 000）]	-35 000
无形资产（-50 000-0）	-50 000
预计负债（150 000-100 000）	50 000
应税所得	1 420 000
税率	25%
应交所得税	355 000

第五步：计算所得税费用并登记会计分录。

本期所得税费用=应交所得税+递延所得税资产的减少+递延所得税负债的增加-
其他综合收益的减少

=355 000+5 000+46 250-30 000

=376 250（元）

会计分录如下。

借：所得税费用	376 250	
其他综合收益	30 000	
贷：递延所得税资产		5 000
递延所得税负债		46 250
应交税费		355 000

（四）资产负债表债务法——税率变动

1. 假设 2021 年已经知道 2022 年将实施新的 15% 的税率。

（1）2021 年所得税费用的确定如下。

第一步：确定资产、负债的账面价值与计税基础。

① 交易性金融资产：账面价值 250 000 元；计税基础 300 000 元。

② 其他债权投资：账面价值 180 000 元；计税基础 200 000 元。

③ 存货跌价准备：账面价值 80 000 元；计税基础 0。

④ 固定资产：账面价值 455 000 元；计税基础 400 000 元。

⑤ 预计负债：账面价值 100 000 元；计税基础 0。

第二步：比较资产、负债账面价值与计税基础，确定暂时性差异（见表 14-3）。

表 14-3 　　　　　　　　　　　　账面价值与计税基础的比较　　　　　　　　　　　单位：元

项目	账面价值	计税基础	暂时性差异	
			应纳税差异	可抵扣差异
交易性金融资产	250 000	300 000		50 000
其他债权投资	180 000	200 000		20 000
存货跌价准备	80 000	0		80 000
固定资产	455 000	400 000	55 000	
预计负债	100 000	0		100 000
合计			55 000	250 000

第三步：确定本期递延所得税资产与递延所得税负债。

递延所得税资产=250 000×15%=37 500（元）

递延所得税负债=55 000×15%=8 250（元）

第四步：计算应交所得税（本期仍按 25% 缴纳所得税）（单位：元）。

会计利润	1 500 000
永久性差异	
减：国债利息	−45 000
现金股利	−30 000
投资收益	−250 000
加：滞纳金	50 000
公益性捐赠支出不能列支的部分	20 000
暂时性差异	
交易性金融资产	50 000
存货跌价准备	80 000
固定资产	−55 000
预计负债	100 000
应税所得	1 420 000
税率	25%
应交所得税	355 000

第五步：计算所得税费用并登记会计分录。

本期所得税费用=应交所得税−递延所得税资产的增加+
　　　　　　递延所得税负债的增加+其他综合收益的增加

$$=355\ 000-37\ 500+8\ 250+3\ 000$$
$$=328\ 750（元）$$

借：所得税费用　　　　　　　　　　　　　　　　　　　328 750

　　递延所得税资产　　　　　　　　　　　　　　　　　　37 500

　　贷：应交税费——应交所得税　　　　　　　　　　　　　　355 000

　　　　递延所得税负债　　　　　　　　　　　　　　　　　　8 250

　　　　其他综合收益　　　　　　　　　　　　　　　　　　　3 000

（2）2022 年所得税费用的确定如下。

第一步：确定资产、负债的账面价值与计税基础。

① 交易性金融资产：账面价值 300 000 元；计税基础 300 000 元。

② 其他债权投资：账面价值 300 000 元；计税基础 200 000 元。

③ 存货跌价准备：账面价值 80 000 元；计税基础 0。

④ 固定资产：账面价值 410 000 元；计税基础 320 000 元。

⑤ 无形资产：账面价值 500 000 元；计税基础 450 000 元。

⑥ 预计负债：账面价值 150 000 元；计税基础 0。

第二步：比较资产、负债账面价值与计税基础，确定暂时性差异，如表 14-4 所示。

表 14-4　　　　　　　　　　　　　　账面价值与计税基础的比较　　　　　　　　　　　　单位：元

项目	账面价值	计税基础	暂时性差异	
			应纳税差异	可抵扣差异
交易性金融资产	300 000	300 000	0	
其他债权投资	300 000	200 000	100 000	
存货跌价准备	80 000	0		80 000
固定资产	410 000	320 000	90 000	
无形资产	500 000	450 000	50 000	
预计负债	150 000	0		150 000
合计			240 000	230 000

第三步：确定本期递延所得税资产与递延所得税负债。

本期递延所得税资产=230 000×15%-37 500=-3 000（元）

本期递延所得税负债=240 000×15%-8 250=27 750（元）

第四步：计算应交所得税（单位：元）。

会计利润	1 800 000
永久性差异	
减：国债利息	-45 000
现金股利	-50 000
投资收益	-250 000
加：赞助支出	50 000
暂时性差异	
交易性金融资产	-50 000
固定资产	-35 000
无形资产	-50 000
预计负债	50 000
应税所得	1 420 000

税率	15%
应交所得税	213 000

第五步：计算所得税费用并登记会计分录。

本期所得税费用=应交所得税+递延所得税资产的减少+递延所得税负债的增加-
　　　　　　　其他综合收益的减少
　　　　　　=213 000+3 000+27 750-18 000
　　　　　　=225 750（元）

会计分录如下。

借：所得税费用　　　　　　　　　　　　　　　　　　225 750
　　其他综合收益　　　　　　　　　　　　　　　　　　18 000
　　　贷：递延所得税资产　　　　　　　　　　　　　　　　　3 000
　　　　　递延所得税负债　　　　　　　　　　　　　　　　　27 750
　　　　　应交税费　　　　　　　　　　　　　　　　　　　213 000

2．假设到 2022 年才得知税率调整为 15%（采用追溯调整法）。

2021 年递延所得税资产调整额=可抵扣暂时性差异×（老税率-新税率）
　　　　　　　　　　　　　=250 000×（25%-15%）
　　　　　　　　　　　　　=25 000（元）

2021 年递延所得税负债调整额=应纳税暂时性差异×（老税率-新税率）
　　　　　　　　　　　　　=55 000×（25%-15%）
　　　　　　　　　　　　　=5 500（元）

期初未分配利润调整额=递延所得税负债的减少-递延所得税资产的减少+其他综合收益的减少
　　　　　　　　　=5 500-25 000+2 000
　　　　　　　　　=-17 500（元）

调整分录如下。

借：递延所得税负债　　　　　　　　　　　　　　　　　5 500
　　其他综合收益　　　　　　　　　　　　　　　　　　2 000
　　期初未分配利润　　　　　　　　　　　　　　　　　17 500
　　　贷：递延所得税资产　　　　　　　　　　　　　　　　25 000

2022 年其他分录同上。

（五）资产负债表债务法——亏损抵扣

1．2021—2026 年所得税的会计处理如下。

（1）2021 年亏损 6 500 000 元（所得税税率为 25%）。

借：递延所得税资产　　　　　　　　　　　　　　　　1 625 000
　　　贷：所得税费用　　　　　　　　　　　　　　　　　　1 625 000

扣除 1 625 000 元的所得税收益后，该企业当年的净亏损为 4 875 000 元。

（2）2022 年盈利 500 000 元，所得税税率改为 15%。

2021 年递延所得税资产的追溯调整额=6 500 000×（25%-15%）
　　　　　　　　　　　　　　　　=650 000（元）

借：期初未分配利润　　　　　　　　　　　　　　　　650 000
　　　贷：递延所得税资产　　　　　　　　　　　　　　　　650 000
借：所得税费用　　　　　　　　　　　　　　　　　　　75 000
　　　贷：递延所得税资产　　　　　　　　　　　　　　　　75 000

（3）2023 年盈利 1 000 000 元。

借：所得税费用   150 000

  贷：递延所得税资产   150 000

（4）2024 年盈利 1 200 000 元。

借：所得税费用   180 000

  贷：递延所得税资产   180 000

（5）2025 年盈利 1 800 000 元。

借：所得税费用   270 000

  贷：递延所得税资产   270 000

（6）2026 年盈利 2 000 000 元。

借：所得税费用   300 000

  贷：递延所得税资产   300 000

2．假定 2023 年预计最后两年的利润分别为 1 500 000 元和 1 800 000 元，则应调减 2021 年确认的递延所得税资产，调减 2021 年度期末未分配利润。

（1）2021 年递延所得税资产的追溯调整额如下。

（1 800 000-1 500 000+2 000 000-1 800 000）×15%=75 000（元）

借：期初未分配利润   75 000

  贷：递延所得税资产   75 000

（2）2023 年及 2024 年结转递延所得税资产的分录同上。

（3）2025 年盈利 1 500 000 元。

借：所得税费用   225 000

  贷：递延所得税资产   225 000

（4）2026 年盈利 1 800 000 元。

借：所得税费用   270 000

  贷：递延所得税资产   270 000

租赁会计

本章结构

```
                                          ┌─────────────────────────┐
                                          │ 租赁的定义与分类          │
                    ┌──────────────────┐  ├─────────────────────────┤
                    │ 租赁与租赁会计概述 │──┤ 租赁的识别、分拆与合并    │
                    └──────────────────┘  ├─────────────────────────┤
                                          │ 租赁和租赁会计的相关概念  │
                                          └─────────────────────────┘

                                          ┌─────────────────────────┐
                                          │ 经营租赁与融资租赁的界定  │
                                          ├─────────────────────────┤
                    ┌──────────────────┐  │ 出租人融资租赁会计处理的内容│
                    │ 出租人的会计处理   │──┼─────────────────────────┤
                    └──────────────────┘  │ 出租人融资租赁会计处理举例│
                                          ├─────────────────────────┤
          ┌────────┐                      │ 经营租赁的会计处理        │
          │ 租赁会计 │                     └─────────────────────────┘
          └────────┘
                                          ┌─────────────────────────┐
                                          │ 短期租赁和低价值租赁      │
                    ┌──────────────────┐  ├─────────────────────────┤
                    │ 承租人的会计处理   │──┤ 承租人一般租赁会计处理的内容│
                    └──────────────────┘  ├─────────────────────────┤
                                          │ 承租人一般租赁会计处理举例│
                                          └─────────────────────────┘

                                          ┌─────────────────────────┐
                    ┌──────────────────┐  │ 租赁会计的披露            │
                    │ 租赁的披露与分析   │──┼─────────────────────────┤
                    └──────────────────┘  │ 租赁会计的分析            │
                                          └─────────────────────────┘
```

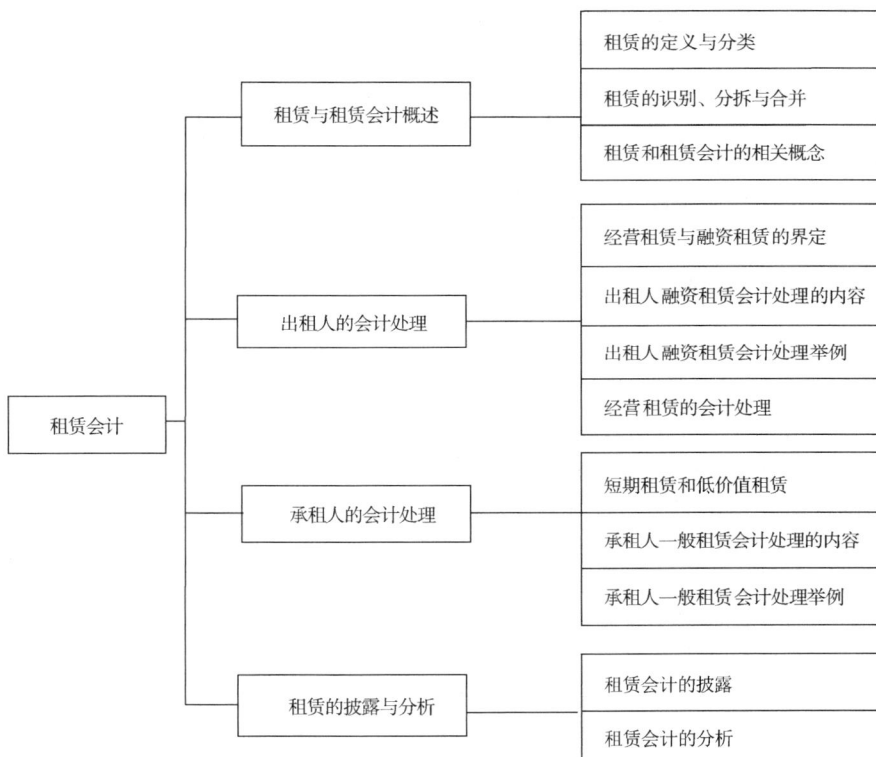

本章概念（关键词）

租赁	直接租赁	销售租赁	回租赁	杠杆租赁	转租赁
委托租赁	租赁识别	租赁分拆	租赁期	租赁开始日	租赁期开始日
融资租赁	经营租赁	购买选择权	优惠续租权	不可撤销租赁	租赁付款额
租赁收款额	余值	担保余值	未担保余值	初始直接费用	使用权资产
租赁负债	未确认融资费用		未实现融资收益		租赁内含利率
履约成本	或有租金	可变租赁付款额		短期租赁	低值租赁

本章小结

1. 融资租赁的实质

租赁是指在一定期间内，出租人将资产的使用权让与承租人以获取对价的合同。融资租赁是指实质上转移了与资产所有权有关的全部风险和报酬的租赁。所有权最终可能转移，也可能不转移。租赁的流行，源于同资产买卖相比，资产租赁有如下特点：一是可以固定利率筹集全部资金，租赁协议一般不会要求承租人支付定金；二是防止过时，对承租人而言，租赁设备减少了设备过时的风险，余值风险一般由出租人承担；三是灵活，出租人可以根据承租人的特定要求拟定租赁合同；四是租赁可能还存在融资成本和享受税收优惠的优点。本质上讲，资产买卖与资产租赁是类似的，前者是资产所有权在内的全部资产风险与报酬的转移，后者是资产使用权即部分资产风险与报酬的转移。

2. 融资租赁——出租人的会计处理

出租人融资租赁的会计处理主要涉及以下几个问题：（1）租赁开始日的会计处理；（2）初始直接费用的会计处理；（3）未实现融资收益的分配；（4）未担保余值发生变动时的会计处理；（5）或有租金的会计处理；（6）租赁期届满时的会计处理；（7）相关会计信息的披露，等等。在租赁期开始日，出租人应当对融资租赁确认应收融资租赁款，并终止确认融资租赁资产。出租人对应收融资租赁款进行初始计量时，应当以租赁投资净额作为应收融资租赁款的入账价值。租赁投资净额为未担保余值和租赁期开始日尚未收到的租赁收款额按照租赁内含利率折现的现值之和。

3. 经营租赁的会计处理

在经营租赁下，出租人将出租资产仍作为自己的资产列入资产负债表，如果出租的资产为固定资产，则采用类似资产折旧的方法计提折旧；如果出租的资产为流动资产，则需要使用合理的方法进行摊销。所取得的租金收入，在租赁期内的各个期间按直线法确认为收入，如其他方法更合理，也可以采用其他方法。所发生的初始直接费用和或有租金，直接登记为当期费用。每期期末，出租人还应在财务报告中披露每类资产的账面价值，如果出租的资产为固定资产，则账面价值为扣除折旧或计提减值后的净值；如果出租的资产为流动资产，则账面价值为其摊余价值。

4. 承租人的会计处理

承租人融资租赁的会计处理主要涉及以下几个问题：（1）租赁开始日的会计处理；（2）初始直接费用的会计处理；（3）融资费用的分摊；（4）租赁资产折旧的计提；（5）履约成本的会计处理；（6）可变租赁付款额的会计处理；（7）租赁期届满时的会计处理；（8）相关会计信息的披露等。租赁开始日，承租人同时确认使用权资产和租赁负债。使用权资产按成本进行初始计量，同时，初始直接费用也计入租赁资产入账价值。在分摊融资费用时，准则要求采用实际利率法。

一般情况下，承租人只能将租赁按融资租赁会计处理。只有在两种例外情况下可以采取简化处理：短期租赁与低值租赁。简化处理下，承租人只需将所支付的租金按一定的方法确认为当期费用，通常是在租赁期间按直线法进行确认，如果其他方法更合理，也可以采用其他方法。另外，出租人可能对租赁提供激励措施，如免租期、承担承租人的某些费用等。在出租人提供了免租期的情况下，租金额的分摊期限应包括免租期在内；在出租人承担了某些费用的情况下，应将这些费用从总租金中扣除。此外，对于发生的初始直接费用、履约成本和或有租金，在发生时直接计入当期费用。

5. 租赁的披露与分析

租赁的披露分为承租人和出租人两个方面。对出租人而言，根据租赁准则的规定，出租人应当根据资产的性质，在资产负债表中列示经营租赁资产（与出租人持有自用的固定资产分开），并在附注中披露与经营租赁有关租赁收入、资产负债表日后连续五个会计年度每年将收到的未折现租赁收款额，以及剩余年度将收到的未折现租赁收款额总额等信息。对于融资租赁，出租人应当在附注中披露与融资租赁有关的销售损益、租赁投资净额的融资收益以及与未纳入租赁投资净额的可变租赁付款额相关的收入、资产负债表日后连续五个会计年度每年将收到的未折现租赁收款额，以及剩余年度将收到的未折现租赁收款额总额等信息。

对承租人而言，其应当在资产负债表中单独列示使用权资产和租赁负债。其中，租赁负债通常分别非流动负债和一年内到期的非流动负债列示。在利润表中，承租人应当分别列示租赁负债的利息费用与使用权资产的折旧费用。租赁负债的利息费用在财务费用项目列示。在现金流量表中，偿还租赁负债本金和利息所支付的现金应当计入筹资活动现金流出，支付的按简化处理的短期租赁付款额和低价值资产租赁付款额以及未纳入租赁负债计量的可变租赁付款额应当计入经营活动现金流出。同时，表下附注中，应当披露与租赁有关的下列信息：（1）各类使用权资产的期初余额、本期增加额、期末余额以及累计折旧额和减值金额；（2）租赁负债的利息费用；（3）计入当期损益的按简化处理的短期租赁费用和低价值资产租赁费用；（4）未纳入租赁负债计量的可变租赁付款额；（5）转租使用权资产取得的收入；（6）与租赁相关的总现金流出等。

对于融资租赁企业，特别是承租企业，需要关注企业融资租赁资产在总资产中的比重，如果占比重大（如航空公司），则需要进一步分析融资租赁合同中的重要条款；另外，除了认真阅读按要求披露的相关信息外，还要进一步分析融资租赁的节税效应，与直接购买的成本比较等。对于出租企业，需要关注经营租赁与融资租赁的比重，同时，对于出租企业资产，要区分租赁固定资产与自用固定资产。另外，特别需要关注企业未来五年的租金收款信息与现金流量表中经营活动现金净流量的比较。最后，对于融资租赁余值中未担保部分金额需要注意，如果该金额过大，可能会存在较大风险。

本章相关的法规、制度及主要阅读文献

1. 《企业会计准则第 21 号——租赁》（2018）
2. 《企业会计准则讲解 2010》
3. 《企业会计准则解释》第 1 号～第 14 号
4. IASB，2016，IFRS 17《租赁》
5. Kieso & Weygandt & Warfield，2007，Intermediate Accounting，12th ed，John Wiley & Sons

教材练习题解答

（一）融资租赁——出租方

第一步，判断租赁类型。租赁收款额的现值 200 000 元（计算过程如下）大于租赁资产原账面价值的 90%即 180 000 元（200 000×90%），所以此项租赁为融资租赁。

第二步，计算内含利率。

内含报酬率为 8%，与合同协议利率一致。

f_x	=IRR(C1:C6)	
	C	D
	−200,000.00	
	50,091.29	
	50,091.29	
	50,091.29	
	50,091.29	
	50,091.29	
	0.08	

第三步，计算租赁开始日租赁收款额的现值和未实现融资收益。

租赁收款额=50 091.29×5=250 456.45（元）

租赁收款额的现值=50 091.29×$PFV\text{-}OA_{(5,8\%)}$

=200 000（元）

租赁投资净额=租赁资产公允价值+初始直接费用=200 000（元）

未实现融资收益=最低租赁收款额-租赁投资净额=250 456.45-200 000=50 456.45（元）

第四步，计算租赁期内各期应分配的未实现融资收益（见表15-1）。

表15-1　　　　　　　　　　　　　未实现融资收益分配表（实际利率法）　　　　　　　　　　单位：元

fx		=G3*8%		
C	D	E	F	G
日期	租金①	实现的融资收益②=期初④×8%	租赁投资净额减少额③=①−上期②	租赁投资净额余额期初④=上期④−③
第一年年初				200,000.00
第一年年末	50,091.29	16,000.00	34,091.29	165,908.71
第二年年末	50,091.29	13,272.70	36,818.59	129,090.12
第三年年末	50,091.29	10,327.21	39,764.08	89,326.04
第四年年末	50,091.29	7,146.08	42,945.21	46,380.83
第五年年末	50,091.29	3,710.46*	46,380.83	0.00
合计	250,456.45	50,456.45	200,000.00	

*3 710.46含尾数调整。

第五步，编制会计分录（见表15-2）。

表15-2　　　　　　　　　　　　南方信托投资公司（出租方）的会计处理

日期	摘要	会计分录
2022年1月1日	登记租赁业务	借：应收融资租赁款——租赁收款额　250 456.45 　贷：融资租赁资产　　　　　　　　　　200 000 　　　应收融资租赁款——未实现融资收益　50 456.45
2022年12月31日	记录第一期租金收入 登记已实现融资收入	借：银行存款　　　　　　　　　　　　50 456.45 　贷：应收融资租赁款——租赁收款额　　50 456.45 借：应收融资租赁款——未实现融资收益　16 000 　贷：主营业务收入——融资收入　　　　16 000
2023年12月31日	记录第二期租金收入 登记已实现融资收入	借：银行存款　　　　　　　　　　　　50 456.45 　贷：应收融资租赁款——租赁收款额　　50 456.45 借：应收融资租赁款——未实现融资收益　13 272.70 　贷：主营业务收入——融资收入　　　　13 272.70
2024年12月31日	记录第三期租金收入 登记已实现融资收入	借：银行存款　　　　　　　　　　　　50 456.45 　贷：应收融资租赁款——租赁收款额　　50 456.45 借：应收融资租赁款——未实现融资收益　10 327.21 　贷：主营业务收入——融资收入　　　　10 327.21
2025年12月31日	记录第四期租金收入 登记已实现融资收入	借：银行存款　　　　　　　　　　　　50 456.45 　应收融资租赁款——租赁收款额　　　50 456.45 借：应收融资租赁款——未实现融资收益　7 146.08 　贷：主营业务收入——融资收入　　　　7 146.08

续表

日期	摘要	会计分录
2026 年 12 月 31 日	记录第五期租金收入 登记已实现融资收入	借：银行存款 50 456.45 贷：应收融资租赁款——租赁收款额 50 456.45 借：应收融资租赁款——未实现融资收益 3 710.46 贷：主营业务收入——融资收入 3 710.46

（二）融资租赁——出租方

第一步，判断租赁类型。租赁收款额的现值 189 791.24 元（计算过程如下）大于租赁资产原账面价值 180 000 元的 90%，所以此项租赁为融资租赁。

第二步，计算内含利率。由于考虑了初始直接费用和优惠购买选择权，租赁内含利率与合同协议利率不一致。

f_x	=IRR(C1:C6)	
	C	D
	-210,000.00	
	46,682.16	
	46,682.16	
	46,682.16	
	46,682.16	
	51,682.16	
	4.3221%	

第三步，计算租赁开始日租赁收款额的现值和未实现融资收益。

租赁收款额=46 682.16.76×5+5 000=238 410.80（元）

租赁收款额的现值=46 682.16×$PFV\text{-}OA_{(5,8\%)}$+5 000（购买选择权）×$PVF_{(5,8\%)}$

       =189 791.24（元）

租赁投资净额=租赁资产公允价值+初始直接费用=200 000+10 000

         =210 000（元）

未实现融资收益=最低租赁收款额-租赁投资净额=238 410.80-210 000=28 410.80（元）

第四步，计算租赁期内各期应分配的未实现融资收益（见表 15-3）。

表 15-3   未实现融资收益分配表（实际利率法）   单位：元

f_x	=G3*4.3221%			
C	D	E	F	G
日期	租金+优惠购买权 ①	实现的融资收益 ②=期初④×4.3221%	租赁投资净额减少额 ③=①-上期②	租赁投资净额余额 期初④=上期④-③
第一年年初				210,000.00
第一年年末	46,682.16	9,076.41	37,605.75	172,394.25
第二年年末	46,682.16	7,451.05	39,231.11	133,163.14
第三年年末	46,682.16	5,755.44	40,926.72	92,236.43
第四年年末	46,682.16	3,986.55	42,695.61	49,540.81
第五年年末	51,682.16	2,141.34 *	49,540.81	0.00
合计	238,410.80	28,410.80	210,000.00	

*2 141.34 元含尾数调整。

第五步，编制会计分录（见表 15-4）。

表 15-4 南方信托投资公司（出租方）的会计处理

日期	摘要	会计分录	
2022 年 1 月 1 日	登记租赁业务	借：应收融资租赁款——租赁收款额 　　　　　　　　　——优惠购买权 　贷：融资租赁资产 　　　应收融资租赁款——未实现融资收益 　　　银行存款	233 410.80 5 000.00 200 000 28 410.80 10 000.00
2022 年 12 月 31 日	记录第一期租金收入 登记已实现融资收入	借：银行存款 　贷：应收融资租赁款——租赁收款额 借：应收融资租赁款——未实现融资收益 　贷：主营业务收入——融资收入	46 682.16 46 682.16 9 076.41 9 076.41
2023 年 12 月 31 日	记录第二期租金收入 登记已实现融资收入	借：银行存款 　贷：应收融资租赁款——租赁收款额 借：应收融资租赁款——未实现融资收益 　贷：主营业务收入——融资收入	46 682.16 46 682.16 7 451.05 7 451.05
2024 年 12 月 31 日	记录第三期租金收入 登记已实现融资收入	借：银行存款 　贷：应收融资租赁款——租赁收款额 借：应收融资租赁款——未实现融资收益 　贷：主营业务收入——融资收入	46 682.16 46 682.16 5 755.44 5 755.44
2025 年 12 月 31 日	记录第四期租金收入 登记已实现融资收入	借：银行存款 　贷：应收融资租赁款——租赁收款额 借：应收融资租赁款——未实现融资收益 　贷：主营业务收入——融资收入	46 682.16 46 682.16 3 986.55 3 986.55
2026 年 12 月 31 日	记录第五期租金收入 和优惠购买收入 登记已实现融资收入	借：银行存款 　贷：应收融资租赁款——租赁收款额 　　　　　　　　　——优惠购买权 借：应收融资租赁款——未实现融资收益 　贷：主营业务收入——融资收入	51 682.16 46 682.16 5 000.00 2 141.34 2 141.34

（三）融资租赁——承租方

第一步，判断租赁类型。此租赁合约既非短期租赁，也不是低价值资产租赁，所以此项租赁为融资租赁。

第二步，计算租赁开始日租赁付款额的现值，确定使用权资产和租赁负债的入账价值。

租赁付款额=各期租金之和

$$=50\ 091.29 \times 5 = 250\ 456.45（元）$$

租赁付款额的现值$=50\ 091.29 \times PFV\text{-}OA_{(5,8\%)} = 200\ 000（元）$

使用权资产的入账价值为 200 000 元加初始直接费用 0 元。

第三步，计算未确认融资费用。

未确认融资费用=租赁付款额-租赁付款额的现值

$$=250\ 456.45 - 200\ 000 = 50\ 456.45（元）$$

第四步，计算未确认融资费用分摊率。

承租人可以直接采用合同协议利率 8%。

第五步，采用实际利率法分摊融资费用（见表 15-5）。

表 15-5　　　　　　　　　　　融资费用分摊表（实际利率法）　　　　　　　　　　　单位：元

f_x				
C	D	E	F	G
日期①	租金②	分配的融资费用 ③=期初⑤×8%	应付本金减少额 ④=②-上期③	应付本金余额 期初⑤=上期⑤-④
第一年年初				200,000.00
第一年年末	50,091.29	16,000.00	34,091.29	165,908.71
第二年年末	50,091.29	13,272.70	36,818.59	129,090.12
第三年年末	50,091.29	10,327.21	39,764.08	89,326.04
第四年年末	50,091.29	7,146.08	42,945.21	46,380.83
第五年年末	50,091.29	3,710.46*	46,380.83	0.00
合计	250,456.45	50,456.45	200,000.00	

*3 710.46 元含尾数调整。

第六步，在折旧期内采用直线法计提折旧（见表 15-6）。

表 15-6　　　　　　　　　　　使用权资产折旧计算表（直线法）　　　　　　　　　　　单位：元

日期	固定资产原价	折旧率	当年折旧费	累计折旧	固定资产净值
2022 年 1 月 1 日	200 000				200 000
2022 年 12 月 31 日		20%	40 000	40 000	160 000
2023 年 12 月 31 日		20%	40 000	80 000	120 000
2024 年 12 月 31 日		20%	40 000	120 000	80 000
2025 年 12 月 31 日		20%	40 000	160 000	40 000
2026 年 12 月 31 日		20%	40 000	200 000	0
合计	200 000		200 000	200 000	

年折旧率=100%÷5=20%

第七步，编制会计分录，如表 15-7 所示。

表 15-7　　　　　　　　　　　珠江公司（承租方）的会计处理

日期	摘要	会计分录	
2022 年 1 月 1 日	登记使用权资产和租赁负债	借：使用权资产——融资租赁资产 　　租赁负债——未确认融资费用 　　贷：租赁负债——租赁付款额	200 000 50 456.45 　　250 456.45
2022 年 12 月 31 日	支付第一期租金	借：租赁负债——租赁付款额 　　贷：银行存款	50 091.29 　　50 091.29
	确认融资费用	借：财务费用 　　贷：租赁负债——未确认融资费用	16 000 　　16 000
	计提租入固定资产折旧	借：制造费用——折旧费 　　贷：累计折旧	40 000 　　40 000
2023 年 12 月 31 日	支付第二期租金	借：租赁负债——租赁付款额 　　贷：银行存款	50 091.29 　　50 091.29
	确认融资费用	借：财务费用 　　贷：租赁负债——未确认融资费	13 272.40 　　13 272.40
	计提租入固定资产折旧	借：制造费用——折旧费 　　贷：累计折旧	40 000 　　40 000

日期	摘要	会计分录	
2024 年 12 月 31 日	支付第三期租金	借：租赁负债——租赁付款额	50 091.29
		贷：银行存款	50 091.29
	确认融资费用	借：财务费用	10 327.21
		贷：租赁负债——未确认融资费用	10 327.21
	计提租入固定资产折旧	借：制造费用——折旧费	40 000
		贷：累计折旧	40 000
2025 年 12 月 31 日	支付第四期租金	借：租赁负债——租赁付款额	50 091.29
		贷：银行存款	50 091.29
	确认融资费用	借：财务费用	7 164.08
		贷：租赁负债——未确认融资费用	7 164.08
	计提租入固定资产折旧	借：制造费用——折旧费	40 000
		贷：累计折旧	40 000
2026 年 12 月 31 日	支付第五期租金	借：租赁负债——租赁付款额	50 091.29
		贷：银行存款	50 091.29
	确认融资费用	借：财务费用	3 710.46
		贷：租赁负债——未确认融资费用	3 710.46
	计提租入固定资产折旧	借：制造费用——折旧费	40 000
		贷：累计折旧	40 000
	登记租入固定资产的返还	借：累计折旧	200 000
		贷：使用权资产——融资租赁资产	200 000

（四）融资租赁——承租方

第一步，判断租赁类型。此租赁合约既非短期租赁，也不是低价值资产租赁，所以此项租赁为融资租赁。

第二步，计算租赁开始日租赁付款额的现值，确定使用权资产和租赁负债的入账价值。

租赁付款额=各期租金之和+优惠购买选择权

$\qquad$ =46 682.16×5+5 000=238 410.80（元）

租赁付款额的现值=46 682.16×$PFV\text{-}OA_{(5,10\%)}$+5 000×$PFV_{(5,10\%)}$

$\qquad$ =189 791.24（元）

租赁使用权资产的入账价值为 189 791.24 元加初始直接费用 12 000 元。

第三步，计算未确认融资费用。

未确认融资费用=租赁付款额-租赁付款额的现值

$\qquad$ =238 410.80-189 791.24=48 619.56（元）

第四步，计算未确认融资费用分摊率。

注意，承租人将初始直接费用计入使用权资产，不改变租赁内含利率，承租人可以直接采用合同协议利率。

第五步，采用实际利率法分摊融资费用（见表 15-8）。

第六步，在折旧期内采用直线法计提折旧（见表 15-9）。

第七步，编制会计分录（见表 15-10）。

表 15-8　　　　　　　　　　　融资费用分摊表（实际利率法）　　　　　　　　　　单位：元

f_x	=G3*8%			
C	D	E	F	G
日期①	租金+优惠购买权②	分配的融资费用⑤=期初⑤×8%	应付本金减少额④=②-上期③	应付本金余额期初⑤=上期⑤-④
第一年年初				189,791.24
第一年年末	46,682.16	15,183.30	31,498.86	158,292.38
第二年年末	46,682.16	12,663.39	34,018.77	124,273.61
第三年年末	46,682.16	9,941.89	36,740.27	87,533.34
第四年年末	46,682.16	7,002.67	39,679.49	47,853.85
第五年年末	51,682.16	3,828.31*	47,853.85	0.00
合计	238,410.80	48,619.56	189,791.24	

*3 828.31 元含尾数调整。

表 15-9　　　　　　　　　　　使用权资产折旧计算表（直线法）　　　　　　　　　　单位：元

日期	原值	当年折旧	累计折旧	固定资产净值
2022 年 1 月 1 日	201 791.24			201 791.24
2022 年 12 月 31 日		36 358.25	36 358.25	165 432.99
2023 年 12 月 31 日		36 358.25	72 716.50	129 074.74
2024 年 12 月 31 日		36 358.25	109 074.75	92 716.49
2025 年 12 月 31 日		36 358.25	145 433.00	56 358.24
2026 年 12 月 31 日		36 358.24	181 791.24	20 000*
合计	201 791.24	181 791.24	181 791.24	20 000

*由于租赁到期时租赁资产公允价值为 20 000 元，所以计提折旧时估计的残值为 20 000 元。

表 15-10　　　　　　　　　　　珠江公司（承租方）的会计处理

日期	摘要	会计分录	
2022 年 1 月 1 日	登记使用权资产和租赁负债	借：使用权资产——融资租赁资产 租赁负债——未确认融资费用 贷：租赁负债——租赁付款额 银行存款	201 791.24 48 619.56 238 410.80 12 000.00
2022 年 12 月 31 日	支付第一期租金	借：租赁负债——租赁付款额 贷：银行存款	46 682.16 46 682.16
	确认融资费用	借：财务费用 贷：租赁负债——未确认融资费用	15 183.30 15 183.30
	计提租入固定资产折旧	借：制造费用——折旧费 贷：累计折旧	36 358.25 36 358.25
2023 年 12 月 31 日	支付第二期租金	借：租赁负债——租赁付款额 贷：银行存款	46 682.16 46 682.16
	确认融资费用	借：财务费用 贷：租赁负债——未确认融资费用	12 663.39 12 663.39
	计提租入固定资产折旧	借：制造费用——折旧费 贷：累计折旧	36 358.25 36 358.25
2024 年 12 月 31 日	支付第三期租金	借：租赁负债——租赁付款额 贷：银行存款	46 682.16 46 682.16

续表

日期	摘要	会计分录	
2024 年 12 月 31 日	确认融资费用	借：财务费用 　贷：租赁负债——未确认融资费用	9 941.89 9 941.89
	计提租入固定资产折旧	借：制造费用——折旧费 　贷：累计折旧	36 358.25 36 358.25
2025 年 12 月 31 日	支付第四期租金	借：租赁负债——租赁付款额 　贷：银行存款	46 682.16 46 682.16
	确认融资费用	借：财务费用 　贷：租赁负债——未确认融资费用	7 002.67 7 002.67
	计提租入固定资产折旧	借：制造费用——折旧费 　贷：累计折旧	36 358.25 36 358.25
2026 年 12 月 31 日	支付第五期租金	借：租赁负债——租赁付款额 　贷：银行存款	46 682.16 46 682.16
	确认融资费用	借：财务费用 　贷：租赁负债——未确认融资费用	3 828.31 3 828.31
	计提租入固定资产折旧	借：制造费用——折旧费 　贷：累计折旧	36 358.25 36 358.25
	登记支付购买选择权 将使用权资产转入固定资产	借：租赁负债——租赁付款额 　贷：银行存款 借：固定资产 　贷：使用权资产——融资租赁资产	5 000 5 000 201 791.24 201 791.24

（五）经营租赁与融资租赁

1. 承租人——珠江公司的会计处理如下。

第一步，判断租赁类型。此租赁合约既非短期租赁，也不是低价值资产租赁，所以此项租赁为融资租赁。

第二步，计算租赁开始日租赁付款额的现值，确定使用权资产和租赁负债的入账价值。

租赁付款额=各期租金之和

$$=300\,000×5+1\,500\,000=3\,000\,000（元）$$

租赁付款额的现值$=300\,000×PFV\text{-}OA_{(5,10\%)}+1\,500\,000$

$$=1\,137\,236.03+1\,500\,000$$

$$=2\,637\,236.03（元）$$

使用权资产的入账价值为 2 637 236.03 元。

第三步，计算未确认融资费用。

未确认融资费用=租赁付款额-租赁付款额的现值

$$=3\,000\,000-2\,637\,236.03$$

$$=362\,763.97（元）$$

第四步，计算未确认融资费用分摊率。

承租人可以直接采用增量借款利率。

第五步，采用实际利率法分摊融资费用（见表 15-11）。

表 15-11 融资费用分摊表（实际利率法） 单位：元

=G3*10%

C	D	E	F	G
日期①	租金+优惠购买权②	分配的融资费用③=期初⑤×10%	应付本金减少额④=②-上期③	应付本金余额期初⑤+上期⑤-④
第一年年初				1,137,236.03
第一年年末	300,000.00	113,723.60	186,276.40	950,959.63
第二年年末	300,000.00	95,095.96	204,904.04	746,055.60
第三年年末	300,000.00	74,605.56	225,394.44	520,661.16
第四年年末	300,000.00	52,066.12	247,933.88	272,727.27
第五年年末	300,000.00	27,272.73	272,727.27	0.00
合计	1,500,000.00	362,763.97	1,137,236.03	

第六步，在折旧期内采用直线法计提折旧（见表 15-12）。

表 15-12 使用权资产折旧计算表（直线法） 单位：元

日期	原值	当年折旧	累计折旧	固定资产净值
2022 年 1 月 1 日	2 637 326.03			2 637 326.03
2022 年 12 月 31 日		527 465.21	527 465.21	2 109 860.84
2023 年 12 月 31 日		527 465.21	1 054 930.42	1 582 395.63
2024 年 12 月 31 日		527 465.21	1 582 395.63	1 054 930.42
2025 年 12 月 31 日		527 465.21	2 109 860.84	527 465.21
2026 年 12 月 31 日		527 465.19	2 637 326.03	0
合计	2 637 326.03	2 637 326.03	2 637 326.03	0

第七步，编制会计分录。

（1）2021 年 1 月 1 日向房地产公司租赁公寓。

借：使用权资产 2 637 326.03
  贷：银行存款 1 500 000
   租赁负债 1 137 326.03

（2）2021 年 12 月 31 日支付租金及登记当年租赁费用和折旧费用。

借：利息费用 113 723.60
  租赁负债 186 276.40
  贷：银行存款 300 000

借：折旧费用 527 465.21
  贷：累计折旧 527 465.21

以后各年同（2）。

租期结束

借：累计折旧 2 637 326.03
  贷：使用权资产 2 637 326.03

2．出租人——房地产公司

由于该项租赁不符合融资租赁五项标准中的一项，所以出租人应按经营租赁进行会计处理。

（1）2022 年 1 月 1 日收到珠江公司租赁款。

借：银行存款 1 500 000
  贷：预收租金 1 500 000

（2）2022 年 12 月 31 日收到租金及登记当年租赁收入。

借：银行存款 300 000

　　预收租金 300 000

　　　贷：其他业务收入——经营租赁收入 600 000

计提当年折旧

借：主营业务成本 400 000

　　　贷：累计折旧 400 000

以后各年同（2）。

（六）经营租赁与租赁的简化处理

双方的会计处理参见表 15-13。

表 15-13　　　　　　　　　　租赁双方的会计处理（按季度）

日期与事项	珠江公司（承租人）		某房地产公司（出租人）	
2022 年 1 月 1 日 支付与接收租金	借：待摊费用 　贷：银行存款	400 000 400 000	借：银行存款 　贷：预收租金（或合同负债）	400 000 400 000
第一季度末 分摊与折旧	借：制造费用 　贷：待摊费用	200 000 200 000	借：预收租金 　贷：其他业务收入——经营租赁收入 借：主营业务成本 　贷：累计折旧	200 000 200 000 100 000 100 000
第二季度末	同上		同上	
第三季度末	借：制造费用 　贷：合同负债	200 000 200 000	借：应收租金 　贷：其他业务收入——经营租赁收入 借：主营业务成本 　贷：累计折旧	200 000 200 000 100 000 100 000
第四季度末	借：制造费用 　　合同负债 　贷：银行存款	200 000 200 000 400 000	借：银行存款 　贷：其他业务收入——经营租赁收入 　　　应收租金 借：主营业务成本 　贷：累计折旧	400 000 200 000 200 000 100 000 100 000

补充资料　租赁会计的特殊问题和特种租赁

租赁会计十分复杂：一方面，租赁中包含一些特殊问题；另一方面，租赁交易中存在许多特种租赁业务。前者如租赁中的余值问题，后者如售后租回、销售型融资租赁、转租赁等特殊业务。本部分主要讨论包括余值的租赁、售后租回、销售型融资租赁及转租赁的会计处理。

一、包括余值的租赁

在前面的讨论中，租赁合同中都没有涉及余值，这是为了简化租赁的会计处理。现实中，租赁合同中包含余值是一个常态，所以不能忽略。

下面先通过两个实例全面说明出租人在存在担保余值或未担保余值情况下的融资租赁的会计处理。

1. 出租人在租赁资产余值被担保情况下的会计处理

【例15-1】　2022年1月1日，南方信托投资公司与珠江公司签署一项租赁协议，由前者于2022年1月1日向珠江公司提供一台大型设备作为租赁标的物，具体协议及相关内容如下。

第一，该租赁期为5年，协议是不可撤销的，要求每年年初支付租金23 237.09元；

第二，设备的账面价值为100 000元（等于公允价值），估计经济寿命为5年，残值为5 000元；

第三，设备到期归还给出租方；

第四，协议规定的利率为10%。

南方信托投资公司为达成该协议共支付初始直接费用4 000元。

要求：登记南方信托投资公司（出租人）在存在担保余值和未担保余值情况下的会计处理。

先讨论出租人在存在担保余值情况下的会计处理。

第一步，判断租赁类型。租赁收款额的现值100 000元（计算过程如下）大于租赁资产原账面价值的90%即90 000元（100 000×90%），所以此项租赁为融资租赁。

第二步，计算内含报酬率。

不考虑初始直接费用，内含报酬率为10%。这一内含报酬率与协议利率一致，是确定各期租金的基础，也是承租人负担的实际利率（见图15-1）。

考虑初始直接费用4 000元，内含报酬率为7.7893%（见图15-2）。这一内含报酬率是出租人租赁实际回报率和摊销的依据。

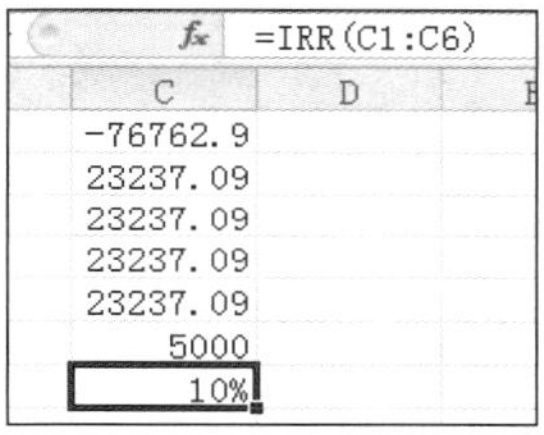

图15-1 计算内含报酬率

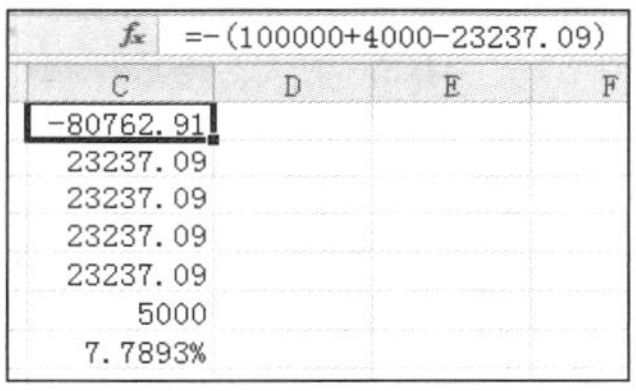

图15-2 内含报酬率

第三步，计算租赁开始日租赁收款额的现值和未实现融资收益。

租赁收款额=23 237.09×5+5 000（担保余值）=121 185.45（元）

租赁收款额的现值=23 237.09×$PVF\text{-}AD_{(5,10\%)}$+5 000（担保余值）×$PVF_{(5,10\%)}$

$\qquad\qquad\qquad$=100 000（元）

租赁投资净额=租赁资产公允价值+初始直接费用=104 000（元）

未实现融资收益=租赁收款额-租赁投资净额=121 185.45-104 000=17 185.45（元）

第四步，计算租赁期内各期应分配的未实现融资收益（见表15-14）。

表15-14 未实现融资收益分配表（实际利率法） 单位：元

f_x　=F4*7.7893%

B 日期	C 租金加担保余值 ①	D 实现的融资收益 ②=期初④×7.7893%	E 租赁投资净额减少额 ③=①-上期②	F 租赁投资净额余额 期初④=上期④-③
第一年年初				104,000.00
第一年年初	23,237.09		23,237.09	80,762.91
第二年年初	23,237.09	6,290.87	16,946.22	63,816.69
第三年年初	23,237.09	4,970.87	18,266.22	45,550.47
第四年年初	23,237.09	3,548.06	19,689.03	25,861.44
第五年年初	23,237.09	2,014.43	21,222.66	4,638.78
第五年年末	5,000.00	361.22*	4,638.78	0.00
合计	121,185.45	17,185.45	104,000.00	

*361.22含尾数调整。

第五步，编制会计分录（见表15-15）。这里采用简化处理，应收融资租赁款以现值反映，不设置未实现融资收益明细。

表 15-15　　　　　　　　南方信托投资公司（出租方）的会计处理（简化处理）

日期	摘要	会计分录	
2022 年 1 月 1 日	登记租赁业务	借：应收融资租赁款——租赁收款额 　贷：融资租赁资产 　　　银存存款	104 000 100 000 4 000
	记录第一期租金收入	借：银行存款 　贷：应收融资租赁款——租赁收款额	23 237.09 23 237.09
2022 年 12 月 31 日	登记已实现融资收入	借：应收利息 　贷：主营业务收入——融资收入	6 290.87 6 290.87
2023 年 1 月 1 日	记录第二期租金收入	借：银行存款 　贷：应收融资租赁款——租赁收款额 　　　应收利息	23 237.09 16 946.22 6 290.87
2023 年 12 月 31 日	登记已实现融资收入	借：应收利息 　贷：主营业务收入——融资收入	4 970.87 4 970.87
2024 年 1 月 1 日	记录第三期租金收入	借：银行存款 　贷：应收融资租赁款——租赁收款额 　　　应收利息	23 237.09 18 266.22 4 970.87
2024 年 12 月 31 日	登记已实现融资收入	借：应收利息 　贷：主营业务收入——融资收入	3 548.06 3 548.06
2025 年 1 月 1 日	记录第四期租金收入	借：银行存款 　贷：应收融资租赁款——租赁收款额 　　　应收利息	23 237.09 19 689.03 3 548.06
2025 年 12 月 31 日	登记已实现融资收入	借：应收利息 　贷：主营业务收入——融资收入	2 014.43 2 014.43
2026 年 1 月 1 日	记录第五期租金收入	借：银行存款 　贷：应收融资租赁款——租赁收款额 　　　应收利息	23 237.09 21 222.66 2 014.43
2026 年 12 月 31 日	登记已实现融资收入	借：应收融资租赁款——未实现融资收益 　贷：主营业务收入——融资收入	361.22 361.22
	收回租赁资产	借：融资租赁资产 　贷：应收融资租赁款——租赁收款额	5 000 5 000

2. 出租人在资产余值未被担保情况下的会计处理

【例15-2】　同【例15-1】，假定资产余值未被承租人担保，相关会计处理如下。

第一步，判断租赁类型。租赁收款额的现值100 000元（计算过程如下）大于租赁资产原账面价值的90%即90 000元（100 000×90%），所以此项租赁为融资租赁。

第二步，计算内含利率。

对出租方而言，余值担保与否，并不改变内含利率（在余值不发生减值时），因此，内含利率同上，仍为7.7893%。

第三步，计算租赁开始日租赁收款额的现值和未实现融资收益。

租赁收款额=23 237.09×5=116 185.45（元）

租赁收款额加未担保余值的现值=23 237.09×$PVF\text{-}AD_{(5,10\%)}$+5 000（未担保余值）×$PVF_{(5,10\%)}$

$$=100\ 000（元）$$

租赁投资净额=租赁资产公允价值+初始直接费用=100 000+4 000=104 000（元）

未实现融资收益=租赁收款额-租赁投资净额=121 185.45-104 000=17 185.45（元）

第四步，计算租赁期内各期应分配的未实现融资收益（见表15-16）。

表 15-16　　　　　　　　　　　未实现融资收益分配表（实际利率法）　　　　　　　　　单位：元

▼　　　⊙　　　*fx*　　　=F4*7.7893%

B 日期	C 租金加未担保余值 ①	D 实现的融资收益 ②=期初④×7.7893%	E 租赁投资净额减少额 ③=①-上期②	F 租赁投资净额余额 期初④=上期④-③
第一年年初				104,000.00
第一年年初	23,237.09		23,237.09	80,762.91
第二年年初	23,237.09	6,290.87	16,946.22	63,816.69
第三年年初	23,237.09	4,970.87	18,266.22	45,550.47
第四年年初	23,237.09	3,548.06	19,689.03	25,861.44
第五年年初	23,237.09	2,014.43	21,222.66	4,638.78
第五年年末	5,000.00	361.22*	4,638.78	0.00
合计	121,185.45	17,185.45	104,000.00	

*361.22 含尾数调整。

第五步，编制会计分录（见表15-17）。以下按现行准则规定处理，应收融资租赁款以非折现值反映，设置未实现融资收益明细。

表 15-17　　　　　　　南方信托投资公司（出租方）的会计处理（按现行准则规定处理）

日期	摘要	会计分录
2022 年 1 月 1 日	登记租赁业务	借：应收融资租赁款——租赁收款额　　116 185.45 　　　应收融资租赁款——未担保余值　　5 000.00 　　贷：融资租赁资产　　　　　　　　　　100 000 　　　　应收融资租赁款——未实现融资收益　17 185.45 　　　　银行存款　　　　　　　　　　　　4 000.00
	记录第一期租金收入	借：银行存款　　　　　　　　　　　　23 237.09 　　贷：应收融资租赁款——珠江公司　　23 237.09
2022 年 12 月 31 日	登记已实现融资收入	借：应收融资租赁款——未实现融资收益　6 290.87 　　贷：主营业务收入——融资收入　　　6 290.87
2023 年 1 月 1 日	记录第二期租金收入	借：银行存款　　　　　　　　　　　　23 237.09 　　贷：应收融资租赁款——租赁收款额　23 237.09
2023 年 12 月 31 日	登记已实现融资收入	借：应收融资租赁款——未实现融资收益　4 970.87 　　贷：主营业务收入——融资收入　　　4 970.87
2024 年 1 月 1 日	记录第三期租金收入	借：银行存款　　　　　　　　　　　　23 237.09 　　贷：应收融资租赁款——租赁收款额　23 237.09
2024 年 12 月 31 日	登记已实现融资收入	借：应收融资租赁款——未实现融资收益　3 548.06 　　贷：主营业务收入——融资收入　　　3 548.06
2025 年 1 月 1 日	记录第四期租金收入	借：银行存款　　　　　　　　　　　　23 237.09 　　贷：应收融资租赁款——租赁收款额　23 237.09
2025 年 12 月 31 日	登记已实现融资收入	借：应收融资租赁款——未实现融资收益　2 014.43 　　贷：主营业务收入——融资收入　　　2 014.43
2026 年 1 月 1 日	记录第五期租金收入	借：银行存款　　　　　　　　　　　　23 237.09 　　贷：应收融资租赁款——租赁收款额　23 237.09
2026 年 12 月 31 日	登记已实现融资收入	借：应收融资租赁款——未实现融资收益　361.22 　　贷：主营业务收入——融资收入　　　361.22
	收回租赁资产	借：融资租赁资产　　　　　　　　　　5 000 　　贷：应收融资租赁款——未担保余值　5 000

作为对照，下面仍然通过上面两个实例站在承租人的角度讨论在存在担保余值和未担保余值情况下融资租赁的会计处理。

【例15-3】 接【例15-1】，资料同上，另外，珠江公司为达成该协议共支付初始直接费用4 500元。

3. 承租人对租赁资产余值进行担保的会计处理

第一步，判断租赁类型。此租赁合约既非短期租赁，也不是低价值资产租赁，所以此项租赁为融资租赁。

第二步，计算租赁开始日最低租赁付款额的现值，确定使用权资产和租赁负债的入账价值。

租赁付款额=各期租金之和+承租人担保的资产余值

$$=23\ 237.09×5+5\ 000 =121\ 185.45（元）$$

租赁付款额现值$=23\ 237.09×PVF\text{-}AD_{(5,10\%)}+5\ 000×PVF_{(5,10\%)}$

$$=23\ 237.09×4.16\ 986+5\ 000×0.62\ 092 =100\ 000（元）$$

使用权资产的入账价值为100 000元加初始直接费用4 500元。

第三步，计算未确认融资费用。

未确认融资费用=最低租赁付款额-租赁付款额现值

$$=121\ 185.45-100\ 000=21\ 185.45（元）$$

第四步，计算未确认融资费用分摊率。

注意，承租人将初始直接费用计入使用权资产，不改变租赁内含利率，承租人可以直接采用合同协议利率，不能获取合同协议利率的，可通过Excel去求内含报酬率（IRR）。

第五步，采用实际利率法分摊融资费用（见表15-18）。

表15-18　　　　　　　　　　　　　融资费用分摊表（实际利率法）　　　　　　　　　　单位：元

			f_x	=F4*10%	
B	C		D	E	F
日期①	租金加担保余值②		分配的融资费用③=期初⑤×10%	应付本金减少额④=②-上期③	应付本金余额期初⑤=上期⑤-④
第一年年初					100,000.00
第一年年初	23,237.09			23,237.09	76,762.91
第二年年初	23,237.09		7,676.29	15,560.80	61,202.11
第三年年初	23,237.09		6,120.21	17,116.88	44,085.23
第四年年初	23,237.09		4,408.52	18,828.57	25,256.67
第五年年初	23,237.09		2,525.67	20,711.42	4,545.24
第五年年末	5,000.00		454.76*	4,545.24	0.00
合计	121,185.45		21,185.45	100,000.00	

*454.76含尾数调整。

第六步，在折旧期内采用直线法计提折旧（见表15-19）。

表15-19　　　　　　　　　　　　使用权资产折旧计算表（直线法）　　　　　　　　　　单位：元

日期	固定资产原价	估计余值	折旧率	当年折旧费	累计折旧	固定资产净值
2022年1月1日	104 500	5 000				104 500
2022年12月31日			20%	19 900	19 900	84 600
2023年12月31日			20%	19 900	39 800	64 700
2024年12月31日			20%	19 900	59 700	44 800
2025年12月31日			20%	19 900	79 600	24 900
2026年12月31日			20%	19 900	95 500	5 000
合计	104 500	5 000		99 500	99 500	

年折旧率=100%÷5=20%

第七步，编制会计分录，如表15-20所示。这里采用简化处理，租赁负债以现值反映，不设置未确认融资费用明细。

表 15-20　　　　　　　　珠江公司（承租方）的会计处理（简化处理）

日期	摘要	会计分录	
2022 年 1 月 1 日	登记使用权资产和租赁负债	借：使用权资产——融资租赁资产 贷：租赁负债——租赁付款额 　　银行存款	104 500 100 000 4 500
	支付第一期租金	借：租赁负债——租赁付款额 贷：银行存款	23 237.09 23 237.09
2022 年 12 月 31 日	确认融资费用	借：财务费用 贷：应付利息	7 676.29 7 676.29
	计提租入固定资产折旧	借：制造费用——折旧费 贷：累计折旧	19 900 19 900
2023 年 1 月 1 日	支付第二期租金	借：租赁负债——租赁付款额 　　应付利息 贷：银行存款	15 560.80 7 676.29 23 237.09
2023 年 12 月 31 日	确认融资费用	借：财务费用 贷：应付利息	6 120.21 6 120.21
	计提租入固定资产折旧	借：制造费用——折旧费 贷：累计折旧	19 900 19 900
2024 年 1 月 1 日	支付第三期租金	借：租赁负债——租赁付款额 　　应付利息 贷：银行存款	17 116.88 6 120.21 23 237.09
2024 年 12 月 31 日	确认融资费用	借：财务费用 贷：应付利息	4 408.52 4 408.52
	计提租入固定资产折旧	借：制造费用——折旧费 贷：累计折旧	19 900 19 900
2025 年 1 月 1 日	支付第四期租金	借：租赁负债——租赁付款额 　　应付利息 贷：银行存款	18 828.57 4 408.52 23 237.09
2025 年 12 月 31 日	确认融资费用	借：财务费用 贷：应付利息	2 525.67 2 525.67
	计提租入固定资产折旧	借：制造费用——折旧费 贷：累计折旧	19 900 19 900
2026 年 1 月 1 日	支付第五期租金	借：租赁负债——租赁付款额 　　应付利息 贷：银行存款	20 711.42 2 525.67 23 237.09
2026 年 12 月 31 日	确认融资费用	借：财务费用 贷：租赁负债——租赁付款额	454.76 454.76
	计提租入固定资产折旧	借：制造费用——折旧费 贷：累计折旧	19 900 19 900
	登记租入固定资产的返还	借：租赁负债——租赁付款额 　　累计折旧 贷：使用权资产——融资租赁资产	5 000 99 500 104 500

4. 承租人对租赁资产余值未担保的会计处理

【例15-4】 资料同【例15-2】，假设承租人不对资产余值进行担保，其会计处理如下。

第一步，判断租赁类型。此租赁合约既非短期租赁，也不是低价值资产租赁，所以此项租赁为融资租赁。

第二步，计算租赁开始日最低租赁付款额的现值，确定使用权资产和租赁负债的入账价值。

租赁付款额=各期租金之和+承租人担保的资产余值

$$=23\ 237.09 \times 5 + 0 = 116\ 185.45（元）$$

现值合计$=23\ 237.09 \times PVF\text{-}AD_{(5,10\%)} = 96\ 895.4 < 100\ 000$

使用权资产的入账价值为96 895.4元加初始直接费用4 500元。

第三步，计算未确定融资费用。

未确认融资费用=租赁付款额−租赁付款额的现值

$$=116\ 185.45 - 96\ 895.4 = 19\ 290.05（元）$$

第四步，计算融资费用分摊率。直接采用合同协议利率10%。

第五步，采用实际利率法分摊融资费用（见表15-21）。

表15-21　　　　　　　　　　　融资费用分摊表（实际利率法）　　　　　　　　　　　单位：元

f_x		=G4*10%		
C	D	E	F	G
日期①	租金②	确认的融资费用 ③=期初⑤×10%	应付本金减少额 ④=②−上期③	应付本金余额 期初⑤=上期⑤−④
第一年年初				96,895.40
第一年年初	23,237.09		23,237.09	73,658.31
第二年年初	23,237.09	7,365.83	15,871.26	57,787.05
第三年年初	23,237.09	5,778.71	17,458.38	40,328.67
第四年年初	23,237.09	4,032.87	19,204.22	21,124.45
第五年年初	23,237.09	2,112.65*	21,124.45	
第五年年末		0.00		
合计	116,185.45	19,290.05	96,895.40	

注：由于是年初支付（预付年金），最后一年没有融资费用的分摊。

*2 112.65元含尾数调整。

第六步，在折旧期内采用直线法计提折旧（见表15-22）。

表15-22　　　　　　　　　　　使用权资产折旧计算表（直线法）　　　　　　　　　　　单位：元

日期	原值	余额	当年折旧	累计折旧	固定资产净值
2022 年 1 月 1 日	101 395.40	0.00			101 395.40
2022 年 12 月 31 日			20 279.08	20 279.08	81 116.32
2023 年 12 月 31 日			20 279.08	40 558.16	60 837.24
2024 年 12 月 31 日			20 279.08	60 837.24	40 558.16
2025 年 12 月 31 日			20 279.08	81 116.32	20 279.08
2026 年 12 月 31 日			20 279.08	101 395.40	0.00
合计	101 395.40	0.00	101 395.40	101 395.40	0.00

第七步，编制会计分录（见表15-23）。这里按现行准则处理，租赁负债以非折现值反映，设置未确认融资费用明细。

表 15-23　　　　　　　　　珠江公司（承租方）的会计处理（按现行准则规定处理）

日期	摘要	会计分录
2022 年 1 月 1 日	登记租入固定资产和长期应付款	借：使用权资产——融资租赁资产　101 395.40 　　租赁负债——未确认融资费用　19 290.05 　　贷：租赁负债——租赁付款额　116 185.45 　　　　银行存款　4 500.00
	支付第一期租金	借：租赁负债——租赁付款额　23 237.09 　　贷：银行存款　23 237.09
2022 年 12 月 31 日	确认融资费用	借：财务费用　7 365.83 　　贷：租赁负债——未确认融资费用　7 365.83
	计提租入固定资产折旧	借：制造费用——折旧费　20 279.08 　　贷：累计折旧　20 279.08 （以后各年相同，不再重复）
2023 年 1 月 1 日	支付第二期租金	借：租赁负债——租赁付款额　23 237.09 　　贷：银行存款　23 237.09
2023 年 12 月 31 日	确认融资费用	借：财务费用　5 778.71 　　贷：租赁负债——未确认融资费用　5 778.71
2024 年 1 月 1 日	支付第三期租金	借：租赁负债——租赁付款额　23 237.09 　　贷：银行存款　23 237.09
2024 年 12 月 31 日	确认融资费用	借：财务费用　4 032.87 　　贷：租赁负债——未确认融资费用　4 032.87
2025 年 1 月 1 日	支付第四期租金	借：租赁负债——租赁付款额　23 237.09 　　贷：银行存款　23 237.09
2025 年 12 月 31 日	确认融资费用	借：财务费用　2 112.65 　　贷：租赁负债——未确认融资费用　2 112.65
2026 年 1 月 1 日	支付第五期租金	借：租赁负债——租赁付款额　23 237.09 　　贷：银行存款　23 237.09
2026 年 12 月 31 日	登记租入固定资产的返还	借：累计折旧　101 395.40 　　贷：使用权资产——融资租赁资产　101 395.40

二、售后租回

　　售后租回是一种特殊形式的租赁业务，是指卖主将资产出卖后，又从买方租回，在这种交易方式下，卖主同时是承租人，而买方同时为出租人。对于售后租回交易，首先，承租人和出租人应当按照《企业会计准则第 14 号——收入》的规定，评估确定售后租回交易中的资产转让是否属于销售。售后租回交易中的资产转让不属于销售的，承租人应当继续确认被转让资产，同时确认一项与转让收入等额的金融负债，并按照《企业会计准则第 22 号——金融工具确认和计量》对该金融负债进行会计处理；出租人不确认被转让资产，但应当确认一项与转让收入等额的金融资产，并按照《企业会计准则第 22 号——金融工具确认和计量》对该金融资产进行会计处理。

　　售后租回交易中的资产转让属于销售的，承租人应当按原资产账面价值中与租回获得的使用权有关的部分，计量售后租回所形成的使用权资产，并仅就转让至出租人的权利确认相关利得或损失；出租人应当根据其他适用的企业会计准则对资产购买进行会计处理，并根据收入准则对资产出租进行会计处理。

　　如果销售对价的公允价值与资产的公允价值不同，或者出租人未按市场价格收取租金，则企业应当将销售对价低于市场价格的款项作为预付租金进行会计处理，将高于市场价格的款项作为出租人向承租人提供的额外融资进行会计处理；同时，承租人按照公允价值调整相关销售利得或损失，出租人按市场价格调整租金收入。

在进行上述调整（指预付租赁或额外融资的计算）时，企业应当基于以下两者中更易于确定的项目：销售对价的公允价值与资产公允价值之间的差额、租赁合同中付款额的现值与按租赁市价计算的付款额现值之间的差额。

【例15-5】假设在【例15-3】中，该设备先由珠江公司销售给南方信托投资公司，然后再从南方信托投资公司租回，设备在珠江公司的账面价值为90 000元，公允价值为100 000元。双方均不考虑初始直接费用，租赁条款同上，请分别按下列三种情形登记双方相关会计分录。

情形一：根据交易条款和条件，珠江公司的销售不满足收入准则中关于销售成立的条件，珠江公司从南方信托投资公司获得价款80 000元；

情形二：根据交易条款和条件，珠江公司的销售满足收入准则中关于销售成立的条件，珠江公司从南方信托投资公司获得价款100 000元；

情形三：根据交易条款和条件，珠江公司的销售满足收入准则中关于销售成立的条件，珠江公司从南方信托投资公司获得价款120 000元；同时每期租金由原来的23 237.09元提高到28 033.41元，租金总额（包括担保余值5 000元）145 167.05元。

三种情形的会计处理如下（表15-24）。

表15-24　　　　　　　　　　　三种情形下售后租回的会计处理

情形	卖方兼承租人（珠江公司）		买方兼出租人（南方信托投资公司）	
情形一： 租赁期开始日 租赁期间	借：银行存款　　　　　　　80 000 　　贷：长期应付款　　　　　　　80 000 按实际利率分别确认长期应付款支付的本金和利息费用		借：长期应收款　　　　　　80 000 　　贷：银行存款　　　　　　　　80 000 按实际利率分别确认长期应收款收到的本金和利息收入	
情形二： 登记资产结转与入账 租赁期开始日 租赁期间	借：使用权资产　　　　　　90 000 　　贷：固定资产　　　　　　　　90 000 借：银行存款　　　　　　　100 000 　　租赁负债——未确认融资费用 21 185.45 　　贷：租赁负债　　　　　　　121 185.45 按融资租赁会计进行后续处理		借：固定资产　　　　　　　100 000 　　贷：银行存款　　　　　　　　100 000 借：应收融资租赁款　　　121 185.45 　　贷：融资租赁资产　　　　　　100 000 　　　　应收融资租赁款——未实现融资收益 　　　　　　　　　　　　　　21 185.45 按融资租赁会计进行后续处理（不考虑初始直接费用，实际利率为10%）	
情形三： 登记资产结转与入账 登记额外融资 租赁期开始日 租赁期间	借：使用权资产　　　　　　90 000 　　贷：固定资产　　　　　　　　90 000 借：银行存款　　　　　　　20 000 　　贷：长期应付款　　　　　　　20 000 借：银行存款　　　　　　　100 000 　　租赁负债——未确认融资费用 45 167.05 　　贷：租赁负债　　　　　　　145 167.05 借：租赁负债（每期本金） 　　长期应付款（每期本金） 　　利息费用（正常租金和额外融资利息） 　　贷：租赁负债——未确认融资费用 　　　　银行存款（每期租金） 按融资租赁会计进行后续处理（未确认融资费用中包括正常租金和额外融资两部分利息费用）		借：固定资产　　　　　　　100 000 　　贷：银行存款　　　　　　　　100 000 借：长期应收款　　　　　　20 000 　　贷：银行存款　　　　　　　　20 000 借：应收融资租赁款　　　145 167.05 　　贷：融资租赁资产　　　　　　100 000 　　　　应收融资租赁款——未实现融资收益 　　　　　　　　　　　　　　45 167.05 按融资租赁会计进行后续处理 借：银行存款（每期租金） 　　贷：应收融资租赁款（每期本金） 　　　　长期应收款（每期本金） 借：应收融资租赁款——未实现融资收益 　　贷：租金收入 　　　　利息收入 按融资租赁会计进行后续处理（未实现融资收益中包括正常租金和额外融资利息收入）	

三、销售型融资租赁

前面讨论的融资租赁都是直接融资租赁，生产商或经销商作为出租人的融资租赁，也称销售融资租赁。两者最大的区别就在于销售融资租赁要同时确认收入（毛利）与结转销售成本，此外，出租人为取得融资租赁发生的成本（初始直接费用）不计入应收租赁收款额。

针对销售融资租赁，准则规定：在租赁期开始日，生产商或经销商作为出租人的融资租赁，该出租人应当按照租赁资产公允价值与租赁收款额按市场利率折现的现值两者孰低确认收入，并按照租赁资产账面价值扣除未担保余值的现值后的余额结转销售成本。同时，生产商或经销商出租人为取得融资租赁发生的成本，应当在租赁期开始日计入当期损益。

【例15-6】接【例15-1】和【例15-2】，假定南方信托投资公司为一生产商，与珠江公司签署一项租赁协议，协议条款同前。南方信托投资公司生产该设备的成本为80 000元，按公允价值100 000元进行出租。

由于认定此租赁为销售融资租赁，在租赁日，一方面确认收入和结转成本；另一方面，要确认应收融资租赁款。但初始直接费用不计入应收融资租赁款，直接计入当期损益。

要注意，在余值担保与余值未担保下确认收入和结转成本是存在差异的，余值担保意味着余值销售已经实现，余值未担保则不一定。但两种情况下确认的毛利是一致的。

余值担保情形下，租赁开始日。

借：应收融资租赁款——租赁收款额　　　　　　　　　121 185.45
　　销售费用　　　　　　　　　　　　　　　　　　　　4 000
　　主营业务成本　　　　　　　　　　　　　　　　　80 000
　　　贷：应收融资租赁款——未实现融资收益　　　　　　　　　21 185.45
　　　　存货　　　　　　　　　　　　　　　　　　　　　　80 000
　　　　银存存款　　　　　　　　　　　　　　　　　　　　4 000
　　　　主营业务收入　　　　　　　　　　　　　　　　　100 000

余值未担保情形下，租赁开始日。

借：应收融资租赁款——租赁收款额　　　　　　　　　116 185.45
　　　　　　　　　　——未担保余值　　　　　　　　　5 000
　　销售费用　　　　　　　　　　　　　　　　　　　　4 000
　　主营业务成本（80 000-3 104.6*）　　　　　　　　76 895.4
　　　贷：应收融资租赁款——未实现融资收益　　　　　　　　　21 185.45
　　　　存货　　　　　　　　　　　　　　　　　　　　　　80 000
　　　　银存存款　　　　　　　　　　　　　　　　　　　　4 000
　　　　主营业务收入（100 000-3 104.6*）　　　　　　　　96 895.4

*为余值5 000元的折现值。

其他会计处理同上（略）。由于初始直接费用不计入应收融资租赁款，实际摊销利率为合同协议利率10%，不进行调整。

四、转租赁

转租赁包括原租赁与转租赁两份合同，三个参与方（不包括第三方担保）——原出租方、最终承租方、既承租又出租的转租方。对于前两者而言，不产生新的会计问题；而对于转租方来说，其会计处理存在以下三种情形。

第一种情形，原租赁为短期租赁，且转租方已经采用简化的会计处理，转租方应将转租赁分类为经营租赁。

第二种情形，除上述情形外，转租方应基于原租赁合同中产生的使用权资产（而不是租赁资产）进行分类，按准则关于融资租赁和经营租赁的标准进行分类，如果转租方将转租合同分类为融资租赁合同，则转租企业在转租期间的会计处理要点如下。

（1）终止确认使用权资产，并确认转租投资净额；

（2）将使用权资产与转租投资净额之间的差额确认为损益；

（3）继续确认原租赁负债，在转租期间，转租方既要确认转租的融资收益，又要确认原租赁的利息费用。

第三种情形，如果在第二种情形中，转租方将转租合同分类为经营租赁合同，则转租方在转租期间的会计处理要点如下。

（1）继续确认原租赁合同形成的使用权资产和租赁负债，计提使用权资产折旧和租赁负债利息；

（2）确认转租赁产生的租赁收入。

补充资料思考题

1. 余值是如何影响租赁会计的？为何在承租人会计中，余值担保与否会改变租赁内含利率，而在出租人会计中，余值担保（在余值不发生减损的前提下）与否不会改变租赁内含利率？

2. 对余值进行担保或不进行担保对承租人的会计处理的影响主要体现在什么地方？

3. 对余值进行担保或不进行担保对出租人的会计处理的影响主要体现在什么地方？

4. 出租人未担保余值发生永久性减损时，怎么进行调整？

5. 直接融资租赁和销售融资租赁的本质区别是什么？

6. 售后租回为何一定要考虑交易中的资产转让是否属于销售，对于构成销售和不构成销售的会计处理有何区别？

7. 售后租回交易的实质是什么，其会计处理及如此处理的原因是什么？

8. 简述融资租赁必须满足的条件。如果一项符合融资租赁的业务按经营租赁业务来处理，对企业的财务信息会带来什么影响？

9. 什么是转租赁，简述不同情形下转租人的会计处理要点。

补充资料练习题

（一）余值——出租方

资料：2022 年 1 月 1 日，南方信托投资公司（出租方）与珠江公司（承租方）签署一项租赁协议，由前者于 2022 年 1 月 1 日向珠江公司提供一台大型设备作为租赁标的物，具体协议及相关内容如下。

第一，该租赁期为 5 年，协议是不可撤销的，要求每年年初支付租金 43 224.22 元；

第二，该设备的账面价值为 200 000 元（账面价值为公允价值），估计经济寿命为 5 年，余值为 20 000 元；

第三，设备到期归还给出租方；

第四，协议规定的利率为 8%。

要求：请登记出租方余值被承租方担保（按简化处理）和不被担保（按现行准则处理）两种情形下的会计处理。

（二）余值——承租方

资料同（一）

要求：请登记承租方担保余值（按简化处理）和不担保余值（按现行准则处理）两种情形下的会计处理。

（三）销售融资租赁

资料同（一），假定出租方是一家生产商，出租设备生产成本为 150 000 元。

要求：请登记出租方余值被承租方担保和不被担保两种情形下租赁日的会计处理。

（四）售后租回

资料：2022 年 1 月 1 日，南方信托投资公司（出租方）与珠江公司（承租方）签署一项租赁协议，由前者于 2022 年 1 月 1 日向珠江公司提供一台大型设备作为租赁标的物，具体协议及相关内容如下。

第一，该租赁期为 5 年，协议是不可撤销的，要求每年年初支付租金 43 224.22 元；

第二，该设备的账面价值为 200 000 元（账面价值为公允价值），估计经济寿命为 5 年，余值为 20 000 元；

第三，设备到期归还给出租方；

第四，协议规定的利率为 8%。

该设备首先由珠江公司销售给南方信托投资公司，然后再从南方信托投资公司租回，设备在珠江公司的账面价值为 180 000 元，公允价值为 200 000 元。双方均不考虑初始直接费用，租赁条款同上（余值由承租方担保）。

要求：请分别按下列三种情形登记双方租赁开始日的会计分录。

情形一：根据交易条款和条件，珠江公司的销售不满足收入准则中关于销售成立的条件，珠江公司从南方信托投资公司获得价款 180 000 元；

情形二：根据交易条款和条件，珠江公司的销售满足收入准则中关于销售成立的条件，珠江公司从南方信托投资公司获得价款 200 000 元；

情形三：根据交易条款和条件，珠江公司的销售满足收入准则中关于销售成立的条件，珠江公司从南方信托投资公司获得价款 240 000 元；同时每期租金由原来的 43 224.22 元提高到 52 500.38 元。

补充资料结构

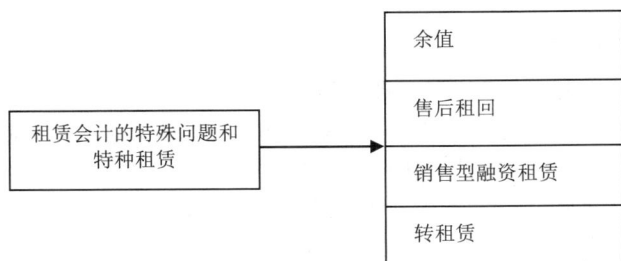

```
                                           ┌──────────────────┐
                                           │      余值         │
                                           ├──────────────────┤
  ┌─────────────────────┐                  │    售后租回        │
  │ 租赁会计的特殊问题和    │                 ├──────────────────┤
  │    特种租赁          │ ──────────────▶  │   销售型融资租赁    │
  └─────────────────────┘                  ├──────────────────┤
                                           │     转租赁         │
                                           └──────────────────┘
```

补充资料要点

1. 余值

租赁会计中余值的处理是一个比较复杂的问题。对出租方而言，如果存在余值，租赁到期余值不发生减损，余值担保与否都不影响租赁回报率。如果存在余值，租赁到期余值发生减损，余值未担保会降低租赁回报率。

对承租方而言，如果存在余值，租赁到期余值不发生减损，余值担保与否都不影响租赁内含利率（租赁支付率），但余值不担保会影响（减少）使用权的入账价值。如果存在余值，租赁到期余值发生减损，余值担保会提高租赁内含利率。

2. 售后租回

售后租回是一种特殊形式的租赁业务，是指卖主将资产出卖后，又从买方租回，这种交易方式下，卖主同时是承租人，而买方同时为出租人。对于售后租回交易，首先，承租人和出租人应当评估确定售后租回交易中的资产转让是否属于销售。售后租回交易中的资产转让不属于销售的，承租人应当继续确认被转让资产，同时确认一项与转让收入等额的金融负债；出租人不确认被转让资产，但应当确认一项与转让收入等额的金融资产。

售后租回交易中的资产转让属于销售的，承租人应当按原资产账面价值中与租回获得的使用权有关的部分，计量售后租回所形成的使用权资产，并仅就转让至出租人的权利确认相关利得或损失；出租人应当根据其他适用的企业会计准则对资产购买进行会计处理，并根据本准则对资产出租进行会计处理。如果销售对价的公允价值与资产的公允价值不同，或者出租人未按市场价格收取租金，则企业应当将销售对价低于市场价格的款项作为预付租金进行会计处理，将高于市场价格的款项作为出租人向承租人提供的额外融资进行会计处理；同时，承租人按照公允价值调整相关销售利得或损失，出租人按市场价格调整租金收入。

3. 销售型融资租赁

生产商或经销商作为出租人的融资租赁，也称销售型租赁。与一般直接融资租赁相比，最大的区别就在于销售租赁要同时确认收入（毛利）与结转销售成本，此外，出租人为取得融资租赁发生的成本（初始直接费用）不计入应收租赁收款额。

针对销售融资租赁，准则规定：在租赁期开始日，生产商或经销商作为出租人的融资租赁，该出租人应当按照租赁资产公允价值与租赁收款额按市场利率折现的现值两者孰低确认收入，并按照租赁资产账面价值扣除未担保余值的现值后的余额结转销售成本。同时，生产商或经销商出租人为取得融资租赁发生的成本，应当在租赁期开始日计入当期损益。

4. 转租赁

转租赁包括原租赁与转租赁两份合同，三个参与方（不包括第三方担保）——原出租方、最终承租方、既承租又出租的转租方。对于前两者而言，不产生新的会计问题；而对于转租方来说，其会计处理存在以下三种情形。

第一种情形，原租赁为短期租赁，且转租出租人已经采用简化的会计处理，转租人应将转租赁分类为经营租赁。

第二种情形，除上述情形外，转租出租人应基于原租赁合同中产生的使用权资产（而不是租赁资产）进行分类，按准则关于融资租赁和经营租赁的标准进行分类，如果转租企业将转租合同分类为融资租赁合同，则转租企业在转租期间的会计处理要点为：（1）终止确认使用权资产，并确认转租投资净额；（2）将使用权资产与转租投资净额之间的差额确认为损益；（3）继续确认原租赁负债，在转租期间，转租人既要确认转租的融资收益，又要确认原租赁的利息费用。

第三种情形，如果在第二处情形中，转租企业将转租合同分类为经营租赁合同，则转租企业在转租期间的会计处理要点为：（1）继续确认原租赁合同形成的使用权资产和租赁负债，计提使用权资产折旧和租赁负债利息；（2）确认转租赁产生的租赁收入。

补充资料练习题答案

（一）余值——出租方

1. 出租方余值被承租方担保情形下的会计处理。

第一步，判断租赁类型。租赁收款额的现值 200 000 元（计算过程如下）大于租赁资产原账面价值的 90% 即 180 000 元（200 000×90%），所以此项租赁为融资租赁。

第二步，计算内含利率。

不考虑初始直接费用，内含报酬率为 8%。

f_x =IRR(B1:B6)	
B	C
-156,775.78	
43,224.22	
43,224.22	
43,224.22	
43,224.22	
20,000.00	
8.00%	

第三步，计算租赁开始日租赁收款额的现值和未实现融资收益。

租赁收款额=43 224.22×5+20 000（担保余值）=236 121.10（元）

租赁收款额的现值=43 224.22×$PVF\text{-}AD_{(5,8\%)}$+20 000（担保余值）×$PVF_{(5,8\%)}$
        =200 000（元）

租赁投资净额=租赁资产公允价值+初始直接费用=200 000（元）

未实现融资收益=租赁收款额-租赁投资净额=236 121.10-200 000=36 121.10（元）

第四步，计算租赁期内各期应分配的未实现融资收益（见表 15-25）。

表 15-25　　　　　　　　　　未实现融资收益分配表（实际利率法）　　　　　　　　单位：元

f_x =F4*8%				
B	C	D	E	F
日期	租金加担保余值 ①	实现的融资收益 ②=期初④×8%	租赁投资净额减少额 ③=①-上期②	租赁投资净额余额 期初④=上期④-③
第一年年初				200,000.00
第一年年初	43,224.22		43,224.22	156,775.78
第二年年初	43,224.22	12,542.06	30,682.16	126,093.62
第三年年初	43,224.22	10,087.49	33,136.73	92,956.89
第四年年初	43,224.22	7,436.55	35,787.67	57,169.22
第五年年初	43,224.22	4,573.54	38,650.68	18,518.54
第五年年末	20,000.00	1,481.46*	18,518.54	0.00
合计	236,121.10	36,121.10	200,000.00	

*1 481.46 含尾数调整。

第五步，编制会计分录（见表 15-26）。这里采用简化处理，应收融资租赁款以现值反映，不设置未实现融资收益明细。

表 15-26　　　　　　南方信托投资公司（出租方）的会计处理（简化处理）

日期	摘要	会计分录
2022 年 1 月 1 日	登记租赁业务	借：应收融资租赁款——租赁收款额　　200 000 　　贷：融资租赁资产　　　　　　　　　200 000
	记录第一期租金收入	借：银行存款　　　　　　　　　　　43 224.22 　　贷：应收融资租赁款——租赁收款额　43 224.22
2022 年 12 月 31 日	登记已实现融资收入	借：应收利息　　　　　　　　　　　12 542.06 　　贷：主营业务收入——融资收入　　12 542.06

日期	摘要	会计分录	
2023 年 1 月 1 日	记录第二期租金收入	借：银行存款 　　贷：应收融资租赁款——租赁收款额 　　　　应收利息	43 224.22 30 682.16 12 542.06
2023 年 12 月 31 日	登记已实现融资收入	借：应收利息 　　贷：主营业务收入——融资收入	10 087.49 10 087.49
2024 年 1 月 1 日	记录第三期租金收入	借：银行存款 　　贷：应收融资租赁款——租赁收款额 　　　　应收利息	43 224.22 33 136.73 10 087.49
2024 年 12 月 31 日	登记已实现融资收入	借：应收利息 　　贷：主营业务收入——融资收入	7 436.55 7 436.55
2025 年 1 月 1 日	记录第四期租金收入	借：银行存款 　　贷：应收融资租赁款——租赁收款额 　　　　应收利息	43 224.22 35 787.67 7 436.55
2025 年 12 月 31 日	登记已实现融资收入	借：应收利息 　　贷：主营业务收入——融资收入	4 573.54 4 573.54
2026 年 1 月 1 日	记录第五期租金收入	借：银行存款 　　贷：应收融资租赁款——租赁收款额 　　　　应收利息	43 224.22 38 650.68 4 573.54
2026 年 12 月 31 日	登记已实现融资收入	借：应收融资租赁款——未实现融资收益 　　贷：主营业务收入——融资收入	1 481.46 1 481.46
	收回租赁资产	借：融资租赁资产 　　贷：应收融资租赁款——租赁收款额	20 000 20 000

2. 出租方余值未被担保情形下的会计处理。

资产余值未被承租人担保，相关会计处理如下。

第一步，判断租赁类型。租赁收款额的现值 200 000 元（计算过程如下）大于租赁资产原账面价值的 90% 即 180 000 元（200 000×90%），所以此项租赁为融资租赁。

第二步，计算内含利率。

对出租方而言，余值担保与否，并不改变内含利率（在余值不发生减值时），因此，内含利率同上，仍为 8%。

租赁收款额=43 224.22×5=216 121.10（元）

租赁收款额加未担保余值的现值=43 224.22×$PVF\text{-}AD_{(5,8\%)}$+20 000（未担保余值）×$PVF_{(5,8\%)}$
=200 000（元）

租赁投资净额=租赁资产公允价值+初始直接费用=200 000（元）

未实现融资收益=租赁收款额-租赁投资净额=216 121.10-200 000=16 121.10（元）

第三步，计算租赁期内各期应分配的未实现融资收益（见表 15-27）。

第四步，编制会计分录（见表 15-28）。以下按现行准则规定处理，应收融资租赁款以非折现值反映，设置未实现融资收益明细。

表 15-27　　　　　　　　　未实现融资收益分配表（实际利率法）　　　　　　　单位：元

`fx` =F4*8%

B	C	D	E	F
日期	租金加未担保余值①	实现的融资收益②=期初④×8%	租赁投资净额减少额③=①-上期②	租赁投资净额余额期初④=上期④-③
第一年年初				200,000.00
第一年年初	43,224.22		43,224.22	156,775.78
第二年年初	43,224.22	12,542.06	30,682.16	126,093.62
第三年年初	43,224.22	10,087.49	33,136.73	92,956.89
第四年年初	43,224.22	7,436.55	35,787.67	57,169.22
第五年年初	43,224.22	4,573.54	38,650.68	18,518.54
第五年年末	20,000.00	1,481.46*	18,518.54	0.00
合计	236,121.10	36,121.10	200,000.00	

*1 481.46 含尾数调整。

表 15-28　　　　　南方信托投资公司（出租方）的会计处理（按现行准则规定处理）

日期	摘要	会计分录
2022 年 1 月 1 日	登记租赁业务	借：应收融资租赁款——租赁收款额　　216 121.10 　　　应收融资租赁款——未担保余值　　20 000.00 　　贷：融资租赁资产　　　　　　　　　　200 000 　　　　应收融资租赁款——未实现融资收益　36 121.10
	记录第一期租金收入	借：银行存款　　　　　　　　　　　　43 224.22 　　贷：应收融资租赁款——珠江公司　　43 224.22
2022 年 12 月 31 日	登记已实现融资收入	借：应收融资租赁款——未实现融资收益　12 542.06 　　贷：主营业务收入——融资收入　　12 542.06
2023 年 1 月 1 日	记录第二期租金收入	借：银行存款　　　　　　　　　　　　43 224.22 　　贷：应收融资租赁款——租赁收款额　43 224.22
2023 年 12 月 31 日	登记已实现融资收入	借：应收融资租赁款——未实现融资收益　10 087.49 　　贷：主营业务收入——融资收入　　10 087.49
2024 年 1 月 1 日	记录第三期租金收入	借：银行存款　　　　　　　　　　　　43 224.22 　　贷：应收融资租赁款——租赁收款额　43 224.22
2024 年 12 月 31 日	登记已实现融资收入	借：应收融资租赁款——未实现融资收益　7 436.55 　　贷：主营业务收入——融资收入　　7 436.55
2025 年 1 月 1 日	记录第四期租金收入	借：银行存款　　　　　　　　　　　　43 224.22 　　贷：应收融资租赁款——租赁收款额　43 224.22
2025 年 12 月 31 日	登记已实现融资收入	借：应收融资租赁款——未实现融资收益　4 573.54 　　贷：主营业务收入——融资收入　　4 573.54
2026 年 1 月 1 日	记录第五期租金收入	借：银行存款　　　　　　　　　　　　43 224.22 　　贷：应收融资租赁款——租赁收款额　43 224.22
2026 年 12 月 31 日	登记已实现融资收入	借：应收融资租赁款——未实现融资收益　1 481.46 　　贷：主营业务收入——融资收入　　1 481.46
	收回租赁资产	借：融资租赁资产　　　　　　　　　　20 000 　　贷：应收融资租赁款——未担保余值　20 000

（二）余值——承租方

1. 承租人对租赁资产余值进行担保的会计处理

第一步，判断租赁类型。此租赁合约既非短期租赁，也不是低价值资产租赁，所以此项租赁为融资租赁。

第二步，计算租赁开始日租赁付款额的现值，确定使用权资产和租赁负债的入账价值。

租赁付款额=各期租金之和+承租人担保的资产余额

$\qquad$=43 224.22×5+20 000（担保余值）=236 121.10（元）

租赁付款额折现值=43 224.22×$PVF\text{-}AD_{(5,8\%)}$+20 000×$PVF_{(5,8\%)}$

$\qquad$=200 000（元）

租赁资产的入账价值为200 000元加初始直接费用。

第三步，计算未确认融资费用。

未确认融资费用=租赁付款额-租赁付款额的现值

$\qquad$=236 121.10-200 000=36 121.10（元）

第四步，计算未确认融资费用分摊率。

承租人可以直接采用合同协议利率，合同协议利率为8%。

第五步，采用实际利率法分摊融资费用（见表15-29）。

表15-29　　　　　　　　　　融资费用分摊表（实际利率法）　　　　　　　　单位：元

		f_x	=F4*8%	

B	C	D	E	F
日期①	租金加担保余值②	分配的融资费用③=期初⑤×8%	应付本金减少额④=②-上期③	应付本金余额期初⑤=上期⑤-④
第一年年初				200,000.00
第一年年初	43,224.22		43,224.22	156,775.78
第二年年初	43,224.22	12,542.06	30,682.16	126,093.62
第三年年初	43,224.22	10,087.49	33,136.73	92,956.89
第四年年初	43,224.22	7,436.55	35,787.67	57,169.22
第五年年初	43,224.22	4,573.54	38,650.68	18,518.54
第五年年末	20,000.00	1,481.46*	18,518.54	0.00
合计	236,121.10	36,121.10	200,000.00	

*1 481.46 含尾数调整。

第六步，在折旧期内采用直线法计提折旧（见表15-30）。

表15-30　　　　　　　　　　使用权资产折旧计算表（直线法）　　　　　　　　单位：元

日期	固定资产原价	估计余值	折旧率	当年折旧费	累计折旧	固定资产净值
2022年1月1日	200 000	20 000				200 000
2022年12月31日			20%	36 000	36 000	164 000
2023年12月31日			20%	36 000	72 000	128 000
2024年12月31日			20%	36 000	108 000	92 000
2025年12月31日			20%	36 000	144 000	56 000
2026年12月31日			20%	36 000	180 000	20 000
合计	200 000	20 000		180 000	180 000	

年折旧率=100%÷5=20%

第七步，编制会计分录，如表15-31所示。这里采用简化处理，租赁负债以现值反映，不设置未确认融资费用明细。

表 15-31 珠江公司（承租方）的会计处理 （简化处理）

日期	摘要	会计分录	
2022 年 1 月 1 日	登记使用权资产和租赁负债	借：使用权资产——融资租赁资产 　贷：租赁负债——租赁付款额	200 000 200 000
	支付第一期租金	借：租赁负债——租赁付款额 　贷：银行存款	43 224.22 43 224.22
2022 年 12 月 31 日	确认融资费用	借：财务费用 　贷：应付利息	12 542.06 12 542.06
	计提租入固定资产折旧	借：制造费用——折旧费 　贷：累计折旧	36 000 36 000
2023 年 1 月 1 日	支付第二期租金	借：租赁负债——租赁付款额 　应付利息 　贷：银行存款	30 682.16 12 542.06 43 224.22
2023 年 12 月 31 日	确认融资费用	借：财务费用 　贷：应付利息	10 087.49 10 087.49
	计提租入固定资产折旧	借：制造费用——折旧费 　贷：累计折旧	36 000 36 000
2024 年 1 月 1 日	支付第三期租金	借：租赁负债——租赁付款额 　应付利息 　贷：银行存款	33 136.73 10 087.49 43 224.22
2024 年 12 月 31 日	确认融资费用	借：财务费用 　贷：应付利息	7 436.55 7 436.55
	支付该年的修理费	借：制造费用 　贷：银行存款	5 000 5 000
	计提租入固定资产折旧	借：制造费用——折旧费 　贷：累计折旧	36 000 36 000
2025 年 1 月 1 日	支付第四期租金	借：租赁负债——租赁付款额 　应付利息 　贷：银行存款	35 787.67 7 436.55 43 224.22
2025 年 12 月 31 日	确认融资费用	借：财务费用 　贷：应付利息	4 573.54 4 573.54
	计提租入固定资产折旧	借：制造费用——折旧费 　贷：累计折旧	36 000 36 000
2026 年 1 月 1 日	支付第五期租金	借：租赁负债——租赁付款额 　应付利息 　贷：银行存款	38 650.68 4 573.54 43 224.22
2026 年 12 月 31 日	确认融资费用	借：财务费用 　贷：租赁负债——租赁付款额	1 481.46 1 481.46
	计提租入固定资产折旧	借：制造费用——折旧费 　贷：累计折旧	36 000 36 000
	登记租入固定资产的返还	借：租赁负债——租赁付款额 　累计折旧 　贷：使用权资产——融资租赁资产	20 000 180 000 200 000

2. 承租人对租赁资产余值未担保的会计处理

第一步，判断租赁类型。此租赁合约既非短期租赁，也不是低价值资产租赁，所以此项租赁为融资租赁。

第二步，计算租赁开始日租赁付款额的现值，确定使用权资产和租赁负债的入账价值。

租赁付款额=各期租金之和+承租人担保的资产余值

$$=43\,224.22×5+0=216\,121.10（元）$$

现值合计=$43\,224.22×PVF\text{-}AD_{(5,8\%)}=186\,388.32$（元）

使用权资产的入账价值为 186 388.32 元加初始直接费用 0 元。

第三步，计算未确定融资费用。

未确认融资费用=租赁付款额-租赁付款额的现值

$$=216\,121.10-186\,388.32=29\,732.78（元）$$

第四步，计算融资费用分摊率。直接采用合同协议利率 8%。

第五步，采用实际利率法分摊融资费用（见表 15-32）。

表 15-32　　　　　　　　　　融资费用分摊表（实际利率法）　　　　　　　　单位：元

		f_x	=F4*8%	
B	C	D	E	F
日期①	租金②	分配的融资费用 ⑤=期初⑤×8%	应付本金减少额 ④=②-上期③	应付本金余额 期初⑤=上期⑤-④
第一年年初				186,388.32
第一年年初	43,224.22		43,224.22	143,164.10
第二年年初	43,224.22	11,453.13	31,771.09	111,393.01
第三年年初	43,224.22	8,911.44	34,312.78	77,080.23
第四年年初	43,224.22	6,166.42	37,057.80	40,022.43
第五年年初	43,224.22	3,201.79	40,022.43	0.00
第五年年末	0.00	0.00	0.00	
合计	216,121.10	29,732.78	186,388.32	

注：由于是年初支付（预付年金），最后一年没有融资费用的分摊。

第六步，在折旧期内采用直线法计提折旧（见表 15-33）。

表 15-33　　　　　　　　　　使用权资产折旧计算表（直线法）　　　　　　　　单位：元

日期	原值	余额	当年折旧	累计折旧	固定资产净值
2022 年 1 月 1 日	186 388.32	0.00			186 388.32
2022 年 12 月 31 日			37 277.66	37 277.66	149 110.64
2023 年 12 月 31 日			37 277.66	74 555.32	111 832.98
2024 年 12 月 31 日			37 277.66	111 832.98	74 555.32
2025 年 12 月 31 日			37 277.66	149 110.64	37 277.66
2026 年 12 月 31 日			37 277.68	186 388.32	0.00
合计	186 388.32	0.00	186 388.32	186 388.32	0.00

第七步，编制会计分录（见表 15-34）。这里按现行准则处理，租赁负债以非折现值反映，设置未确认融资费用明细。

表 15-34　　　　　　　　珠江公司（承租方）的会计处理（按现行准则规定处理）

日期	摘要	会计分录
2022 年 1 月 1 日	登记租入固定资产和长期应付款	借：使用权资产——融资租赁资产　　186 388.32 　　租赁负债——未确认融资费用　　 29 732.78 　　贷：租赁负债——租赁付款额　　 216 121.10
	支付第一期租金	借：租赁负债——租赁付款额　　43 224.22 　　贷：银行存款　　 43 224.22
2022 年 12 月 31 日	确认融资费用	借：财务费用　　11 453.13 　　贷：租赁负债——未确认融资费用　　 11 453.13
	计提租入固定资产折旧	借：制造费用——折旧费　　37 277.66 　　贷：累计折旧　　 37 277.66
2023 年 1 月 1 日	支付第二期租金	借：租赁负债——租赁付款额　　43 224.22 　　贷：银行存款　　 43 224.22
2023 年 12 月 31 日	确认融资费用	借：财务费用　　8 911.44 　　贷：租赁负债——未确认融资费用　　 8 911.44
	计提租入固定资产折旧	借：制造费用——折旧费　　37 277.66 　　贷：累计折旧　　 37 277.66
2024 年 1 月 1 日	支付第三期租金	借：租赁负债——租赁付款额　　43 224.22 　　贷：银行存款　　 43 224.22
2024 年 12 月 31 日	确认融资费用	借：财务费用　　6 166.42 　　贷：租赁负债——未确认融资费用　　 6 166.42
	计提租入固定资产折旧	借：制造费用——折旧费　　37 277.66 　　贷：累计折旧　　 37 277.66
2025 年 1 月 1 日	支付第四期租金	借：租赁负债——租赁付款额　　43 224.22 　　贷：银行存款　　 43 224.22
2025 年 12 月 31 日	确认融资费用	借：财务费用　　3 201.79 　　贷：租赁负债——未确认融资费用　　 3 201.79
	计提租入固定资产折旧	借：制造费用——折旧费　　37 277.66 　　贷：累计折旧　　 37 277.66
2026 年 1 月 1 日	支付第五期租金	借：租赁负债——租赁付款额　　43 224.22 　　贷：银行存款　　 43 224.22
2026 年 12 月 31 日	计提租入固定资产折旧	借：制造费用——折旧费　　37 277.66 　　贷：累计折旧　　 37 277.66
	登记租入固定资产的返还	借：累计折旧　　186 388.32 　　贷：使用权资产——融资租赁资产　　 186 388.32

（三）销售融资租赁

余值担保情形下，租赁开始日。

借：应收融资租赁款——租赁收款额　　　　　　　　　　　　236 121.10

　　主营业务成本　　　　　　　　　　　　　　　　　　　　150 000

　　贷：应收融资租赁款——未实现融资收益　　　　　　　　　 36 121.10

　　　　存货　　　　　　　　　　　　　　　　　　　　　　 150 000

　　　　主营业务收入　　　　　　　　　　　　　　　　　　 200 000

余值未担保情形下，租赁开始日。

借：应收融资租赁款——租赁收款额　　　　　　　　　　　　216 121.10

——未担保余值		20 000
主营业务成本（150 000-13 611.66*）		136 388.34

  贷：应收融资租赁款——未实现融资收益   21 185.45
    存货   150 000
    主营业务收入（200 000-13 611.66*）   186 388.34

*为余值 20 000 元的折现值。

其他会计处理同上（略）。实际摊销利率为合同协议息率 8%。

（四）售后租回

会计处理如下（见表 15-35）。

表 15-35   3 种情形下售后租回的会计处理

情形	卖方兼承租人		买方兼出租人	
情形一： 租赁期开始日	借：银行存款	180 000	借：长期应收款	180 000
	贷：长期应付款	180 000	贷：银行存款	180 000
租赁期间	按实际利率分别确认长期应付款支付的本金和利息费用		按实际利率分别确认长期应收款收到的本金和利息收入	
情形二： 登记资产结转与入账	借：使用权资产	200 000	借：固定资产	200 000
	贷：固定资产	200 000	贷：银行存款	200 000
租赁期开始日	借：银行存款	200 000	借：应收融资租赁款	236 121.10
	租赁负债——未确认融资费用	36 121.10	贷：融资租赁资产	200 000
	贷：租赁负债	236 121.10	应收融资租赁款——未实现融资收益	
				36 121.10
租赁期间	按融资租赁会计进行后续处理		按融资租赁会计进行后续处理	
情形三： 登记资产结转与入账	借：使用权资产	200 000	借：固定资产	200 000
	贷：固定资产	200 000	贷：银行存款	200 000
登记额外融资	借：银行存款	40 000	借：长期应收款	46 380.80
	长期应付款——未确认融资费用 6 380.80		贷：银行存款	40 000
	贷：长期应付款	46 380.80	长期应收款——未实现融资收益	
				6 380.80
租赁期开始日	借：银行存款	200 000	借：应收融资租赁款	236 121.10
	租赁负债——未确认融资费用	36 121.10	贷：融资租赁资产	200 000
	贷：租赁负债	236 121.10	应收融资租赁款——未实现融资收益	
				36 121.10
租赁期间	借：租赁负债（每期本金）		按融资租赁会计进行后续处理	
	长期应付款（每期本金）		借：银行存款（每期租金）	
	利息费用（正常租金和额外融资利息）		贷：应收融资租赁款（每期本金）	
	贷：租赁负债——未确认融资费用		长期应收款（每期本金）	
	银行存款（每期租金）		借：应收融资租赁款——未实现融资收益	
	按融资租赁会计进行后续处理（未确认融资费用中包括正常租金和额外融资两部分利息费用）		贷：租金收入	
			利息收入	
			按融资租赁会计进行后续处理（未实现融资收益中包括正常租金和额外融资利息收入）	

出租方租金摊销表（见表 15-36）和长期应收款摊销表（见表 15-37）如下。

表 15-36   未实现融资收益分配表（实际利率法）   单位：元

fx   =F4*8%

B	C	D	E	F
日期	租金加未担保余值①	实现的融资收益②=期初④×8%	租赁投资净额减少额③=①−上期②	租赁投资净额余额期初④=上期④−③
第一年年初				200,000.00
第一年年初	43,224.22		43,224.22	156,775.78
第二年年初	43,224.22	12,542.06	30,682.16	126,093.62
第三年年初	43,224.22	10,087.49	33,136.73	92,956.89
第四年年初	43,224.22	7,436.55	35,787.67	57,169.22
第五年年初	43,224.22	4,573.54	38,650.68	18,518.54
第五年年末	20,000.00	1,481.46*	18,518.54	0.00
合计	236,121.10	36,121.10	200,000.00	

*1 481.46 含尾数调整。

表 15-37   长期应收款分配表（实际利率法）   单位：元

fx   =F4*8%

B	C	D	E	F
日期	分期收款额①	实现的融资收益②=期初④×8%	长期应收款减少额③=①−上期②	长期应收款期初④=上期④−③
第一年年初				40,000.00
第一年年初	9,276.16		9,276.16	30,723.84
第二年年初	9,276.16	2,457.91	6,818.25	23,905.59
第三年年初	9,276.16	1,912.45	7,363.71	16,541.87
第四年年初	9,276.16	1,323.35	7,952.81	8,589.07
第五年年初	9,276.16	687.10*	8,589.07	0.00
第五年年末	0.00	0.00	0.00	0.00
合计	46,380.80	6,380.80	40,000.00	

*687.10 含尾数调整。

第十六章

会计变更及差错更正

本章结构

会计变更及差错更正
- 会计变更的定义、分类与基本会计处理
  - 会计变更的定义与分类
  - 会计变更的基本会计处理
- 会计政策变更
  - 会计政策变更会计处理规定
  - 会计政策变更会计处理程序与举例
  - 首次执行企业会计准则会计政策变更的会计处理
- 会计估计变更
  - 会计估计变更会计处理规定
  - 会计估计变更会计处理举例
- 前期差错更正
  - 前期差错更正会计处理规定
  - 前期差错更正会计处理举例
- 资产负债表日后事项
  - 资产负债表日后事项概述
  - 资产负债表日后事项会计处理
  - 披露和分析

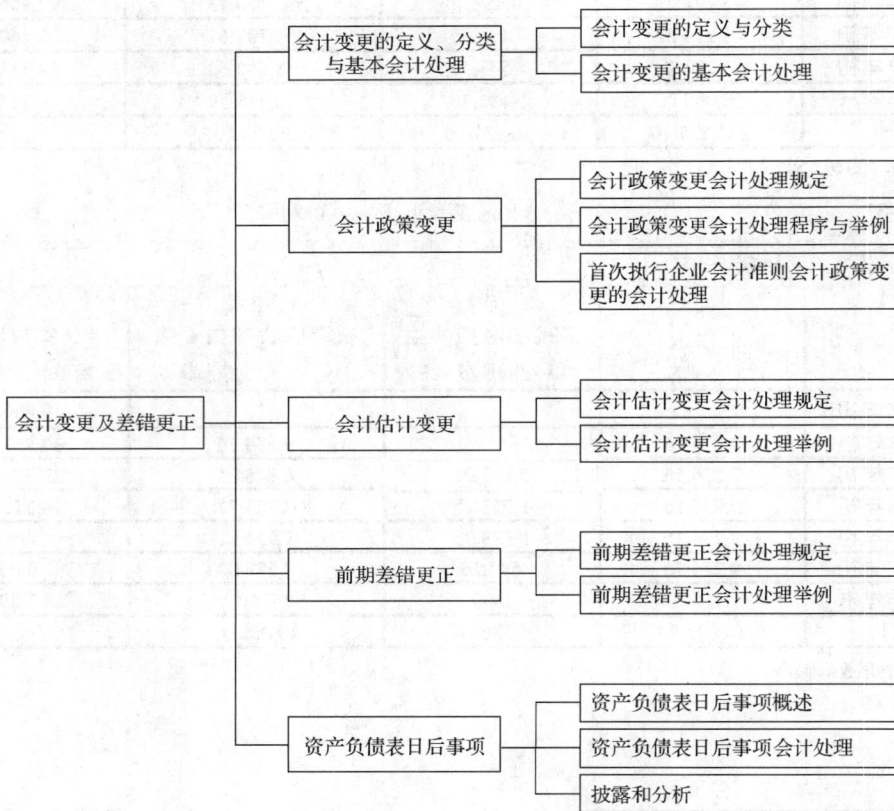

本章概念（关键词）

会计政策	会计估计	会计差错	会计变更	累积影响
追溯调整法	当期法	未来适用法（前瞻法）		资产负债表日后事项
财务报告批准报出日		调整事项	非调整事项	重大事项

本章小结

1. 会计变更的原因

企业采用一定的会计政策，并不是一成不变的。新的会计政策出台、环境变化、企业积累新的经验或会计估计的基础发生变化，都有可能改变原来所使用的会计政策。当然，从另一个层面来说，企业管理当局为了达到某种目的，也有可能改变原有会计政策。这些因素包括政治成本，即当企业规模越大，越引人注目，收益越高，企业被要求承担的义务也就越多。在此情况下，一些大企业就会变更会计政策，呈报较低的会计收益；当资本结构中负债比率过高而影响贷款成本及可能性时，企业会选择增加企业净收益的会计政策；同样，经理报酬、收益平滑等都是影响企业改变会计政策的因素。

2. 会计变更的分类

会计变更，一般可分为会计政策变更、会计估计变更和会计主体的变更三类。差错更正从本质上讲并不属于会计变更，但对差错更正的调整与会计变更的处理相似。

3. 会计政策变更、会计估计变更及差错更正的定义

会计政策变更，是指企业对相同的交易或事项由原来的会计政策改用另一种会计政策的行为。一般情况下，当国家法律或会计准则等行政法规要求改变原会计政策，采用新的会计政策时，企业必须服从国家法规、会计准则的要求。另外，当会计政策的变更能够使企业提供的有关企业财务状况、经营成果和现金流量信息更可靠、更相关时，应改变原有的会计政策。企业在取得了新信息，积累了新经验，发生了新的事项后，可能需要对会计估计进行修订。会计估计变更是指由于资产和负债的当前状况及预期经济利益和义务发生了变化，从而对资产和负债的账面价值或资产的定期消耗金额进行调整。会计主体变更，是指一家企业主体的构成发生了变化。会计差错，主要是指前期差错，前期差错是指由于没有运用或错误运用信息，而对前期财务报表造成忽略或错报。

4. 当期法、追溯法及未来适用法

变更累积影响当期法，也称当期法，是指将变更后的会计政策对以前各期追溯的变更年度期初留存收益应有金额与现有金额之间的差额全部在变更当期予以确认的方法。追溯法又分为追溯调整法和追溯重述法。追溯调整法，是指对某项交易或事项变更会计政策时，如同该交易或事项初次发生时就开始采用变更后的会计政策，并以此对财务报表相关项目进行调整的方法。在追溯调整法下，应计算会计政策变更的累积影响数，并调整期初留存收益，会计报表其他相关项目也应进行相应调整。追溯重述法，是指在发现前期差错时，视同该前期差错从未发生过，从而对财务报表相关项目进行更正的方法。追溯重述法与追溯调整法处理相同。未来适用法，也称前瞻法，是指对某项交易或事项变更会计政策时，新的会计政策适用于变更当期及未来期间发生的交易或事项的方法，在该方法下，不需计算会计政策变更产生的累积影响数，也无须重编以前年度的会计报表。

5. 会计政策变更的会计处理

会计政策变更的会计处理，除了当会计政策变更的累积影响数不能确定时采用未来适用法外，主要以追溯调整法为主，追溯调整法的运用步骤通常如下。

第一步：计算会计政策变更的累积影响。

（1）根据新的会计政策重新计算受影响的前期交易或事项；

（2）计算两种会计政策下的差异；

（3）计算差异的所得税影响金额；

（4）确定前期中每一期的税后差异；

（5）合计会计政策变更的累积影响数。

第二步：进行相关的会计处理。

第三步：调整会计报表相关项目。

第四步：附注说明。

6. 首次执行企业会计准则会计政策变更的会计处理

首次执行企业会计准则导致企业会计政策发生变更的，其会计处理规定主要集中在《企业

会计准则第 38 号——首次执行企业会计准则》第五条至第十九条，除准则规定应当采用追溯调整法的项目外，其他因首次执行企业会计准则而发生的会计政策变更均采用未来适用法。采用追溯调整法的事项可以分为以下四类：涉及采用公允价值的资产和负债项目、涉及预计负债的项目、长期股权投资项目与企业合并项目和其他。

7. 会计估计变更的会计处理

会计估计变更的会计处理应采用未来适用法。如果会计估计的变更仅影响变更当期，有关估计变更的影响应于当期确认；如果会计估计的变更既影响变更当期又影响未来期间，有关估计变更的影响在当期及以后各期确认。

8. 差错更正的会计处理

会计差错指前期差错，按追溯重述法进行处理。前期差错通常包括计算错误、应用会计政策错误、疏忽或曲解事实以及舞弊产生的影响以及存货、固定资产盘盈等。确定前期差错不切实可行的，可从可追溯重述的最早期间开始调整留存收益的期初余额，财务报表其他相关项目的期初余额也应当一并调整，也可以采用未来适用法。

9. 资产负债表日后事项的会计处理

资产负债表日后事项主要包括调整事项和非调整事项。调整事项是指对资产负债表日已存在的情况提供了新的或进一步证据的事项。非调整事项是指资产负债表日以后才发生或存在的重大事项。非调整事项只需在报表附注中说明。调整事项在发生时，涉及损益事项的，通过"以前年度损益调整"科目进行调整（当然，也可以不通过该科目而直接进行调整），涉及利润分配的，则直接在"利润分配——未分配利润"科目中进行调整。调整事项的会计处理的具体步骤如下。

第一步：确认和记录调整业务以及该业务对以前年度损益的影响；

第二步：调整应交所得税；

第三步：将以前年度损益调整科目转入利润分配并调整利润分配的有关数据（如果调整事项发生在利润分配之后，则程序的第二步省略）；

第四步：调整报告年度会计报表相关项目的数字；

第五步：调整业务发生当月资产负债表的年初数。

本章相关的法规、制度及主要阅读文献

1.《企业会计准则第 28 号——会计政策、会计估计变更和差错更正》（2006）

2.《企业会计准则第 29 号——资产负债表日后事项》（2006）

3.《企业会计准则第 38 号——首次执行企业会计准则》（2006）

4.《企业会计准则讲解 2010》

5.《企业会计准则解释》第 1 号～第 14 号

教材练习题解答

（一）会计政策变更

购置的房产用于出租属于投资性房地产，改变后续会计计量属于会计政策变更，应采用追溯调整法进行处理。用公允价值计量模式不需计提折旧。

计算累积影响数如表 16-1 所示。

表 16-1　　　　　　　　　　两种方法计算的房地产累计折旧差异　　　　　　　　　　单位：元

年份	公允价值模式	成本模式	税前差异	所得税影响	税后差异
2017	0	50 000	50 000	12 500	37 500
2018	0	50 000	50 000	12 500	37 500
2019	0	50 000	50 000	12 500	37 500
2020	0	50 000	50 000	12 500	37 500
2021	0	50 000	50 000	12 500	37 500
合计	0	250 000	250 000	625 000	187 500

编制有关项目的调整分录如下。

（1）调整固定资产核算科目。

借：投资性房地产——成本　　　　　　　　　　　　　　　　　　2 000 000

　　贷：固定资产——房地产　　　　　　　　　　　　　　　　　　　　　2 000 000

（2）调整会计政策变更累积影响数，登记固定资产公允价值变动。

借：累计折旧——房地产　　　　　　　　　　　　　　　　　　　250 000

　　贷：利润分配——未分配利润　　　　　　　　　　　　　　　　　　　168 750

　　　　盈余公积　　　　　　　　　　　　　　　　　　　　　　　　　　18 750

　　　　递延所得税负债　　　　　　　　　　　　　　　　　　　　　　　62 500

同时，因采用公允价值模式计量，公允价值升值金额为：

5 000 000-2 000 000=3 000 000（元）

借：投资性房地产——公允价值变动　　　　　　　　　　　　　　3 000 000

　　贷：留存收益　　　　　　　　　　　　　　　　　　　　　　　　　2 250 000

　　　　递延所得税负债　　　　　　　　　　　　　　　　　　　　　　750 000

（二）会计政策变更

需要预计资产弃置费用的固定资产，应将弃置费用的现值计入固定资产成本和相应的预计负债，按照预计负债的摊余成本和实际利率，计算确定利息费用并调整预计负债。

考虑了弃置费用后固定资产成本=800 000+150 000=950 000（元）

1. 计算考虑弃置费用后的年折旧与不考虑弃置费用的年折旧之间的差异累积额，如表 16-2 所示。

表 16-2　　　　　　　是否考虑弃置费用的年折旧之间的差异累积额　　　　　　　单位：元

年份	考虑了弃置费用后的年折旧	未考虑弃置费用的年折旧	税前差异	所得税影响	税后差异
2018	190 000	160 000	-30 000	7 500	-22 500
2019	152 000	128 000	-24 000	6 000	-18 000
2020	121 600	102 400	-19 200	4 800	-14 400
2021	97 280	81 920	-15 360	3 840	-11 520
2022	77 824	——	——	——	——
合计	638 704	472 320	-88 560	22 140	-66 420

2. 按实际利率法计算每年预计负债的调整额，如表 16-3 所示。

表 16-3　　　　　　　　　　　按实际利率法计算的调整额　　　　　　　　　　　单位：元

年份	调整额①=上期②×7%	预计负债账面余额②=上期②+①
2018 年年初	——	150 000
2018	10 500	160 500
2019	11 235	171 735

续表

年份	调整额①=上期②×7%	预计负债账面余额②=上期②+①
2020	12 021.45	183 756.45
2021	12 862.95	196 619.4
2022	13 763.36	210 382.76
……	…	…
2027	19 303.82	295 072.7

3. 计算考虑弃置费用后的财务费用计提的累积影响额，如表 16-4 所示。

表 16-4　　　　　　　　　考虑弃置费用后的财务费用计提的累积影响额　　　　　　　　单位：元

年份	考虑弃置费用的财务费用	未考虑弃置费用的财务费用	税前差异	所得税影响	税后差异
2018	10 500	0	−10 500	2 625.00	−7 875
2019	11 235	0	−11 235	2 808.75	−8 426.25
2020	12 021.45	0	−12 021.45	3 005.36	−9 016.09
2021	12 862.95	0	−12 862.95	3 215.74	−9 647.21
合计	46 619.4	0	−46 619.4	11 654.85	−34 964.55

4. 登记固定资产调整分录。

借：固定资产　　　　　　　　　　　　　　　　　　　150 000
　　贷：预计负债　　　　　　　　　　　　　　　　　　　　150 000

5. 追溯调整折旧分录。

借：利润分配——未分配利润　　　　　　　　　　　　59 778
　　盈余公积　　　　　　　　　　　　　　　　　　　6 642
　　递延所得税资产　　　　　　　　　　　　　　　　22 140
　　贷：累计折旧　　　　　　　　　　　　　　　　　　　　88 560

6. 追溯调整预计负债。

借：利润分配——未分配利润　　　　　　　　　　　　31 468.09
　　盈余公积　　　　　　　　　　　　　　　　　　　3 496.46
　　递延所得税资产　　　　　　　　　　　　　　　　11 654.85
　　贷：预计负债　　　　　　　　　　　　　　　　　　　　46 619.4

7. 登记 2022 年折旧分录。

借：制造费用　　　　　　　　　　　　　　　　　　　77 824
　　贷：累计折旧　　　　　　　　　　　　　　　　　　　　77 824

8. 登记预计负债调整分录。

借：财务费用　　　　　　　　　　　　　　　　　　　13 763.36
　　贷：预计负债　　　　　　　　　　　　　　　　　　　　13 763.36

（三）会计估计变更

2022 年度折旧额=（100 000-18 000-15 000）÷（6-2）=16 750（元）

登记 2022 年折旧分录。

借：管理费用　　　　　　　　　　　　　　　　　　　16 750
　　贷：累计折旧　　　　　　　　　　　　　　　　　　　　16 750

（四）前期差错更正

1．分析错误结果（见表 16-5）。

表 16-5 分析结果

2021 年少计主营业务成本	100 000 元
多计库存商品	100 000 元
多计所得税费用	25 000 元
多计净利润	75 000 元
多计法定盈余公积金	7 500 元

2．登记会计分录。

借：以前年度损益调整 100 000
　　贷：库存商品 100 000
借：应交税费——应交所得税 25 000
　　贷：以前年度损益调整 25 000
借：利润分配——未分配利润 75 000
　　贷：以前年度损益调整 75 000
借：盈余公积——法定盈余公积 7 500
　　贷：利润分配——未分配利润 7 500

3．附注说明。本年度发现 2021 年漏结转销售成本 100 000 元，在编制 2021 年与 2022 年可比的会计报表时，已对该项差错进行了更正。由于此项错误的影响，2021 年虚增净利润 75 000 元，多计库存商品 100 000 元。

（五）资产负债表日后事项

1．2021 年 12 月 31 日。

借：营业外支出——诉讼赔偿［（1 000 000+1 500 000）÷2］ 1 250 000
　　管理费用——诉讼费用 20 000
　　贷：预计负债——未决诉讼 1 270 000
借：其他应收款——保险公司 500 000
　　贷：营业外收入——诉讼赔偿 500 000

2．2022 年 2 月 15 日。

借：预计负债 1 270 000
　　贷：其他应付款——李某 1 150 000
　　　　　　　　　——法院 20 000
　　　　以前年度损益调整 100 000
借：以前年度损益调整 100 000
　　贷：利润分配——未分配利润 100 000
借：利润分配——未分配利润 10 000
　　贷：盈余公积金——法定盈余公积金 10 000

3．2022 年 2 月 21 日。

借：银行存款 500 000
　　贷：其他应收款 500 000
借：其他应付款——李某 1 150 000
　　　　　　　　　——法院 20 000
　　贷：银行存款 1 170 000

（六）资产负债表日后事项

1. 第一种情形

（1）2021 年 12 月 15 日销售时（按总价法）。

借：应收账款 226 000
　　贷：主营业务收入 200 000
　　　　应交税费——应交增值税（销项税额） 26 000

借：主营业务成本 150 000
　　贷：库存商品 150 000

（2）同意按 10% 的价格进行折让时。

借：主营业务收入 20 000
　　应交税费——应交增值税（销项税额） 2 600
　　贷：应收账款 22 600

（3）2021 年 12 月 25 日收款时。

借：银行存款［（200 000-20 000）×98%+（26 000-2 600）］ 199 800
　　财务费用 3 600
　　贷：应收账款 203 400

2. 第二种情形

（1）若在 2022 年 1 月 5 日（资产负债表日后）收款。

借：银行存款 203 400
　　贷：应收账款 203 400

（2）2022 年 2 月 24 日退货。

第一步：确认和记录调整业务以及该业务对以前年度损益的影响。

借：以前年度损益调整 180 000
　　应交税费——应交增值税（销项税额） 23 400
　　贷：银行存款 203 400

借：库存商品 150 000
　　贷：以前年度损益调整 150 000

借：坏账准备（203 400×5%） 10 170
　　贷：以前年度损益调整 10 170

第二步：调整应交所得税。

借：应交税费——应交所得税［（180 000-150 000）×25%］ 7 500
　　贷：以前年度损益调整 7 500

第三步：调整已确认的递延所得税资产。

借：以前年度损益调整 2 542.5
　　贷：递延所得税资产（10 170×25%） 2 542.5

第四步：将以前年度损益调整科目转入利润分配并调整利润分配的有关数据。

借：利润分配——未分配利润（180 000+2 542.5-150 000-10 170-7 500）

　　　　　　　　　　　　　　　　　　　　　　　　　　　　　14 872.5
　　贷：以前年度损益调整 14 872.5

第五步：调整报告年度会计报表相关项目的数字（略）。

资产负债表

第十七章

本章结构

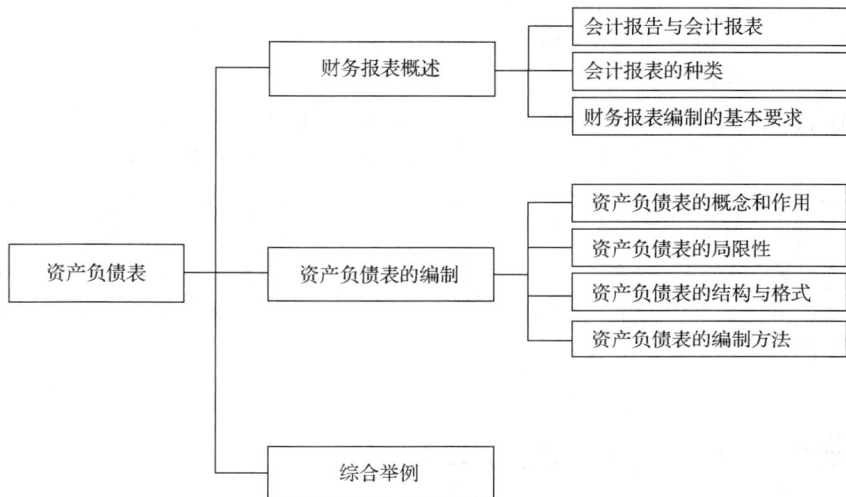

本章概念（关键词）

会计报告	会计报表	附注	其他财务报告	资产负债表
报告式	账户式	流动性	偿债能力	财务弹性
货币信息	非货币信息			

本章小结

1. 会计报告与会计报表之间的关系

会计报告是企业对外提供的反映企业某一特定日期的财务状况和某一期间的经营成果、所有者权益变动、现金流量等会计信息的文件。会计报告包括会计报表、报表附注、其他财务报告等。会计报表主要是以货币的形式反映企业特定日期的财务状况和某一期间的经营成果、所有者权益变动、现金流量等会计信息。报表附注是对在资产负债表、利润表、现金流量表和所有者权益变动表中列示项目的文字描述或明细资料，以及未能在这些报表中列示项目的说明。报表附注包含在会计报表中。由于企业很多信息是无法用货币形式来计量的，所以，要全面、系统地反映一个企业的整体情况，必须以非货币形式进行反映。其他报告形式就是对会计报表的必要补充。

2. 资产负债表的性质与作用

资产负债表是反映企业在某一特定日期财务状况的会计报表，也称财务状况表。所谓财务状况，是指企业的资产、负债和所有者权益的构成情况以及资产、负债和所有者权益内部的结构。它反映了企业在某一特定日期所拥有或控制的经济资源、所承担的现时义务和所有者对企业净资产的要求权。资产负债表能够反映企业在报表日的财务状况，即企业资产、负债和所有者权益的结构等重要信息，揭示企业拥有和控制的经济资源及其分布情况；短期、长期偿债能力和现金支付能力；财务弹性的大小，为决策者提供重要的决策依据和参考。

3. 资产负债表的局限性

由于会计确认、计量技术的局限，以及基于成本效益原则的考虑，现行资产负债表还存在较大的局限性，主要表现在：（1）资产负债表中列示的资产和负债大多数是以历史成本为基础的；（2）资产负债表中许多项目是通过人为的判断和估计来确定的；（3）资产负债表只能提供货币性的信息而不能提供非货币性的信息。此外，资产负债表中还存在多种计量属性并存，计量方法不一致等情况，这些都将影响资产负债表的使用价值。

4. 资产负债表的编制方法

资产负债表一般采用对比式填列，即每个项目均应对比填列两个或两个以上的时点数，最基本的两个时点数是年初数和期末数。年初数一般是上年年末的数据，期末数是编制资产负债表当期期末的数据，"期末数"栏各项目主要根据资产、负债、所有者权益类科目的期末余额分析调整后填列。"期末数"栏内各项目的编制方法为：（1）根据总账科目期末余额直接填列；（2）根据几个总账科目期末余额合计填列；（3）根据明细科目余额计算填列；（4）根据总账科目和明细科目余额分析计算填列；（5）根据会计科目余额减去其备抵项目后的净额（包括按项目的所得税净额）填列；（6）综合以上若干种方法分析计算填列。

本章相关的法规、制度及主要阅读文献

1.《企业会计准则——基本准则》（2006，2014）
2.《企业会计准则第 30 号——财务报表列报》（2014）
3.《企业会计准则第 42 号——持有待售非流动资产、处置组与终止经营》（2017）
4.《企业会计准则讲解 2010》
5.《财政部关于修订印发一般企业财务报表格式的通知》财会〔2019〕6 号（2019）

教材练习题解答

1. 登记会计分录。

（1）借：在途物资 550 000
　　　应交税费——应交增值税（进项税额） 71 500
　　　　贷：银行存款 621 500

（2）借：应付票据 11 700
　　　　贷：银行存款 11 700

（3）借：原材料 800 000
　　　　贷：在途物资 800 000

（4）借：其他货币资金 120 000
　　　　贷：银行存款 120 000

（5）借：银行存款 7 000
　　　原材料 100 000

	应交税费——应交增值税（进项税额）	13 000	
	贷：其他货币资金		120 000
（6）借：	银行存款	4 520 000	
	贷：主营业务收入		4 000 000
	应交税费——应交增值税（销项税额）		520 000
（7）借：	长期借款	200 000	
	财务费用	20 000	
	贷：银行存款		220 000
（8）借：	应交税费——未交增值税	703 840	
	——应交所得税	40 000	
	——其他应交税费	130 000	
	营业外支出	5 000	
	贷：银行存款		878 840
（9）借：	交易性金融资产	500 000	
	应收股利	30 000	
	投资收益	1 060	
	贷：银行存款		531 060
	借：银行存款	30 000	
	贷：应收股利		30 000
（10）借：	债权投资	800 000	
	贷：银行存款		800 000
（11）借：	在建工程	150 000	
	贷：工程物资		150 000
（12）借：	固定资产	100 000	
	应交税费——应交增值税（进项税额）	13 000	
	贷：银行存款		113 000
（13）借：	在建工程	192 000	
	贷：应付职工薪酬		192 000
（14）借：	在建工程	150 000	
	贷：长期借款		150 000
（15）借：	固定资产	840 000	
	贷：在建工程		840 000
（16）借：	累计折旧	140 000	
	固定资产清理	10 000	
	贷：固定资产		150 000
	借：固定资产清理	700	
	贷：银行存款		700
	借：银行存款	1 200	
	贷：固定资产清理		1 200
	借：资产处置损失	9 500	
	贷：固定资产清理		9 500
（17）借：	银行存款	400 000	

	贷：长期借款	400 000
（18）借：应收账款		1 695 000
	贷：主营业务收入	1 500 000
	应交税费——应交增值税（销项税额）	195 000
（19）借：银行存款		30 000
	贷：投资收益	30 000
（20）借：累计折旧		150 000
	固定资产清理	250 000
	贷：固定资产	400 000
	借：固定资产清理	2000
	贷：银行存款	2000
	借：银行存款	339 000
	贷：固定资产清理	300 000
	应交税费——应交增值税（销项税额）	39 000
	借：固定资产清理	48 000
	贷：资产处置收益	48 000
（21）借：短期借款		500 000
	贷：银行存款	500 000
（22）借：研发支出——费用化支出		400 000
	——资本化支出	200 000
	贷：银行存款	600 000
	借：管理费用	400 000
	无形资产	200 000
	贷：研发支出——费用化支出	400 000
	——资本化支出	200 000
（23）借：应付职工薪酬		800 000
	贷：银行存款	800 000
（24）借：生产成本		500 000
	制造费用	50 000
	管理费用	100 000
	贷：应付职工薪酬	650 000
（25）借：生产成本		140 000
	制造费用	14 000
	管理费用	28 000
	贷：应付职工薪酬	182 000
（26）借：资产减值损失		100 000
	贷：固定资产减值准备	100 000
（27）借：管理费用		60 000
	贷：长期待摊费用	55 000
	累计摊销——无形资产	5 000
（28）借：财务费用		41 000
	贷：应付利息	23 000

	长期借款		18 000
（29）借：制造费用		270 000	
管理费用		50 000	
贷：累计折旧			320 000
（30）借：银行存款		5 700 000	
贷：应收账款			570 000
（31）借：银行存款		5 300 000	
贷：应付债券——面值			5 000 000
其他权益工具——期权			300 000
借：财务费用（5 000 000×6%×6÷12）		150 000	
贷：应付债券			150 000
（32）借：长期股权投资——投资成本		4 000 000	
贷：银行存款			4 000 000
借：长期股权投资		81 250	
贷：投资收益（500 000×25%×3÷12）			31 250
资本公积（200 000×25%）			50 000
（33）借：银行存款		2 500 000	
贷：股本			1 000 000
资本公积			1 500 000
（34）借：销售费用		82 500	
贷：预计负债			82 500
借：预计负债		3 000	
贷：银行存款			3 000
借：坏账准备		20 000	
贷：应收账款			200 000
借：信用减值损失		59 290	
贷：坏账准备（2 251 000×2%-5 730+20 000）			59 290
（35）借：交易性金融资产		200 000	
贷：公允价值变动损益			200 000
借：债权投资		27 000	
贷：投资收益			27 000
（36）借：销售费用		47 000	
贷：银行存款			35 000
库存现金			12 000
（37）借：销售费用		150 000	
管理费用		85 000	
制造费用		180 000	
贷：银行存款			415 000
（38）借：银行存款		8 000	
贷：财务费用			8 000
（39）借：生产成本		1 179 000	
贷：原材料			1 179 000

借：生产成本 514 000
　　贷：制造费用 514 000
借：库存商品 2 333 000
　　贷：生产成本 2 333 000
（40）借：利润分配——未分配利润 521 955
　　　　贷：盈余公积 86 992.5
　　　　　　银行存款 434 962.5
（41）借：税金及附加 65 650
　　　　贷：应交税费——应交城市维护建设税 45 955
　　　　　　　　——应交教育费附加 19 695
　　　　借：应交税费——应交城市维护建设税 45 955
　　　　　　　　——应交教育费附加 19 695
　　　　贷：银行存款 65 650
（42）借：应交税费——应交增值税（转出未交增值税） 656 500
　　　　贷：应交税费——未交增值税 656 500
（43）借：主营业务成本 3 250 000
　　　　贷：库存商品 3 250 000
（44）借：主营业务收入 5 500 000
　　　　投资收益 87 190
　　　　资产处置收益 48 000
　　　　公允价值变动损益 200 000
　　　　贷：本年利润 5 835 190
　　　　借：本年利润 4 694 940
　　　　贷：主营业务成本 3 250 000
　　　　　　销售费用 279 500
　　　　　　管理费用 723 000
　　　　　　财务费用 203 000
　　　　　　资产处置损失 9 500
　　　　　　营业外支出 5 000
　　　　　　税金及附加 65 650
　　　　　　资产减值损失 159 290
（45）借：所得税 189 250
　　　　递延所得税资产 54 697.5
　　　　贷：应交税费——应交所得税 173 947.5
　　　　　　递延所得税负债 70 000
应交所得税=[1 140 250（利润总额）+5 000（滞纳金）-
　　　　　　200 000（公允价值变动收益）-30 000（股息收入）+
　　　　　　59 290-20 000（坏账准备）+82 500（预计负债）-
　　　　　　27 000（国债利息）-3 000（修理费）-400 000+
　　　　　　320 000（折旧调整）+100 000（固定资产减值损失）-
　　　　　　400 000×75%（加计扣除）-31250（投资收益）]×25%
　　　　　　=173 947.5（元）

递延所得税资产=[82 500（预计负债）+100 000（固定资产减值损失）+

59 290-20 000（坏账准备）-3 000（预提修理费）]×25%

=54 697.5（元）

递延所得税负债=[400 000-320 000（折旧调整）+

200 000（公允价值变动损益）]×25%=70 000（元）

所得税=173 947.5+70 000-54 697.5=189 250（元）

借：本年利润	189 250	
贷：所得税		189 250
借：本年利润	951 000	
贷：利润分配——未分配利润		951 000

（46）不做分录。

（47）借：应交税费——应交所得税　　　　400 000

　　　　贷：银行存款　　　　　　　　　　　　400 000

2．登记"T"形账。

库存现金

期初余额	18 000.00		
		12 000.00	（36）
本期发生额	0	12 000.00	本期发生额
期末余额	6 000.00		

其他货币资金

期初余额	0		
（4）	120 000.00	120 000.00	（5）
本期发生额	120 000.00	120 000.00	本期发生额
期末余额	0		

应收账款

期初余额	1 146 000.00		
（18）	1 695 000.00	570 000.00	（30）
		20 000.00	（34）
本期发生额	1 695 000.00	590 000.00	本期发生额
期末余额	2 251 000.00		

应收票据

期初余额	46 800.00		
本期发生额	0	0	本期发生额
期末余额	46 800.00		

应收股利

期初余额	0		
（9）	30 000.00	30 000.00	（9）
本期发生额	30 000.00	30 000.00	本期发生额
期末余额	0		

银行存款

期初余额	3 368 295.00		
（5）	7 000.00	621 500.00	（1）
（6）	4 520 000.00	11 700.00	（2）
（9）	30 000.00	120 000.00	（4）
（16）	1 200.00	220 000.00	（7）
（17）	400 000.00	878 840.00	（8）
（19）	30 000.00	531 060.00	（9）
（20）	339 000.00	800 000.00	（10）
（30）	570 000.00	113 000.00	（12）
（31）	5 300 000.00	700.00	（16）
（33）	2 500 000.00	2 000.00	（20）
（38）	8 000.00	500 000.00	（21）
		600 000.00	（22）
		800 000.00	（23）
		4 000 000.00	（32）
		3 000.00	（34）
		35 000.00	（36）
		415 000.00	（37）
		434 962.50	（40）
		65 650.00	（41）
		400 000.00	（47）
本期发生额 13 705 200		10552 412.5	本期发生额
期末余额	6 521 082.50		

交易性金融资产

期初余额	15 000.00		
（9）	500 000.00		
（35）	200 000.00		
本期发生额	700 000.00	0	本期发生额
期末余额	715 000.00		

预付账款

期初余额	50 000.00		
本期发生额	0	0	本期发生额
期末余额	50 000.00		

其他应收款

期初余额	59 200.00		
本期发生额	0	0	本期发生额
期末余额	59 200.00		

存货（库存商品）

期初余额	1 357 000.00		
（39）	2 333 000.00	3 250 000.00	（43）
本期发生额	2 333 000.00	3 250 000.00	本期发生额
期末余额	440 000.00		

存货（原材料）

期初余额	679 500.00		
（3）	800 000.00	1 179 000.00	（39）
（5）	100 000.00		
本期发生额	900 000.00	1 179 000.00	本期发生额
期末余额	400 500.00		

存货（在途物资）

期初余额	250 000.00		
（1）	550 000.00	800 000.00	（3）
本期发生额	550 000.00	800 000.00	本期发生额
期末余额	0		

债权投资

期初余额	0		
（10）	800 000.00		
（35）	27 000.00		
本期发生额	827 000.00	0	本期发生额
期末余额	827 000.00		

长期股权投资

期初余额	490 000.00		
（32）	4 000 000.00		
（32）	81 250.00		
本期发生额	4 081 250.00	0	本期发生额
期末余额	4 571 250.00		

工程物资

期初余额	150 000.00		
		150 000.00	（11）
本期发生额	0	150 000.00	本期发生额
期末余额	0		

在建工程

期初余额	1 081 000.00		
（11）	150 000.00		
（13）	192 000.00	840 000.00	（15）
（14）	150 000.00		
本期发生额	492 000.00	840 000.00	本期发生额
期末余额	733 000.00		

固定资产

期初余额	4 840 000.00		
（12）	100 000.00	150 000.00	（16）
（15）	840 000.00	400 000.00	（20）
本期发生额	940 000.00	550 000.00	本期发生额
期末余额	5 230 000.00		

无形资产

期初余额	10 000.00		
（22）	200 000.00	5 000	（27）
本期发生额	200 000.00	5 000	本期发生额
期末余额	205 000.00		

长期待摊费用

期初余额	110 000.00		
		55 000.00	（27）
本期发生额	0	55 000.00	本期发生额
期末余额	55 000.00		

递延所得税资产

期初余额	1 432.50		
（45）	54 697.50		
本期发生额	54 697.50	0	本期发生额
期末余额	56 130.00		

坏账准备

		5 730.00	期初余额
（34）	20 000.00	59 290.00	（34）
本期发生额	20 000.00	59 290.00	本期发生额
		45 020.00	期末余额

累计折旧

		1 280 000.00	期初余额
（16）	140 000.00	320 000.00	（29）
（20）	150 000.00		
本期发生额	290 000.00	320 000.00	本期发生额
		1 310 000.00	期末余额

固定资产减值准备

		0	期初余额
		100 000.00	（26）
本期发生额	0	100 000.00	本期发生额
		100 000.00	期末余额

短期借款

		1 500 000.00	期初余额
（21）	500 000.00		
本期发生额	500 000.00	0	本期发生额
		1 000 000.00	期末余额

应付票据

		68 300.00	期初余额
（2）	11 700.00		
本期发生额	11 700.00	0	本期发生额
		56 600.00	期末余额

应交税费——应交增值税

		0.00	期初余额
（1）	71 500.00	520 000.00	（6）
（5）	13 000.00	195 000.00	（18）
（12）	13 000.00	39 000.00	（20）
本期发生额	97 500.00	754 000.00	本期发生额
（42）（转出）	656 500.00	0	期末余额

应交税费

		1 073 840.00	期初余额
（1）	71 500.00	520 000.00	（6）
（5）	13 000.00	195 000.00	（18）
（8）	873 840.00	39 000.00	（20）
（12）	13 000.00	65 650.00	（41）
（41）	65 650.00	656 500.00	（42）
（42）	656 500.00	173 947.50	（45）
（47）	400 000.00		
本期发生额	2 093 490.00	1 650 097.50	本期发生额
		630 447.50	期末余额

应付职工薪酬

		172 000.00	期初余额
（23）	800 000.00	192 000.00	（13）
		650 000.00	（24）
		182 000.00	（25）
本期发生额	800 000.00	1 024 000.00	本期发生额
		396 000.00	期末余额

应付利息

		0	期初余额
		23 000.00	（28）
本期发生额	0	23 000.00	本期发生额
		23 000.00	期末余额

应付账款

		155 000.00	期初余额
本期发生额	0	0	本期发生额
		155 000.00	期末余额

其他应付款

		78 000.00	期初余额
本期发生额	0	0	本期发生额
		78 000.00	期末余额

预计负债

		0	期初余额
（34）	3 000.00	82 500.00	（34）
本期发生额	3 000.00	82 500.00	本期发生额
		79 500.00	期末余额

递延所得税负债

		0	期初余额
		70 000.00	（45）
本期发生额	0	70 000.00	本期发生额
		70 000.00	期末余额

长期借款

借方		贷方	
		1 168 000.00	期初余额
		150 000.00	（14）
（7）	200 000.00	400 000.00	（17）
		18 000.00	（28）
本期发生额	200 000.00	568 000.00	本期发生额
		1 536 000.00	期末余额

股本

借方		贷方	
		期初余额 5 000 000.00	
		（33）1 000 000.00	
本期发生额	0	本期发生额 1 000 000.00	
		期末余额 6 000 000.00	

盈余公积

借方		贷方	
		201 432.50	期初余额
		86 992.50	（40）
本期发生额		86 992.50	本期发生额
		288 425.00	期末余额

生产成本

借方		贷方	
（24）	500 000.00	2 333 000.00	（39）
（25）	140 000.00		
（39）	514 000.00		
（39）	1 179 000.00		
本期发生额	2 333 000.00	2 333 000.00	本期发生额

固定资产清理

借方		贷方	
（16）	10 000.00	1 200.00	（16）
（16）	700.00	9 500.00	（16）
（20）	250 000.00	300 000.00	（20）
（20）	2 000.00		
（20）	48 000.00		
本期发生额	310 700.00	310 700.00	本期发生额

主营业务成本

借方		贷方	
（43）	3 250 000.00	3 250 000.00	（44）
本期发生额	3 250 000.00	3 250 000.00	本期发生额

管理费用

借方		贷方	
（22）	400 000.00	723 000.00	（44）
（24）	100 000.00		
（25）	28 000.00		
（27）	60 000.00		
（29）	50 000.00		
（37）	85 000.00		
本期发生额	723 000.00	723 000.00	本期发生额

应付债券

借方		贷方	
		0	期初余额
		5 000 000.00	（31）
		150 000.00	（31）
本期发生额	0	5 150 000.00	本期发生额
		5 150 000.00	期末余额

资本公积

借方		贷方	
		2 000 000.00	期初余额
		50 000.00	（32）
		1 500 000.00	（33）
本期发生额		1 550 000.00	本期发生额
		3 550 000.00	期末余额

利润分配——未分配利润

借方		贷方	
		969 925.00	期初余额
（40）	521 955.00	951 000.00	（45）
本期发生额	521 955.00	951 000.00	本期发生额
		1 398 970.00	期末余额

制造费用

借方		贷方	
（24）	50 000.00	514 000.00	（39）
（25）	14 000.00		
（29）	270 000.00		
（37）	180 000.00		
本期发生额	514 000.00	514 000.00	本期发生额

主营业务收入

借方		贷方	
（44）	5 500 000.00	4 000 000.00	（6）
		1 500 000.00	（18）
本期发生额	5 500 000.00	5 500 000.00	本期发生额

研发支出

借方		贷方	
（22）	400 000.00	400 000.00	（22）
（22）	200 000.00	200 000.00	（22）
本期发生额	600 000.00	600 000.00	本期发生额

投资收益

借方		贷方	
（9）	1 060.00	30 000.00	（19）
（44）	87 190.00	31 250.00	（32）
		27 000.00	（35）
本期发生额	88 250.00	88 250.00	本期发生额

财务费用

借方		贷方	
（7）	20 000.00	8 000.00	（38）
（28）	41 000.00	203 000.00	（44）
（31）	150 000.00		
本期发生额	211 000.00	211 000.00	本期发生额

	销售费用		
（34）	82 500.00	279 500.00	（44）
（36）	47 000.00		
（37）	150 000.00		
本期发生额	279 500.00	279 500.00	本期发生额

	所得税		
（45）	189 250.00	189 250.00	（45）
本期发生额	189 250.00	189 250.00	本期发生额

	税金及附加		
（41）	65 650.00	65 650.00	（44）
本期发生额	65 650.00	65 650.00	本期发生额

	公允价值变动损益		
（44）	200 000.00	200 000.00	（35）
本期发生额	200 000.00	200 000.00	本期发生额

	资产减值损失（含信用减值损失）		
（26）	100 000.00	159 290.00	（44）
（34）	59 290.00		
本期发生额	159 290.00	159 290.00	本期发生额

	资产处置收益		
（16）	9 500.00	48 000.00	（20）
（44）	38 500.00		
本期发生额	48 000.00	48 000.00	本期发生额

	营业外支出		
（8）	5 000.00	5 000.00	（44）
本期发生额	5 000.00	5 000.00	本期发生额

	本年利润		
（44）	4 694 940.00	5 835 190.00	（44）
（45）	189 250.00		
（45）	951 000.00		
本期发生额	5 835 190.00	5 835 190.00	本期发生额

	其他权益工具		
		0.00	期初余额
		300 000.00	（8）
本期发生额	0.00	300 000.00	本期发生额
		300 000.00	期末余额

3．编制试算平衡表（见表17-1）。

表17-1　　　　　　　　　　　　　　试算平衡表

编制单位：南方公司　　　　　　　　　2022年12月31日　　　　　　　　　　单位：元

项目	借方金额	贷方金额
库存现金	6 000.00	
银行存款	6 521 082.50	
交易性金融资产	715 000.00	
应收票据	46 800.00	
应收账款	2 251 000.00	
坏账准备		45 020.00
预付账款	50 000.00	
其他应收款	59 200.00	
库存商品	440 000.00	
原材料	400 500.00	
债权投资	827 000.00	
长期股权投资	4 571 250.00	

续表

项目	借方金额	贷方金额
固定资产	5 230 000.00	
累计折旧		1 310 000.00
在建工程	733 000.00	
无形资产	205 000.00	
固定资产减值准备		100 000.00
长期待摊费用	55 000.00	
递延所得税资产	56 130.00	
短期借款		1 000 000.00
应付票据		56 600.00
应付账款		155 000.00
其他应付款		78 000.00
应付职工薪酬		396 000.00
应交税费		630 447.50
应付利息		23 000.00
长期借款		1 536 000.00
应付债券		5 150 000.00
预计负债		79 500.00
递延所得税负债		70 000.00
实收资本		6 000 000.00
资本公积		3 550 000.00
其他权益工具		300 000.00
盈余公积		288 425.00
未分配利润		1 398 970.00
合计	22 166 962.50	22 166 962.50

4．编制 2022 年南方公司资产负债表（见表 17-2）。

表 17-2　　　　　　　　　　　资产负债表

编制单位：南方公司　　　　　　　2022 年 12 月 31 日　　　　　　　单位：元

资产	年末余额	年初余额	负债及所有者权益	年末余额	年初余额
流动资产：			流动负债：		
货币资金	6 527 082.50	3 386 295.00	短期借款	1 000 000.00	1 500 000.00
交易性金融资产	715 000.00	15 000.00	应付票据	56 600.00	68 300.00
应收票据	46 800.00	46 800.00	应付账款	155 000.00	155 000.00
应收账款	2 205 980.00	1 140 270.00	应付职工薪酬	396 000.00	172 000.00
预付账款	50 000.00	50 000.00	应交税费	630 447.50	1 073 840.00
其他应收款	59 200.00	59 200.00	应付利息	23 000.00	0
存货	840 500.00	2 286 500.00	其他应付款	78 000.00	78 000.00
其他流动资产	0	0	其他流动负债	0	0
流动资产合计	10 414 562.50	6 984 065.00	流动负债合计	2 339 047.50	3 047 140.00

续表

资产	年末余额	年初余额	负债及所有者权益	年末余额	年初余额
非流动资产：			非流动负债：		
其他债权投资	0	0	长期借款	1 536 000.00	1 168 000.00
债权投资	827 000.00	0	应付债券	5 150 000.00	0
长期股权投资	4 571 250.00	490 000.00	预计负债	79 500.00	0
投资性房地产	0	0	递延所得税负债	70 000.00	0
固定资产	5 230 000.00	4840 000.00	非流动负债合计	6 835 500.00	1 168 000.00
减：累计折旧	1 310 000.00	1280 000.00	负债合计	9 174 547.50	4 215 140.00
减：固定资产减值准备	100 000.00	0	所有者权益：		
工程物资	0	150 000.00	股本	6 000 000.00	5 000 000.00
在建工程	733 000.00	1081 000.00	资本公积	3 550 000.00	2 000 000.00
无形资产	205 000.00	10 000.00	其他权益工具	300 000.00	0
长期待摊费用	55 000.00	110 000.00	盈余公积	288 425.00	201 432.50
递延所得税资产	56 130.00	1 432.50	未分配利润	1 398 970.00	969 925.00
非流动资产合计	10 267 380.00	5 402 432.50	所有者权益合计	11 537 395.00	8 171 357.50
资产总计	20 711 942.50	12 386 497.50	负债及所有者权益总计	20 711 942.50	12 386 497.50

第十八章

利润表与所有者权益变动表

本章结构

```
                              ┌─────────────┐      ┌──────────────────┐
                              │   利润表概述  ├──────┤  利润表的作用与局限 │
                              │             │      ├──────────────────┤
                              │             ├──────┤   利润表的格式     │
                              │             │      ├──────────────────┤
                              │             ├──────┤    收益质量       │
                              └─────────────┘      └──────────────────┘

┌──────────────┐              ┌─────────────┐      ┌──────────────────┐
│ 利润表与所有者 │              │    利润表    ├──────┤   利润表的编制方法 │
│ 权益变动表    ├──────────────┤             │      ├──────────────────┤
└──────────────┘              │             ├──────┤   利润表编制举例   │
                              └─────────────┘      └──────────────────┘

                              ┌─────────────┐      ┌──────────────────────┐
                              │所有者权益变动表├──────┤所有者权益变动表的作用和格式│
                              │             │      ├──────────────────────┤
                              │             ├──────┤所有者权益变动表的编制方法 │
                              │             │      ├──────────────────────┤
                              │             ├──────┤所有者权益变动表的编制举例 │
                              └─────────────┘      └──────────────────────┘
```

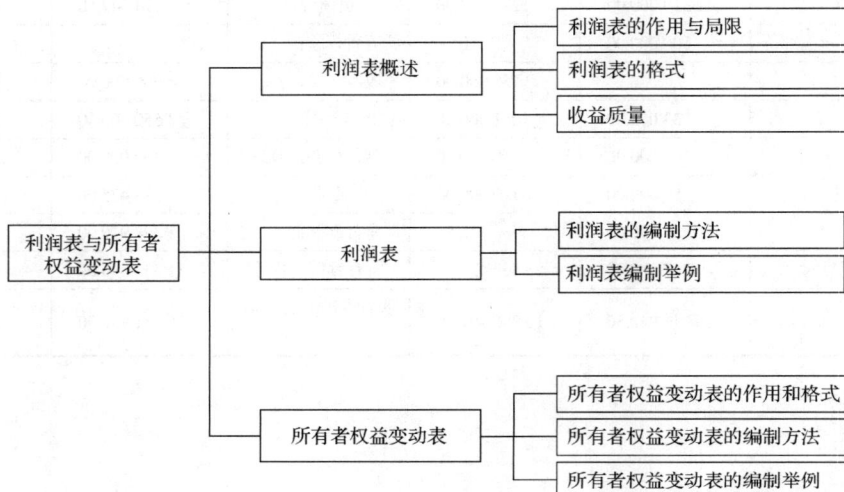

本章概念（关键词）

利润表	单步式	多步式	收益质量	盈余管理
盈余操纵	"冲凉"	收益最小化	收益最大化	利润平滑
当期收益观	损益满计观	非经常项目	终止经营	非常项目
利得	损失	所有者权益变动表		

本章小结

1. 利润表的作用与局限

利润表，又称损益表，是反映企业在一定会计期间经营成果的会计报表。利润是企业经营业绩的综合体现，又是进行利润分配的依据，因此，利润表是会计报表中的主要报表，其作用主要表现在以下几个方面：（1）能够反映企业的经营成果和获利能力；（2）有利于考核与评价企业管理人员的经营业绩；（3）可以分析企业未来利润的发展趋势；（4）有助于评估企业取得未来现金流量的风险和不确定性。

利润表的局限性主要表现在以下几个方面：（1）一些未实现和不可计量的项目未能在利润表上反映；（2）利润表上的损益数据受所采用的会计方法的影响；（3）利润表中某些损益的计量涉及人为判断的因素。

2. 收益质量

由于利润表中的净利润是各方利润分配的基础，特别是在实施股票期权的上市公司中，净利润又是影响公司股价的一个重要因素，股价的高低直接影响管理层所获得的股票期权的价值。为了使利润表中的利润达到一个理想的水平，很多公司通过盈余管理来操纵企业利润。盈余管理的具体手法大体有以下几种：冲凉、收益最小化、收益最大化、利润平滑等。我们对盈余管理要有一个正确的认识，必须科学地评价它。

为了增强利润表的有用性，提高净利润的质量是十分重要的。为了实现这一目的，关于利润表中净利润应包括哪些内容，目前主要有两种观点：一种称为"当期经营观"，另一种称为"损益满计观"。我国一般采用多步式利润表格式，并以"损益满计观"在利润表中反映净利润的情况，但又与一般的"损益满计观"不完全相同，例如，前期项目及会计政策变更和部分利得与损失的调整是列入所有者权益变动表的。实际上，提高收益质量的关键是提高利润的预测价值。报表使用者关注企业的利润指标主要是为了预测企业未来的获利水平和未来现金流量的风险和不确定性。我们知道，只有企业经常性的经济业务产生的收入才能带来稳定的、可预计的现金流量，而偶发性的、非经常性的项目是无法带来稳定的、可预计的现金流量的。因此，将这些非经常性项目从主要经营业务中分离出来，就是为了提高收益的质量，增加预测的准确性。这些非经常性的项目主要包括终止经营、非常项目、利得或损失、会计政策变更、会计估计变更和会计差错更正等项目。

3. 利润表的编制方法

利润表的金额栏有两栏，月度利润表的两栏分别为"本月数"和"本年累计数"。"本月数"栏反映各项目本月实际发生数，"本年累计数"栏反映各项目自年初起至报告期末止的累计实际发生数。中期和年度利润表的两栏分别为"上年数"和"本年累计数"，即将"本月数"栏改成"上年数"栏，"上年数"栏填列上年同期累计实际发生数；在编制年度财务会计报告时，填列上年全年累计实际发生数。如果上年度利润表的项目名称和内容与本年度利润表不一致，应对上年度报表项目的名称和数字按本年度的规定进行调整，填入该栏。利润表各项目主要根据各损益类科目的发生额分析填列。

4. 所有者权益变动表的作用

所有者权益变动表是反映企业一定会计期间所有者权益变动过程的会计报表。所有者权益变动表全面反映了期初净资产与期末净资产变化全过程的五个方面：一是投资者投入或减少资本；二是已实现的净利润或净亏损；三是企业持有资产未实现的利得或损失；四是会计政策变更和前期差错更正导致所有者权益的变动；五是向所有者分配利润导致所有者权益的减少。

5. 所有者权益变动表的编制方法

所有者权益变动表是一张动态报表，主要根据"利润分配"总账科目所属的各明细科目，"资本公积（或股本）""其他权益工具""其他综合收益"和"盈余公积"等科目的发生额分析填列。所有者权益变动表中的"本年金额"栏，根据上述科目及其所属明细科目的记录分析填列。"上年金额"栏根据上年所有者权益变动表的数字直接填列。如果上年度所有者权益变动表与本年度所有者权益变动表的项目名称与内容不一致，应对上年度报表项目的名称与数字按本年度的规定进行调整后填入。

本章相关的法规、制度及主要阅读文献

1. 《企业会计准则——基本准则》（2006，2014）

2. 《企业会计准则第 30 号——财务报表列报》（2014）

3. 《企业会计准则第 42 号——持有待售非流动资产、处置组与终止经营》（2017）

4. 《企业会计准则讲解 2010》

5.《财政部关于修订印发一般企业财务报表格式的通知》财会〔2019〕6号

教材练习题解答

（一）利润表

编制 2022 年南方公司利润表（见表 18-1）。

表 18-1　　　　　　　　　　　　　　　利润表　　　　　　　　　　　　　　会企 02 表

编制单位：南方公司　　　　　　　　　　　2022 年度　　　　　　　　　　　　单位：元

项目	本期金额	上期金额
一、营业收入	5 500 000	
减：营业成本	3 250 000	
税金及附加	65 650	
销售费用	279 500	
管理费用	318 000	
研发费用	405 000	
财务费用	203 000	
加：其他收益	0	
投资收益（损失以"-"号填列）	87 190	
其中：对联营企业和合营企业的投资收益	31 250	
公允价值变动收益（损失以"-"号填列）	200 000	
资产减值损失	100 000	
信用减值损失	59 290	
资产处置收益	38 500	
二、营业利润（亏损以"-"号填列）	1 145 250	
加：营业外收入	0	
减：营业外支出	5 000	
三、利润总额（亏损总额以"-"号填列）	1 140 250	
减：所得税	189 250	
四、净利润（净亏损以"-"号填列）	951 000	
（一）持续经营净利润	951 000	
（二）终止经营净利润		
五、其他综合收益的税后净额		
（一）不能重分类进损益的其他综合收益		
（二）将重分类进损益的其他综合收益		
六、综合收益总额	951 000	
七、每股收益：		
（一）基本每股收益	0.181 1	
（二）稀释每股收益	0.181 1	

基本 EPS=951 000÷（5 000 000+1 000 000×3÷12）=0.181 1（元）

稀释 EPS=（951 000+150 000×0.75）÷（5 000 000+1 000 000×3÷12+5 000 000/100×10×6÷12）
　　　　=0.193 4（元）

稀释 EPS 为反稀释，不用列示在利润表内。

（二）所有者权益变动表

编制 2022 年南方公司所有者权益变动表（见表 18-2）。

表18-2

编制单位：南方公司

所有者权益变动表

2022 年度

会企04表

单位：元

项目	实收资本（或股本）	其他权益工具			资本公积	减:库存股	其他综合收益	专项储备	盈余公积	未分配利润	所有者权益合计
		优先股	永续债	其他							
								本年金额			
一、上年末余额	5 000 000.00				2 000 000.00				201 432.50	969 925.00	8 171 357.50
加:会计政策变更											
前期差错更正											
其他											
二、本年初余额	5 000 000.00				2 000 000.00				201 432.50	969 925.00	8 171 357.50
三、本年增减变动金额（减少以"-"号填列）	1 000 000.00			300 000.00	1 550 000.00				86 992.50	429 045.00	3 366 037.50
（一）综合收益总额										951 000.00	951 000.00
（二）所有者投入和减少资本	1 000 000.00			300 000.00	1 500 000.00						2 800 000.00
1. 所有者投入的普通股	1 000 000.00				1 500 000.00						2 500 000.00
2. 其他权益工具持有者投入资本				300 000.00							300 000.00
3. 股份支付计入所有者权益的金额											
4. 其他											
（三）利润分配									86 992.50	-521 955.00	-434 962.50
1. 提取盈余公积									86 992.50	-86 992.50	0
2. 对所有者（或股东）的分配										-434 962.50	-434 962.50
3. 其他											
（四）所有者权益内部结转											
1. 资本公积转增资本（或股本）											
2. 盈余公积转增资本（或股本）											
3. 盈余公积弥补亏损											
4. 设定受益计划变动额结转留存收益											
5. 其他综合收益结转留存收益											
6. 其他											
（五）其他					50 000.00						50 000.00
四、本年末余额	6 000 000.00			300 000.00	3 550 000.00				288 425.00	1 398 970.00	11 537 395.00

（三）利润表和所有者权益变动表

1．2023 年与利润表相关的经济业务会计分录如下。

（1）A 公司发放股利。

借：应收股利   40 000

  贷：投资收益   40 000

（2）出售甲公司股票。

借：银行存款   850 000

  贷：交易性金融资产   700 000

    投资收益   150 000

借：公允价值变动损益   200 000

  贷：投资收益   200 000

（3）计提及支付修理费用。

借：销售费用   97 500

  贷：预计负债   97 500

发生修理费用。

借：预计负债   55 000

  贷：银行存款   55 000

（4）国债利息收入。

借：债权投资   36 000

  贷：投资收益   36 000

（5）可转换公司债券。

① 计提 2023 年上半年利息。

借：财务费用   150 000

  贷：应付债券——可转换债券（应计利息） 150 000

② 2023 年 7 月 1 日可转换公司债券有一半转换为股本。

借：应付债券——可转换债券（面值）   2 500 000

      ——可转换债券（应计利息） 150 000

  其他权益工具——期权   100 000

  贷：股本   265 000

    资本公积——股本溢价   2 485 000

③ 计提 2023 年下半年利息。

借：财务费用   75 000

  贷：应付债券——可转换债券（应计利息） 75 000

（6）2022 年利润分配。

借：利润分配——未分配利润   382 619.2

  贷：盈余公积［（951 000+5 548）×10%］ 95 654.80

    银行存款［（951 000+5 548）×30%］ 286 964.40

（7）根据所得税新税率调整递延所得税资产及负债期初余额。

借：递延所得税负债［70 000÷25%×（25%-15%）］ 28 000

  贷：递延所得税资产［56 130÷25%×（25%-15%）］ 22 452

    期初未分配利润   5 548

（8）计提所得税。

借：所得税费用　　　　　　　　　　　　　　　　　　　81 271.5

　　递延所得税资产　　　　　　　　　　　　　　　　　　58 875

　　递延所得税负债　　　　　　　　　　　　　　　　　　30 000

　　贷：应交税费——应交所得税　　　　　　　　　　　　　　170 146.5

应交税所得额=832 810（利润总额）-40 000（成本法核算的投资收益）-

　　　　　　　200 000（权益法核算的投资收益）-

　　　　　　　20 000×75%（无形资产摊销税法加计扣除）+

　　　　　　　200 000（出售交易性金融资产转出的公允价值变动损益）+

　　　　　　　300 000（持有的交易性金融资产公允价值变动损益）+

　　　　　　　42 500（预提的修理费用净增加额）-

　　　　　　　36 000（国债利息收入）+50 000（资产减值损失）

　　　　　　　=1 134 310（元）

应交所得税税额=1 134 310×15%=170 146.5（元）

递延所得税资产增加=[42 500（预提的修理费用净增加额）+

　　　　　　　　　300 000（持有的交易性金融资产公允价值变动损益）+

　　　　　　　　　50 000（资产减值损失）]×15%

　　　　　　　　　=58 875（元）

递延所得税负债减少=200 000×15%

　　　　　　　　　=30 000（元）

所得税费用=170 146.5-58 875-30 000

　　　　　=81 271.5（元）

（9）结转损益（投资收益、公允价值变动损益、所得税费用）。

借：投资收益　　　　　　　　　　　　　　　　　　　　626 000

　　贷：公允价值变动损益　　　　　　　　　　　　　　　　500 000

　　　　所得税费用　　　　　　　　　　　　　　　　　　　81 271.5

　　　　本年利润　　　　　　　　　　　　　　　　　　　　44 728.5

2．编制 2023 年南方公司比较利润表（见表 18-3）。

表 18-3　　　　　　　　　　　　　　　利润表　　　　　　　　　　　　　会企 02 表

编制单位：南方公司　　　　　　　　　　2023 年度　　　　　　　　　　　　单位：元

项目	本期金额	上期金额
一、营业收入	6 500 000	5 500 000
减：营业成本	4 580 000	3 250 000
税金及附加	95 890	65 650
销售费用	325 000	279 500
管理费用	480 000	318 000
研发费用	0	405 000
财务费用	279 000	203 000
加：其他收益		0

项目	本期金额	上期金额
投资收益（损失以"-"号填列）	626 000	87 190
其中：对联营企业和合营企业的投资收益	200 000	31 250
公允价值变动收益（损失以"-"号填列）	−500 000	200 000
资产减值损失		100 000
信用减值损失	−50 000	59 290
资产处置损益	−328 000	38 500
二、营业利润（亏损以"-"号填列）	783 310	1 145 250
加：营业外收入	49 500	0
减：营业外支出	0	5 000
三、利润总额（亏损总额以"-"号填列）	832 810	1 140 250
减：所得税	81 271.5	189 250
四、净利润（净亏损以"-"号填列）	751 538.5	951 000
（一）持续经营净利润	751 538.5	951 000
（二）终止经营净利润		
五、其他综合收益的税后净额	0	
（一）不能重分类进损益的其他综合收益		
（二）将重分类进损益的其他综合收益		
六、综合收益总额	751 538.5	951 000
七、每股收益		
（一）基本每股收益	0.122 6	0.181 1
（二）稀释每股收益	0.122 6	0.181 1

基本每股收益=751 538.5÷（5 000 000+1 000 000+265 000/12×6）

    =0.122 6（元）

可转换公司债券转股增加的股数=$\dfrac{2\,500\,000+75\,000}{100}×10$

    =257 500（股）

稀释每股收益=（751 538.5+2 500 000×6%×85%）÷（6 000 000+257 500+265 000/12×6）

    =0.137 6（元）

稀释 EPS 为反稀释，不用列示在利润表内。

3．编制 2023 年南方公司比较所有者权益变动表（见表 18-4）。

表18-4

所有者权益变动表

2023 年度

会企04表

编制单位：南方公司 单位：元

项目	实收资本（或股本）	其他权益工具			资本公积	减：库存股	其他综合收益	专项储备	盈余公积	未分配利润	所有者权益合计
		优先股	永续债	其他							
一、上年年末余额	6 000 000.00			300 000.00	3 550 000.00				288 425.00	1 398 970.00	11 537 395.00
加：会计政策变更										5 548	5 548
前期差错更正											
其他											
二、本年年初余额	6 000 000.00			300 000.00	3 550 000.00				288 425.00	1 404 518.00	11 542 943.00
三、本年增减变动金额（减少以"-"号填列）	265 000.00			-100 000	2 485 000.00				95 654.80	368 919.30	3 114 574.10
（一）综合收益总额										751 538.50	751 538.50
（二）所有者投入和减少资本	265 000.00			-100 000	2 485 000.00						2 650 000.00
1. 所有者投入的普通股											
2. 其他权益工具持有者投入资本				-100 000							-100 000.00
3. 股份支付计入所有者权益的金额											
4. 其他	265 000.00				2 485 000.00						
（三）利润分配									95 654.80	-382 619.20	-286 964.40
1. 提取盈余公积									95 654.80*	-95 654.80	0
2. 对所有者（或股东）的分配										-286 964.40**	-286 964.40
3. 其他											
（四）所有者权益内部结转											
1. 资本公积转增资本（或股本）											
2. 盈余公积转增资本（或股本）											
3. 盈余公积弥补亏损											
4. 设定受益计划变动额结转留存收益											
5. 其他综合收益结转留存收益											
6. 其他											
（五）其他											
四、本年年末余额	6 265 000.00			200 000.00	6 035 000.00				384 079.80	1 773 437.30	14 657 571.10

*95 654.8＝（951 000+5 548）×10%

**286 964.4＝（951 000+5 548）×30%

第十九章

现金流量表

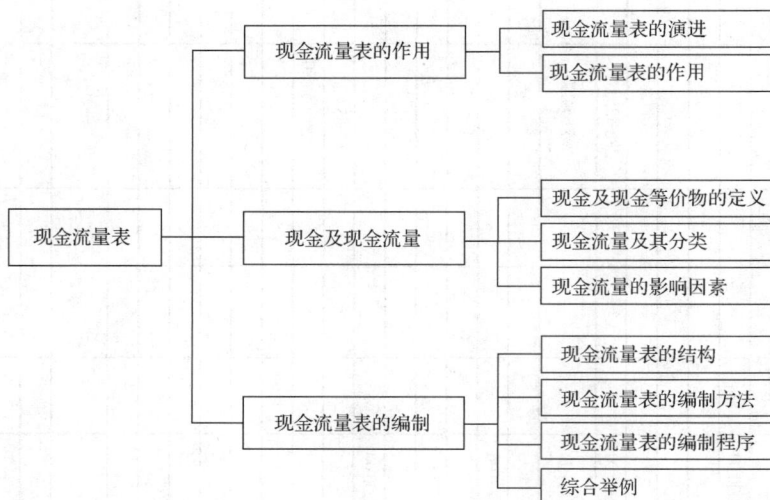

本章结构

现金流量表
- 现金流量表的作用
  - 现金流量表的演进
  - 现金流量表的作用
- 现金及现金流量
  - 现金及现金等价物的定义
  - 现金流量及其分类
  - 现金流量的影响因素
- 现金流量表的编制
  - 现金流量表的结构
  - 现金流量表的编制方法
  - 现金流量表的编制程序
  - 综合举例

本章概念（关键词）

现金流量表	现金	现金等价物	营运资本	经营活动
投资活动	筹资活动	直接法	间接法	现金制
权责发生制				

本章小结

1. 现金流量表的演进

现金流量表的雏形是资金表，最早于 1862 年出现在英国，之后在 1863 年又在美国出现。到 20 世纪初，资金流量表已发展成四种不同的基础，分别用来揭示现金、流动资产、营运资本及某一期间全部财务活动的资金流动情况。1961 年，AICPA 在其发布的第 2 号会计研究公告中，正式提出要求企业编制"现金流量分析和资金表"，之后两年，APB 发布了第 3 号意见书，建议企业在编制两张主表的同时，编制资金表，并改称为"资金来源和运用表"。1971 年 3 月，APB 针对第 3 号意见书的不足发布了第 19 号意见书《财务状况变动的报告》，取代原有的第 3 号意见书。1987 年，FASB 以第 95 号财务会计准则公告发表《现金流量表》准则，正式取代了第 19 号意见书。在我国，1985 年财政部颁布的《中华人民共和国中外合资经营企业会计制度》及《股份制试点企业会计制度》要求合资企业和股份制试点企业必须编制财务状况变动表。1992 年财政部颁布了《企业会计准则》，规定企业必须编制财务状况变动表或现金流量表。1998 年 3 月，财政部颁布了《现金流量表》，规定以现金流量表替代财务状况变动表。1998 年 1 月，财政部颁布的《股份有限公司会计制度》要求股份公司必须编制现金流量表。2001 年颁布的《企业会计制度》和修订后的具体准则《现金流量表》对以前规定的现金流量表的编制做了一定程度的简化。2006 年新颁布的《企业会计准则第 31 号——现金流量表》基本维持了原准则的规定。

2. 现金流量表的作用

企业外部信息使用者所关注的一些信息往往在资产负债表和利润表中找不到答案，而这些答案可以在现金流量表中得到。总体来说，现金流量表所提供的是一个企业在一定期间现金流入与现金流出的基本信息，它对评价企业产生未来净现金流量的能力、偿还债务以及支付股利的能力、企业外部筹资的需求、说明净收益同现金收支之间差异的原因，以及分析和评价企业现金和非现金筹资与投资活动的有效性等都有着十分重要的意义。

3. 现金及现金等价物的概念

现金是指企业库存现金以及可以随时用于支付的存款。现金等价物是指企业持有的期限短、流动性强、易于转换为已知金额现金、价值变动风险很小的投资。在实务中，会计上所说的现金通常指企业的库存现金。而现金流量表中的"现金"不仅包括"现金"账户核算的库存现金，还包括企业"银行存款"账户核算的存入金融企业、随时可以用于支付的存款，也包括"其他货币资金"账户核算的外埠存款、银行汇票存款、银行本票存款和在途货币资金等其他货币资金。现金等价物虽然不是现金，但因其支付能力与现金的差别不大，可视为现金。

4. 现金流量的分类

我国具体准则将现金流量分为三类，即经营活动、投资活动及筹资活动所产生的现金流量。经营活动是指企业投资活动和筹资活动以外的所有交易和事项。投资活动是指企业长期资产的购建和不包括在现金等价物范围内的投资及其处置活动。这里所指的长期资产是指固定资产、在建工程、无形资产、其他资产等持有期限在 1 年或一个营业周期以上的资产。筹资活动是指导致企业资本及债务规模和构成发生变化的活动。

5. 现金流量表的编制方法

在现金流量表中，经营活动所产生的现金流量的计算是最复杂的，原因在于经营活动所获取的净收益与现金净流量是不一致的，按现行的会计处理，利润表中的净收益是按权责发生制确认的，净利润中可能包括未收现的收入和未付现的费用。这样，就无法从利润表中直接获得来自经营活动的净现金流量。因此，为了计算来自经营活动的净现金流量，必须将以权责发生制为基础确认的事项调整为以收付实现制为基础，直接法和间接法就是其调整的基本方法。直接法又称利润表法，它直接分项目列示经营活动对现金流量的影响。这种方法是以利润表中的各收入、费用项目为起算点，分别调整与经营活动有关的流动资产和流动负债的增减变动，将权责发生制确认的本期各项收支分析调整为以收付实现制为基础的经营活动现金流量，即以实际现金收支表达各项经营活动现金流量。间接法又称调整法，是以本期净利润（亏损）为起算点，调整经营活动中不影响现金的收入、费用、营业外收支以及与经营活动有关的流动资产和流动负债的增减变化，来确定经营活动所提供的净现金流量。

6. 现金流量表的编制程序

常用的现金流量表编制方法主要有工作底稿法和"T"形账户法。工作底稿法的编制程序如下。

第一步，将资产负债表的期初数和期末数过入工作底稿的期初数栏和期末数栏。

第二步，对当期业务进行分析并编制调整分录。

第三步，将调整分录过入工作底稿中的相应部分。

第四步，核对调整分录，借贷合计应当相等，资产负债表项目期初数加减调整分录中的借贷金额以后，应当等于期末数。

第五步，根据工作底稿中的现金流量表项目部分编制正式的现金流量表。

本章相关的法规、制度及主要阅读文献

1. 《企业会计准则——基本准则》（2006，2014）
2. 《企业会计准则第 31 号——现金流量表》（2006）
3. 《企业会计准则讲解 2010）》
4. 财政部《关于修订印发一般企业财务报表格式的通知》财会〔2019〕6 号

教材练习题解答

1. 编制调整分录。
（1）分析调整主营业务收入。

借：经营活动现金流量——销售商品收到的现金　　　　　　5 090 000
　　应收账款　　　　　　　　　　　　　　　　　　　　1 125 000
　　　贷：主营业务收入　　　　　　　　　　　　　　　　　　　5 500 000
　　　　　应交税费　　　　　　　　　　　　　　　　　　　　　 715 000

（2）分析调整主营业务成本。

借：主营业务成本　　　　　　　　　　　　　　　　　　3 250 000
　　应付票据　　　　　　　　　　　　　　　　　　　　　　11 700
　　应交税费　　　　　　　　　　　　　　　　　　　　　　84 500
　　　贷：经营活动现金流量——购买商品支付的现金　　　　　　1 900 200
　　　　　存货　　　　　　　　　　　　　　　　　　　　　　1 446 000

（3）调整销售费用。

借：销售费用　　　　　　　　　　　　　　　　　　　　 279 500
　　　贷：经营活动现金流量——支付的其他与经营活动有关的现金　279 500

（4）调整本年税金及附加。

借：税金及附加　　　　　　　　　　　　　　　　　　　　65 650
　　　贷：经营活动现金流量——支付的各项税费　　　　　　　　 65 650

（5）调整管理费用、应收账款及坏账准备。

借：管理费用　　　　　　　　　　　　　　　　　　　　 723 000
　　　贷：经营活动现金流量——支付的其他与经营活动有关的现金　723 000
借：信用减值损失　　　　　　　　　　　　　　　　　　　59 290
　　　贷：应收账款　　　　　　　　　　　　　　　　　　　　　 20 000
　　　　　坏账准备　　　　　　　　　　　　　　　　　　　　　 39 290

（6）调整财务费用。

借：财务费用　　　　　　　　　　　　　　　　　　　　 203 000
　　经营活动现金流量——收到的其他与经营活动有关的现金　　8 000
　　　贷：应付债券　　　　　　　　　　　　　　　　　　　　　150 000
　　　　　应付利息　　　　　　　　　　　　　　　　　　　　　 23 000
　　　　　长期借款　　　　　　　　　　　　　　　　　　　　　 18 000
　　　　　筹资活动现金流量——分配股利、利润或偿付利息支付的现金　20 000

（7）分析调整投资收益。

借：投资活动现金流量——取得投资收益收到的现金   30 000

     债权投资   27 000

     长期股权投资   31 250

  贷：投资收益   87 190

     投资活动现金流量——支付其他与投资活动有关的现金   1 060

（8）分析调整资产减值损失。

借：资产减值损失   100 000

  贷：固定资产减值准备   100 000

（9）调整资产处置收益。

借：投资活动收到的现金流量——处置固定资产收到的现金   298 000

  经营活动现金流量——收到的其他与经营活动有关的现金   39 000

  累计折旧   150 000

  贷：固定资产   400 000

     资产处置收益   48 000

     应交税费——应交增值税（销项税额）   39 000

（10）调整营业外支出和资产处置损失。

借：营业外支出   5 000

  资产处置损失   9 500

  投资活动收到的现金流量——处置固定资产收到的现金   500

  累计折旧   140 000

  贷：固定资产   150 000

     经营活动现金流量——支付的其他与经营活动有关的现金   5 000

（11）调整公允价值变动损益。

借：交易性金融资产   200 000

  贷：公允价值变动损益   200 000

（12）调整所得税。

借：所得税费用   189 250

  递延所得税资产   54 697.5

  贷：应交税费——应交所得税   173 947.5

     递延所得税负债   70 000

（13）分析调整固定资产。

借：固定资产   940 000

  应交税费——应交增值税（进项税额）   13 000

  贷：投资活动现金流量——购建固定资产支付的现金   100 000

     经营活动现金流量——支付各项税费   13 000

     在建工程   840 000

（14）分析调整累计折旧。

借：经营活动现金流量——支付的其他与经营活动有关的现金   50 000

         ——购买商品支付的现金   270 000

  贷：累计折旧   320 000

（15）分析调整在建工程、工程物资。

借：在建工程 492 000
　　贷：长期借款 150 000
　　　　应付职工薪酬 192 000
　　　　工程物资 150 000

（16）分析调整交易性金融资产、其他债权投资、债权投资。

借：交易性金融资产 500 000
　　债权投资 800 000
　　贷：投资活动现金流量——投资支付的现金 1 300 000

（17）分析调整长期借款、应付债券。

借：筹资活动现金流量——取得借款收到的现金 400 000
　　贷：长期借款 400 000
借：长期借款 200 000
　　贷：筹资活动现金流量——偿还债务支付的现金 200 000
借：筹资活动现金流量——取得借款收到的现金 5 000 000
　　贷：应付债券 5 000 000

（18）分析调整长期股权投资。

借：长期股权投资 4 050 000
　　贷：投资活动现金流量——投资支付的现金 4 000 000
　　　　资本公积——其他资本公积 50 000

（19）分析调整短期借款。

借：短期借款 500 000
　　贷：筹资活动现金流量——偿还债务支付的现金 500 000

（20）分析调整研究与开发、无形资产、长期待摊费用。

借：无形资产 200 000
　　经营活动现金流量——支付的其他与经营活动有关的现金 400 000
　　贷：投资活动现金流量——购建无形资产支付的现金 200 000
　　　　　　　　　　　　——支付的其他与投资活动有关的现金 400 000
借：经营活动现金流量——支付的其他与经营活动有关的现金 60 000
　　贷：长期待摊费用 55 000
　　　　无形资产 5 000

（21）分析调整预计负债。

借：经营活动现金流量——支付的其他与经营活动有关的现金 79 500
　　贷：预计负债 79 500

（22）分析调整应付职工薪酬。

借：应付职工薪酬 800 000
　　贷：经营活动现金流量——支付给职工以及为职工支付的现金 650 000
　　　　投资活动现金流量——购建固定资产支付的现金 150 000
借：经营活动现金流量——购买商品支付的现金 704 000
　　　　　　　　　　　　——支付的其他与经营活动有关的现金 128 000
　　贷：应付职工薪酬 832 000

（23）分析调整应交税费。

借：应交税费（873 840+400 000）　　　　　　　　　　　　1 273 840

　　贷：经营活动现金流量——支付的各项税费　　　　　　　　　1 273 840

（24）分析调整实收资本。

借：筹资活动现金流量——吸收投资收到的现金　　　　　　　　2 500 000

　　贷：股本　　　　　　　　　　　　　　　　　　　　　　　　1 000 000

　　　　资本公积　　　　　　　　　　　　　　　　　　　　　　1 500 000

（25）分析调整其他权益工具。

借：筹资活动现金流量——收到的其他与筹资活动有关的现金　　300 000

　　贷：其他权益工具——期权　　　　　　　　　　　　　　　　300 000

（26）分析调整利润分配、盈余公积。

借：利润分配　　　　　　　　　　　　　　　　　　　　　　　521 955

　　贷：盈余公积　　　　　　　　　　　　　　　　　　　　　　86 992.5

　　　　筹资活动现金流量——分配股利、利润或偿付利息支付的现金　434 962.5

（27）结转净利润。

借：净利润　　　　　　　　　　　　　　　　　　　　　　　　951 000

　　贷：未分配利润　　　　　　　　　　　　　　　　　　　　　951 000

（28）最后调整现金流量净变化额。

借：库存现金　　　　　　　　　　　　　　　　　　　　　　　3 140 787.5

　　贷：现金净增加额　　　　　　　　　　　　　　　　　　　　3 140 787.5

2. 编制 2022 年南方公司现金流量表工作底稿（见表 19-1）。

表 19-1　　　　　　　　　　　　　现金流量表工作底稿

编制单位：南方公司　　　　　　　　　2022 年度　　　　　　　　　　　单位：元

项目	期初数	调整分录		期末数
一、资产负债表项目				
借方项目：				
货币资金	3 386 295	（28）3 140 787.50		6 527 082.50
交易性金融资产	15 000	（11）200 000 （16）500 000		715 000
应收票据	46 800			46 800
应收账款	1 146 000	（1）1 125 000	（5）20 000	2 251 000
预付账款	50 000			50 000
应收利息				
应收股利				
其他应收款	59 200			59 200
存货	2 286 500		（2）1 446 000	840 500
一年内到期的非流动资产				
其他流动资产				
其他债权投资				
债权投资		（7）27 000 （16）800 000		827 000
长期应收款				

续表

项目	期初数	调整分录		期末数
长期股权投资	490 000	（7）31 250 （18）4 050 000		4 571 250
投资性房地产				
固定资产	4 840 000	（13）940 000	（9）400 000 （10）150 000	5 230 000.00
在建工程	1 081 000	（15）492 000	（13）840 000	733 000
工程物资	150 000		（15）150 000	
固定资产清理				
无形资产	10 000	（20）200 000	（20）5 000	205 000
开发支出				
长期待摊费用	110 000		（20）55 000	55 000
递延所得税资产	1 432.5	（12）54 697.50		51 630
其他非流动资产				
借方项目合计	13 672 227.50			22 166 962.50
贷方项目：				
坏账准备	5 730		（5）39 290	45 020
累计折旧	1 280 000	（9）150 000 （10）140 000	（14）320 000	1 310 000
资产减值准备	0		（8）100 000	100 000
短期借款	1 500 000	（19）500 000		1 000 000
应付票据	68 300	（2）11 700		56 600
应付账款	155 000			155 000
预收账款				
应付职工薪酬	172 000	（22）800 000	（15）192 000 （22）832 000	396 000
应交税费	1 073 840	（2）84 500 （13）13 000 （23）1 273 840	（1）715 000 （9）39 000 （12）173 947.5	630 447.5
应付利息			（6）23 000	23 000
应付股利				
其他应付款	78 000			78 000
一年内到期的非流动负债				
其他流动负债				
长期借款	1 168 000	（17）200 000	（6）18 000 （15）150 000 （17）400 000	1 536 000
应付债券			（6）150 000 （17）5 000 000	5 150 000
长期应付款				
预计负债			（21）79 500	79 500

项目	期初数	调整分录		期末数
递延所得税负债			（12）70 000	70 000
其他非流动负债				
实收资本	5 000 000		（24）1 000 000	6 000 000
资本公积	2 000 000		（18）50 000	3 550 000
			（24）1 500 000	
其他权益工具			（25）300 000	300 000
盈余公积	201 432.50		（25）86 992.5	288 425
未分配利润	969 925	（26）521 955	（27）951 000	1 398 970
贷方项目合计	13 672 227.50			22 166 962.5
二、利润表项目				
营业收入			（1）5 500 000	5 500 000
营业成本		（2）3 250 000		3 250 000
税金及附加		（4）65 650		65 650
销售费用		（3）279 500		279 500
管理费用		（5）723 000		723 000
财务费用		（6）203 000		203 000
资产（信用）减值损失		（5）59 290		159 290
		（8）100 000		
公允价值变动损益			（11）200 000	200 000
投资收益			（7）87 190	87 190
资产处置收益			（9）48 000	48 000
资产处置损失		（10）9 500		9 500
营业外支出		（10）5 000		5 000
所得税		（12）189 250		189 250
净利润		（27）951 000		951 000
三、现金流量表项目				
（一）经营活动				
销售商品、提供劳务收到的现金		（1）5 090 000		5 090 000
收到的其他与经营活动有关的现金		（6）8 000		47 000
		（9）39 000		
现金收入小计				5 137 000
购买商品、接受劳务支付的现金		（14）270 000	（2）1 900 200	926 200
		（22）704 000		
支付给职工以及为职工支付的现金			（22）650 000	650 000
支付的各项税费			（4）65 650	1 352 490
			（23）1 273 840	
			（13）13 000	

续表

项目	期初数	调整分录		期末数
支付的其他与经营活动有关的现金		（14）50 000 （20）60 000 （20）400 000 （21）79 500 （22）128 000	（3）279 500 （5）723 000 （10）5 000	290 000
现金支出小计				3 218 690
经营活动产生现金流量净额				1 918 310
（二）投资活动				
取得投资收益收到的现金		（7）30 000		30 000
处置固定资产、无形资产及其他长期资产所收回的现金		（9）298 000 （10）500		298 500
收到其他与投资活动有关的现金				
现金流入小计				328 500
购建固定资产、无形资产和其他长期资产所支付的现金			（13）100 000 （20）200 000 （22）150 000	450 000
投资支付的现金			（18）4 000 000 （16）1 300 000	5 300 000
支付其他与投资活动有关的现金			（7）1 060 （20）400 000	401 060
现金支出小计				6 151 060
投资活动产生的现金流量净额				−5 822 560
（三）筹资活动				
吸收投资收到的现金		（24）2 500 000		2 500 000
借款所收到的现金		（17）400 000 （17）5 000 000		5 400 000
收到其他与筹资活动有关的现金		（25）300 000		300 000
现金流入小计				8 200 000
偿还债务所支付的现金			（17）200 000 （19）500 000	700 000
分配股利、利润或偿付利息所支付的现金			（6）20 000 （26）434 962.50	454 962.50
现金支出小计				1 154 962.50
筹资活动产生的现金流量净额				7 045 037.50
（四）现金及现金等价物净增减额			（28）3 140 787.50	3 140 787.50
调整分录借贷合计	15 357 000	15 357 000		

3．编制 2022 年南方公司现金流量表（见表 19-2）。

表 19-2 现金流量表

会企 03 表

编制单位：南方公司　　　　　　　　　2022 年度　　　　　　　　　　　　　单位：元

项目	本期金额	上期余额
一、经营活动产生的现金流量		
销售商品、提供劳务收到的现金	5 090 000	
收到的税费返还		
收到其他与经营活动有关的现金	47 000	
经营活动现金流入小计	5 137 000	
购买商品、接受劳务支付的现金	926 200	
支付给职工以及为职工支付的现金	650 000	
支付的各项税费	1 352 490 0	
支付其他与经营活动有关的现金	290 000	
经营活动现金流出小计	3 218 690	
经营活动产生的现金流量净额	1 918 310	
二、投资活动产生的现金流量		
收回投资收到的现金		
取得投资收益收到的现金	30 000	
处置固定资产、无形资产和其他长期资产收回的现金净额	298 500	
处置子公司及其他营业单位收到的现金净额		
收到其他与投资活动有关的现金		
投资活动现金流入小计	328 500	
购建固定资产、无形资产和其他长期资产支付的现金	450 000	
投资支付的现金	5 300 000	
取得子公司及其他营业单位支付的现金净额		
支付其他与投资活动有关的现金	401 060	
投资活动现金流出小计	6 151 060	
投资活动产生的现金流量净额	−5 822 560	
三、筹资活动产生的现金流量		
吸收投资收到的现金	2 500 000	
取得借款收到的现金	5 400 000	
收到其他与筹资活动有关的现金	300 000	
筹资活动现金流入小计	8 200 000	
偿还债务支付的现金	700 000	
分配股利、利润或偿付利息支付的现金	454 962.5	
支付其他与筹资活动有关的现金		
筹资活动现金流出小计	1 154 962.5	
筹资活动产生的现金流量净额	7 045 037.5	
四、汇率变动对现金及现金等价物的影响		
五、现金及现金等价物净增加额	3 140 787.5	
加：期初现金及现金等价物余额	3 386 295	
六、期末现金及现金等价物余额	6 527 082.5	

4. 编制 2022 年南方公司现金流量表补充资料（见表 19-3）。

表 19-3　　　　　　　　　　　　　　　　现金流量表补充资料

编制单位：南方公司　　　　　　　　　　　　　2022 年度　　　　　　　　　　　　　　单位：元

补充资料	本期金额	上期金额
1. 将净利润调节为经营活动现金流量		
净利润	951 000	
加：资产减值准备	139 290	
固定资产折旧	320 000	
无形资产摊销	5 000	
计入管理费用的研发支出	400 000	
长期待摊费用摊销	55 000	
处置固定资产、无形资产和其他长期资产的损失（收益以"–"号填列）	-48 000	
固定资产报废损失（收益以"–"号填列）	9 500	
公允价值变动损失（收益以"–"号填列）	-200 000	
财务费用（收益以"–"号填列）	211 000	
投资损失（收益以"–"号填列）	-87 190	
递延所得税资产减少（增加以"–"号填列）	-54 697.5	
递延所得税负债增加（减少以"–"号填列）	70 000	
存货的减少（增加以"–"号填列）	1 446 000	
经营性应收项目的减少（增加以"–"号填列）	-1 105 000	
经营性应付项目的增加（减少以"–"号填列）	-193 592.5	
其他		
经营活动产生的现金流量净额	1 318 310	
2. 不涉及现金收支的重大投资和筹资活动		
债务转为资本		
一年内到期的可转换公司债		
融资租入固定资产		
3. 现金及现金等价物净变动情况		
现金的期末余额	6 527 082.5	
减：现金的期初余额	3 386 295	
加：现金等价物的期末余额		
减：现金等价物的期初余额		
现金及现金等价物净增加额	3 140 787.5	

经营性应收项目的减少=1 146 000-2 251 000=-1 105 000（元）

经营性应付项目的增加=56 600-68 300+396 000-172 000+630 447.5-

　　　　　　　1 073 840+23 000-0-192 000（计入在建工程的职工薪酬）+

　　　　　　　150 000（支付的属于在建工程的工资）+

　　　　　　　79 500（预计负债的增加）-23 000（计入短期借款的应付利息）

　　　　　　　=-193 592.5（元）

第二十章

财务报告的充分披露

本章结构

```
                                          ┌─ 披露的基本概念、形式与原则
                    ┌─ 披露的基本概念、形式 ─┤
                    │      及相关规定        └─ 披露的体系及相关规定
                    │
                    │                       ┌─ 财务报表附注的定义与形式
                    │                       ├─ 企业基本情况与财务报表的编制基础
                    │                       ├─ 会计政策、会计估计及其变更与会计
                    │                       │   差错的说明
  财务报告的充分披露 ─┼─ 财务报表附注 ────────┼─ 重要项目的详细说明
                    │                       ├─ 或有事项与资产负责表日后事项
                    │                       ├─ 关联方关系及其交易
                    │                       └─ 非常项目与其他信息披露
                    │
                    │                       ┌─ 管理当局讨论与分析
                    │                       ├─ 财务预测报告
                    └─ 其他报告形式 ─────────┼─ 审计报告和意见
                                            ├─ 简化年度报告
                                            └─ 财务报告的改革趋势
```

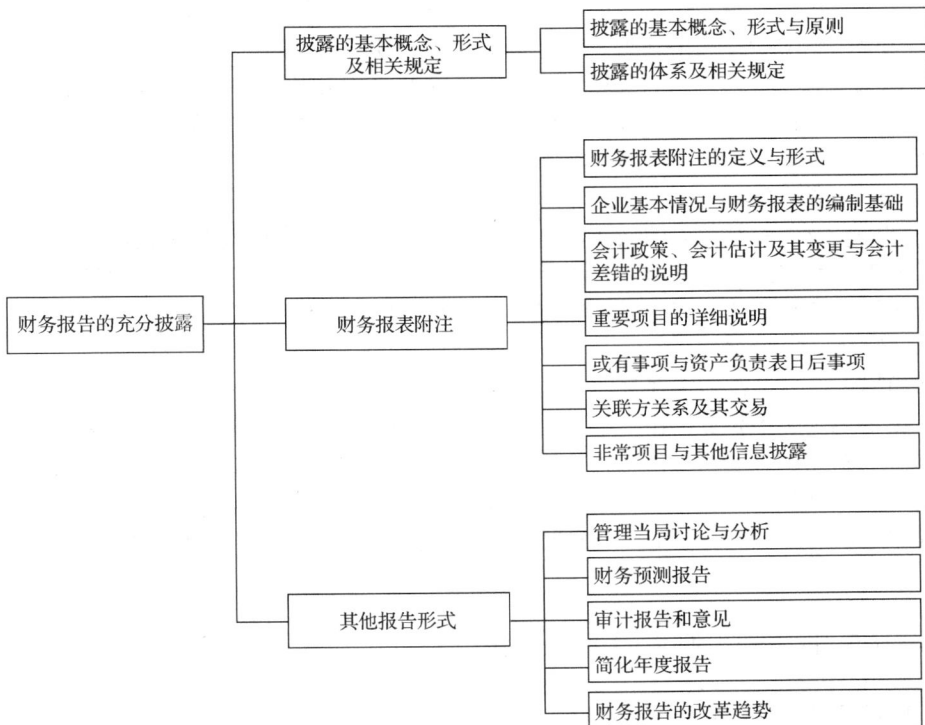

本章概念（关键词）

会计报表	会计报告	确认	披露	会计报表附注
会计政策及变更	重大事项	资产负债表日后事项		或有事项
非常项目	关联方及其交易	管理者讨论与分析		财务预测报告
审计报告	审计意见	简化年度报告		

本章小结

1. 披露与确认的关系

财务报告是用来揭示一个企业基本财务信息的，其中既包括定量的信息（以报表或报表附注的形式出现），也包括定性的信息（以报表附注和补充信息以及其他财务报告形式出现）。在财务报表中反映一个企业的基本财务信息，其过程可称为确认和计量，在报表附注及其他财务报告中反映一个企业的基本财务信息，其过程称为披露。

2. 财务报表附注的形式和内容

会计实务中，财务报表附注主要以旁注（即括号说明）、尾注以及补充报表的形式出现。我国现行的附注形式主要是尾注。根据《企业会计准则第 30 号——财务报表列报》和相应指南中的规定，会计报表附注主要包括以下内容：（1）企业的基本情况；（2）财务报表的编制基础；（3）遵循企业会计准则的声明；（4）重要会计政策和会计估计；（5）会计政策和会计估计变更以及差错更正的说明；（6）报表重要项目的说明；（7）或有和承诺事项，资产负债表日后非调整事项，关联方关系及其交易等。

3. 报表重要项目的说明

由于使用者对财务报表信息详简程度的要求不同，以高度概括形式表现的报表正文信息往往难以满足不同信息使用者的需要。为了解决这一问题，报表的一些重要项目在附注中（这些说明有些以底注叙述的形式，有些则以底注表格的形式）出现。这些项目主要包括应收账款、存货、固定资产、在建工程、无形资产和其他资产等。《企业会计准则第 30 号——财务报表列报》指南中提供了披露这些项目的基本格式和内容。

4. 关联方关系及交易

关联方关系及关联方交易的披露，是防止内幕交易，增强信息透明度的一个基本措施。关联方与关联方交易的披露主要由《企业会计准则第 36 号——关联方披露》来规范，主要包括对关联方与关联方交易的认定和关联方与关联方交易披露的内容规定。

5. 管理当局讨论与分析

管理当局讨论与分析的主要目的是通过管理者对企业经营短期和长期发展的认识和分析，使投资者更好地了解该企业。由于管理者与企业关系密切，并能影响一个企业未来的发展，因此，管理者对企业的看法及对未来的规划，不仅可以使投资者了解财务报表中有关数据的变化原因，而且可以预测管理者将如何引导企业的发展。管理当局讨论与分析的焦点集中在前瞻性信息的提供上，具体包括一个企业的变现能力、资本来源、经营成果信息。

本章相关的法规、制度及主要阅读文献

1. 《企业会计准则》（2006，2014）

2. 《企业会计准则讲解（2010）》

3. 《企业会计准则第 13 号——或有事项》（2006）

4. 《企业会计准则第 28 号——会计政策、会计估计变更和差错更正》（2006）

5. 《企业会计准则第 29 号——资产负债表日后事项》（2006）

6. 《企业会计准则第 30 号——财务报表列报》（2014）

7. 《企业会计准则第 36 号——关联方披露》（2006）

8. 《中华人民共和国公司法》（2018）

9. 《中华人民共和国证券法》（2019）

10. 《首次公开发行股票并上市管理办法》（2015）

11. 《上市公司信息披露管理办法》（2017）

12. IASB，2018：财务报告概念框架

13. FASB：SFAC No.1～8

14. AICPA，1995，《论改进企业报告》

15. 《财政部关于修订印发一般企业财务报表格式的通知》财会〔2019〕6 号

16. 《企业会计准则解释》第 1 号～第 14 号